Reinhard Beyer · Rebekka Gerlach

Sprache und Denken

# Basiswissen Psychologie

Herausgegeben von
Prof. Dr. Jürgen Kriz

Wissenschaftlicher Beirat:
Prof. Dr. Markus Bühner, Prof. Dr. Thomas Goschke, Prof. Dr. Arnd Lohaus,
Prof. Dr. Jochen Müsseler, Prof. Dr. Astrid Schütz

Die neue Reihe im VS Verlag: Das Basiswissen ist konzipiert für Studierende und Lehrende der Psychologie und angrenzender Disziplinen, die Wesentliches in kompakter, übersichtlicher Form erfassen wollen.

Eine ideale Vorbereitung für Vorlesungen, Seminare und Prüfungen: Die Bücher bieten Studierenden in aller Kürze einen fundierten Überblick über die wichtigsten Ansätze und Fakten. Sie wecken so Lust am Weiterdenken und Weiterlesen.

Neue Freiräume in der Lehre: Das Basiswissen bietet eine flexible Arbeitsgrundlage. Damit wird Raum geschaffen für individuelle Vertiefungen, Diskussion aktueller Forschung und Praxistransfer.

Reinhard Beyer
Rebekka Gerlach

# Sprache
# und Denken

**VS VERLAG**

Bibliografische Information der Deutschen Nationalbibliothek
Die Deutsche Nationalbibliothek verzeichnet diese Publikation in der
Deutschen Nationalbibliografie; detaillierte bibliografische Daten sind im Internet über
<http://dnb.d-nb.de> abrufbar.

1. Auflage 2011

Alle Rechte vorbehalten
© VS Verlag für Sozialwissenschaften | Springer Fachmedien Wiesbaden GmbH 2011

Lektorat: Julia Klös | Eva Brechtel-Wahl

VS Verlag für Sozialwissenschaften ist eine Marke von Springer Fachmedien.
Springer Fachmedien ist Teil der Fachverlagsgruppe Springer Science+Business Media.
www.vs-verlag.de

Umschlaggestaltung: KünkelLopka Medienentwicklung, Heidelberg
Satz: Jens Ossadnik; www.rundumtext.de
Druck und buchbinderische Verarbeitung: Ten Brink, Meppel
Gedruckt auf säurefreiem und chlorfrei gebleichtem Papier
Printed in the Netherlands

ISBN 978-3-531-17135-7

# Inhalt

1   Einleitung: Sprache und Denken –
    zwei unzertrennliche Geschwister ........................................ 7

2   Sprache ......................................................................... 11
2.1 Was ist Sprache und welche Merkmale
    machen die Sprache zur Sprache? .................................... 11
2.2 Komponenten von Sprache – eine Übersicht ..................... 14
    2.2.1 Grapheme und Phoneme – elementare Einheiten
          der natürlichen Sprache ........................................ 14
    2.2.2 Lexikalische Komponente .................................... 18
    2.2.3 Syntaktische Komponente .................................... 22
    2.2.4 Semantische Komponente .................................... 23
    2.2.5 Pragmatische Komponente .................................... 30
    2.2.6 Interaktionen von Sprachkomponenten –
          2 alternative Modelle ........................................... 32
2.3 Worterkennung ............................................................. 35
    2.3.1 Varianten von Worterkennungsmodellen ................ 35
    2.3.2 Empirische Belege für Modelle zur Worterkennung ..... 38
2.4 Satzverstehen ............................................................... 41
    2.4.1 Syntaktische Modellansätze ................................. 41
    2.4.2 Semantische Modellansätze ................................. 47
2.5 Textverstehen ............................................................... 54
    2.5.1 Messung der Textverständlichkeit ......................... 54
    2.5.2 Geschichtengrammatiken ..................................... 57
    2.5.3 Interaktive Modelle des Textverstehens ................. 60
2.6 Sprachproduktion .......................................................... 65
2.7 Entwicklung der Sprache in der Ontogenese ..................... 71

**3 Denken** ............................................................................ 75
3.1. Was ist ‚Denken' und wie wird es untersucht? ...................... 75
3.2 Schlussfolgerndes Denken ...................................................... 82
   3.2.1 Deduktives Schließen ...................................................... 84
   3.2.2 Induktives Schließen ........................................................ 95
   3.2.3 Analoges Schließen .......................................................... 101
3.3 Problemlösen .......................................................................... 108
   3.3.1 Einfache Probleme ............................................................ 109
   3.3.2 Komplexe Probleme .......................................................... 115
3.4 Algorithmen und Heuristiken ................................................ 125
3.5 Denken und Kreativität ........................................................ 132
   3.5.1 Die kreative Persönlichkeit .............................................. 134
   3.5.2 Der kreative Prozess ........................................................ 139
3.6 Emotionen – ein Feind des klaren Gedankens? ...................... 143
   3.6.1 Emotionen und Entscheidungen ...................................... 144
   3.6.2 Emotionen und Erinnerung .............................................. 146
   3.6.3 Emotionen und Informationsverarbeitung ...................... 148
3.7 Denkfehler .............................................................................. 153
   3.7.1 Die klassischen Fehlerfallen – Logik
       und Wahrscheinlichkeit ...................................................... 153
   3.7.2 Fehler im Umgang mit Komplexität ................................ 155
   3.7.3 Denkfehler und psychische Störungen ............................ 159

**4 Sprache, Denken und weitere Geschwister – ein Fazit** ...... 163

Literatur Sprache ............................................................................ 165
Literatur Denken ............................................................................ 172

# Einleitung: Sprache und Denken – zwei unzertrennliche Geschwister

Sprache und Denken, meinen einige wenige, sind zwei relativ unabhängige Phänomene und Wissenschaftszweige innerhalb der Psychologie. So gibt es zum Beispiel Vorlesungen zur Sprachpsychologie bei einem Kollegen und Vorlesungen zur Denkpsychologie bei einem anderen Kollegen. Aber wie gesagt, so formal denken und sprechen nur wenige. Die meisten meinen, die beiden Forschungsgebiete hängen sehr eng zusammen und können oft gar nicht getrennt werden. Dietrich Dörner äußerte zum Beispiel in einer Vorlesung in den achtziger Jahren, dass ein Denken ohne Sprache nahezu unmöglich oder zumindest doch sehr schwierig sei. Probanden, die ausdrücklich aufgefordert wurden, ohne die Verwendung von Sprache bei der Lösung einer Problemaufgabe zu denken oder ein inneres Sprechen dabei zu unterlassen, erzielten deutlich schlechtere Ergebnisse. Zudem äußerten sie, dass diese Zusatzaufgabe – Denken ohne Worte – sie so sehr beschäftigt hat, dass sie gar nicht mehr zum Bedenken der eigentlichen Aufgabe kamen, von Anflügen unbehaglicher Gefühle ganz zu schweigen. Probieren Sie es doch bei der nächsten Gelegenheit auch einmal! Aber vielleicht geht es Ihnen auch ganz anders. Paivio (1986), ein Altmeister der Kognitiven Psychologie, würde vermutlich sagen, es kommt darauf an, um welches Problem es geht und wie die damit zusammenhängenden Inhalte im Gedächtnis repräsentiert sind, z. B. bildlich oder sprachlich. Bei sehr konkreten Sachverhalten oder bei Problemen, die den Umgang mit ganz bestimmten Objekten erfordern, wird evtl. ein Denken auch ohne Sprache möglich und sinnvoll sein. Denken wir nur an die Aufgabe „Turm von Hanoi". Dabei sollen eine kleine, eine mittelgroße und eine große Scheibe, die in dieser Ordnung übereinanderliegen, einzeln von einem Stab auf einen anderen Stab bewegt werden, ohne dass jemals eine kleinere unter einer größeren Scheibe zu liegen kommt. Als Zwischenablage steht ein weiterer Stab zur Verfügung (wir gehen im Kapitel 3.3.1 ausführlicher auf diese Aufgabe ein). In diesem Fall werden Sie vermutlich die Scheiben in Form von „Bildern" gedanklich hin und her schieben, um sich fehlerhafte reale Züge zu ersparen. Geht es hingegen um die Bearbeitung von Syllogismen, sind andere Denkformen zu erwarten. Ein Beispiel soll dies illustrieren:

Prämisse 1:   Alle Hunde sind Säugetiere.
Prämisse 2:   Alle Dackel sind Hunde.
Conclusio:    Alle Dackel sind Säugetiere.

Ein Syllogismus besteht in der Regel aus zwei Voraussetzungen bzw. Prämissen und einer Schlussfolgerung (Conclusio). Die Aufgabe besteht darin zu entscheiden, ob die Schlussfolgerung bei Gültigkeit der Prämissen ausnahmslos korrekt ist[1]. In diesem Fallbeispiel trifft dies zu. Versuchen Sie Ihre Gedanken bei dieser Aufgabe zu „beobachten". Sie werden vermutlich feststellen, dass Sie im Kopf verschiedene „Wenn-dann-Satzkonstruktionen" bewegt haben. In diesen Fällen scheint also ein Denken in Worten bzw. mit Sprache die Regel zu sein.

Ein anderes Beispiel für die enge Beziehung zwischen Denken und Sprache liegt mit der viel diskutierten Sapir-Whorf-Hypothese vor. Sapir (1921/1972) und vor allem Whorf (1956/1963) waren der Meinung, dass die Art unserer Sprache und unseres Sprechens maßgeblich die Art unseres Denkens bestimmt. Diese Idee wird gern in der Alltagspolitik aufgegriffen. Wenn zum Beispiel bei Berufsbezeichnungen häufig nur die männliche Variante Verwendung findet (Bäcker, Schlosser, Wissenschaftler, Politiker usw.), spricht das für patriarchalische Denkmuster bei der Wahrnehmung der gesellschaftlichen Welt. Ein solches Denken kann folglich durch die gezielte Einführung maskuliner *und* femininer Wortformen korrigiert werden. Allerdings wird ein solcher linguistischer Determinismus von zahlreichen Autoren erheblich in Zweifel gezogen (Pinker, 1998).

Ein gutes weiteres Beispiel für die Wechselwirkung von Denken und Sprache sind mehrdeutige Formulierungen. Was meinen Sie, wie ist der folgende Satz zu interpretieren?:

„In Paris kann man sich verlieben."

Wenigsten drei Varianten sollten Sie finden. Wer meint, Paris ist genau der richtige Ort, um den Partner für's Leben zu finden, wird Paris vermutlich als Stadt der Liebe fest in seinem Denken verankert haben. Ist hingegen Paris Ihre Lieblingsstadt, dann werden Sie danach trachten, viel Zeit in Paris zu verbrin-

---

[1] Auch auf diese Denkprobleme gehen wir später noch ausführlicher ein (Kapitel 3.2.1).

gen. Geht es Ihnen wie Aphrodite, Hera und Athene und Sie legen Wert darauf von dem jungen Mann namens Paris als schön und liebenswert beurteilt zu werden, dann werden Sie eher nicht an die Hauptstadt Frankreichs denken.

Die Beispiele zeigen, Sprache und Denken sind ganz offensichtlich sehr eng miteinander verbundene Vorgänge. Die wenigen Beispiele zeigen allerdings auch, dass es sehr unterschiedliche Arten des Denkens und sehr vielfältige Aspekte der Sprache gibt. Erst eine Übersicht über diese Vielfalt in den beiden Gebieten Sprach- und Denkpsychologie ermöglicht eine differenzierte Betrachtung der angedeuteten komplexen Wechselwirkungen. Deshalb wollen wir uns zunächst primär auf sprachpsychologische Fragestellungen konzentrieren, dann auf Phänomene aus der Denkpsychologie, ehe wir am Ende des Buches erneut auf deren Interaktion eingehen.

# 2 Sprache[2]

## 2.1 Was ist Sprache und welche Merkmale machen die Sprache zur Sprache?

Es ist nicht einfach, eine Definition von *Sprache* vorzunehmen. Ähnlich wie bei anderen grundlegenden Begriffen in der Psychologie fällt es offensichtlich schwer, sich auf eine einheitliche Meinung festzulegen. Eine besondere Schwierigkeit liegt hier zudem darin, dass Definitionsversuche häufig mit theoretischen Annahmen zum Erwerb von Sprache verknüpft werden. Einige Autoren gehen davon aus, dass Sprache eine stark angeborene Komponente hat. Dies äußert sich nach Meinung dieser Wissenschaftler in der Existenz einer sog. Universalgrammatik (Chomsky, 1957, 1977; Pinker, 1998). Damit ist ein grammatisches Regelsystem gemeint, dass bei allen Menschen verfügbar sowie allen Sprachen gemeinsam ist und durch Reifungsprozesse ausgebildet und differenziert wird. Eine radikale Alternative wäre es anzunehmen, dass Sprache im Laufe der frühen Kindheit durch Rückmeldungen aus der Umwelt erlernt wird (Watson, 1928, 1968). Beide Extreme sind voraussichtlich wissenschaftlich nicht zu belegen. Wie häufig in der Psychologie wird auch hier ein Kompromiss notwendig sein.

Weniger umstritten sind Funktionen, die mit sprachlichen Äußerungen erfüllt werden können. Ganz offensichtlich können mit Hilfe der Sprache Mitteilungen von einem Sprecher an einen Hörer übermittelt werden und der Hörer kann ebenfalls mittels der Sprache seine Meinung dazu äußern. Sprache ist also ein wichtiges Instrument für die Kommunikation. Karl Bühler (Bühler, 1934) unterscheidet ähnlich wie viele modernere Autoren in seinem

---

[2] Das Kapitel „Sprache" wurde auf der Grundlage einer Vorlesungsreihe zur Sprachpsychologie geschrieben, die von Kempe und Beyer 1990 an der Humboldt-Universität gehalten und bis zur Gegenwart von Beyer gelesen und aktualisiert wurde.

sog. Organonmodell (Sprache als Werkzeug) drei Varianten solcher Mitteilungen bzw. drei Funktionen der Sprache:

- Mitteilungen über den Zustand des Senders: Ausdrucksfunktion („Mir ist ziemlich kalt.")
- Mitteilungen über externe Gegenstände: Darstellungsfunktion („Das Fenster steht seit Stunden offen.")
- Mitteilungen zur Mobilisierung des Empfängers: Appellfunktion. („Schließ bitte das Fenster!").

Ihnen ist sicher nicht entgangen, dass das Beispiel zur Ausdrucksfunktion für sensible Menschen schon erhebliche Appellfunktion haben kann. D. h. konkrete Äußerungen können gleichzeitig mehrere Funktionen erfüllen.

Ein wichtiger Vorteil von Sprache als Kommunikationsmittel wird in diesen Funktionen auch deutlich: Wir können uns über Dinge und Situationen mit anderen Personen austauschen, ohne dass diese Dinge real verfügbar sind oder die Situationen gerade durchlebt werden müssen. Wer über eine Sprache verfügt, mit der man ziemlich erschöpfend die Dinge, Ereignisse und Vorgänge in der menschlichen Umgebung bezeichnen kann, wird folglich sehr ökonomisch und effektiv mit seinen Ressourcen umgehen.

Einige Sprachwissenschaftlicher, z. B. de Saussure (1931), würden sagen, dies gelingt vor allem dadurch, dass Sprache die Anforderungen an ein nahezu perfektes Zeichensystem erfüllt: Sprache enthält gut unterscheidbare Elemente (spezifische Lautfolgen, Buchstaben, Silben, Worte) und diese Elemente sind bis auf einige Ausnahmen relativ eindeutig bestimmten Bedeutungen zugeordnet. Beispielsweise steht die Laut- bzw. Buchstabenfolge BAUM für ein reales Objekt mit Wurzeln, einem Stamm und einer Baumkrone.

Eine Möglichkeit, Sprache zu definieren, besteht also darin, spezifische Merkmale festzulegen, die von einer Sprache erfüllt werden müssen, um sie als Sprache bezeichnen zu können. Am konsequentesten hat Hockett (1960) diese Strategie verfolgt und einige solcher Kriterien bestimmt. Die wichtigsten wollen wir kurz skizzieren, da sie nach wie vor in der aktuellen Literatur eine bedeutende Rolle spielen. Sie werden merken, dass die Ideen von Saussure (1931) und anderen Sprachwissenschaftlern aufgegriffen und weiter differenziert werden:

1. **Bedeutungshaltigkeit der Einheiten (Wörter):** Wörter sind Zeichen, Symbole bzw. Benennungen für reale Objekte oder Sachverhalte.

2. **Losgelöstheit von realem Ereignis:** Die „Losgelöstheit" führt dazu, dass man mit Hilfe von Sprache unabhängig von der Präsenz des realen Ereignisses über dieses sprechen oder schreiben kann.
3. **Willkürlichkeit der Einheiten (Wörter):** Dass wir ein reales Objekt mit Wurzeln, einem Stamm und einer Krone als BAUM bezeichnen, ist ein Festlegung, die willkürlich getroffen wurde. Man hätte sich auch für eine andere Lautfolge entscheiden können. Wichtig ist allerdings, dass in einer Sprachgemeinschaft Einigkeit über die Zuordnung von Wort und realem Objekt besteht.[3]
4. **Diskretheit:** Wörter oder sonstige sprachliche Einheiten müssen diskrete, also voneinander abgrenzbare Einheiten sein. Wird diese Eigenschaft verletzt, ergeben sich erhebliche Probleme beim Verstehen von längeren sprachlichen Äußeren. Es wird nicht erkannt, wo ein Wort endet und ein neues beginnt. Dieses Phänomen begegnet uns, wenn wir in einem Land sind, dessen Sprache wir nicht kennen.
5. **Produktivität:** In einer Sprache können prinzipiell immer neuer Äußerungen hervorgebracht werden. Der Wortschatz einer Sprache ist also beliebig erweiterbar.
6. **Wiederholung:** Sätze können so konstruiert werden, dass durch „und" immer weitere Teilsätze prinzipiell ergänzt werden können (Der Junge bastelt das Flugzeug. – Der Junge bastelt das Flugzeug und benutzt eine Säge. usw.)
7. **Rekursion:** Eine sprachliche Struktur kann in eine andere sprachliche Struktur eingebettet werden, z. B. mit Hilfe von Relativsätzen (Der Junge, der die Säge benutzte, bastelte ein Flugzeug.).

Folgt man dieser Idee von Hockett, liegt eine Sprache dann vor, wenn die Kriterien Bedeutungshaltigkeit, Losgelöstheit vom Ereignis, Willkürlichkeit der Einheiten, Diskretheit, Produktivität, Wiederholung und Rekursion erfüllt sind. Diese präzise Definition hat verschiedene Vorteile. Beispielsweise kann sie herangezogen werden, um zu entscheiden, ob Tiere sprechen können oder genauer gesagt, über eine Sprache verfügen. Sie haben sicher schon bemerkt, *Sprache* ist ein sehr komplexes Wissensgebiet. Es gibt verschiedene Strategien, diese Komplexität handhabbar zu machen. Eine Möglichkeit besteht darin, sprachliche Vorgänge in zwei grundsätzliche Typen der Sprachnutzung zu

---

[3] Völlig zufällig dürfte die Zuordnung einer bestimmten Lautfolge zu einem Ereignis jedoch in einigen Fällen nicht sein. Denken Sie z. B. an das Wort SCHMATZEN. Es passt sicher recht gut zu dem Vorgang, den es bezeichnet.

unterteilen: Sprachverstehen und Sprachproduktion. Eine zweite Variante ist die Unterscheidung verschiedener Aspekte und Komplexitätsgrade von sprachlichen Äußerungen:

- Phoneme und Grapheme,
- lexikalische Komponente,
- syntaktische Strukturen von sprachlichen Äußerungen,
- semantische Analyse von sprachlichen Äußerungen,
- pragmatische Analyse von sprachlichen Äußerungen.

Bei Phonemen und Graphemen geht es um die kleinsten Einheiten der gesprochenen und geschriebenen Sprache. Bei der Untersuchung der lexikalischen Komponente ist die Einheit *Wort* sowie deren Struktur und Erkennung von Interesse. Die Syntax fragt nach den Regeln zur korrekten Kombination von Wörtern im Satz. Die Semantik fragt nach dem oben genannten zentralen Sprachmerkmal der Zuordnung von Wortmarke zu realem Objekt. In der Pragmatik wird schließlich untersucht, wie diese Prozesse im alltäglichen Sprachgebrauch Berücksichtigung finden.

Unser Ziel ist es, Ihnen in diesem Kapitel, einen kurzen Überblick über diese fünf Komponenten von Sprache zu geben und im Anschluss etwas ausführlicher zentrale Fragestellungen aus der Forschung zum Sprachverstehen (Wort-, Satz- und Textverstehen) und zur Sprachproduktion vorzustellen.

## 2.2    Komponenten von Sprache – eine Übersicht

### 2.2.1   *Grapheme und Phoneme – elementare Einheiten der natürlichen Sprache*

Fragt man nach den kleinsten Einheiten der geschriebenen Sprache, denkt man zunächst an den Buchstaben. Sprachwissenschaftlicher meinen mit dieser Frage aber eigentlich, was ist das kleinste schriftsprachliche Element für einen gesprochenen Laut. Da dies nicht in jedem Fall nur ein Buchstabe ist, wurde der Begriff Graphem eingeführt. Beispielsweise steht die Buchstabenkombination „CH" für einen einzigen Laut. Das heißt, genau genommen ist die kleinste schriftsprachliche Einheit ein Graphem. Sprachwissenschaftler unterscheiden zusätzlich verschiedene Varianten eines Graphems, die sog. Allographe. Bei dem Graphem (a) kann man beispielsweise die Allographe (a), (ah) und (aa) unterscheiden. Damit kann die zeitliche Erstreckung des Lautes a schriftsprachlich markiert werden.

Eine ähnliche Strategie kann man bei der Frage nach der kleinsten Einheit der gesprochenen Sprache beobachten. Im ersten Zugriff denkt man an einen Laut. Da Laute die Gesamtheit aller möglichen Laute abbilden müssen und bei einer Sprache nicht alle möglichen Laute relevant sind, wurde auch hier ein zweiter Begriff eingeführt: das Phonem. Phoneme sind folglich die Teilmenge der Laute, die in einer Sprache verwendet werden und zur Bedeutungsunterscheidung herangezogen werden. Das heißt, Phoneme sind die kleinsten bedeutungsunterscheidenden Einheiten der Lautsprache. Welche Laute Phoneme sind, hängt deshalb natürlich auch von der untersuchten Sprache ab. Ähnlich wie bei den Graphemen unterscheidet man auch bei den Phonemen Varianten. Diese werden Allophone genannt. Zum Beispiel wird das Phonem /k/ in Abhängigkeit von benachbarten Lauten etwas unterschiedlich ausgesprochen: etwa in /kiel/, /kohl/ oder /kahl/. Probieren Sie es bitte aus.

Die Phonologie beschäftigt sich mit der Klassifikation von Phonemen und versucht, dafür geeignete Merkmale zu identifizieren. Einige solcher phonologischer Merkmale sind in Tabelle 1 zusammengestellt. Am besten Sie sprechen auch hier die Beispielphoneme einmal laut aus, dann werden Sie den Unterschied und den Ort der Phonemproduktion im Mundbereich sehr schnell erkennen.

In Anlehnung an diese Ideen wurden Versuche unternommen, für alle Phoneme Merkmalsmuster dieser Art zusammenzustellen. Im Idealfall sollten so viele Merkmale einbezogen werden, dass jedem Phonem ein spezifisches Merkmalsmuster zugeordnet werden kann. Auf diese Weise können Kriterien zusammengestellt werden, die eine eindeutige Erkennung von Phonemen erlauben.

*Tabelle 1*    Merkmale zur Unterscheidung von Phonemen, jeweils mit einem Beispiel

| Merkmale bzw. Merkmalsdimension | Beispiel |
| --- | --- |
| vokalisch vs. konsonantisch | p vs. a |
| eng vs. weit | i vs. a |
| dental (zwischen Zähnen) vs. labial (über die Lippen) | t vs. p |
| palatal (am Gaumen) vs. velar (am Gaumensegel) | u vs. i, s vs. k |
| stimmhaft vs. stimmlos | d vs. t |

Gelänge dies, bestünden gute Voraussetzungen, um eine automatische Erkennung von Phonemen, Worten und Sätzen zu ermöglichen. Die Zuordnung der Phoneme zu bestimmten Merkmalskategorien erfolgt allerdings mitunter eher intuitiv. Deshalb sind objektive Messungen dieser Merkmale von Phonem eine zentrale Voraussetzung für eine automatische Erkennung. Zwei Beispiele für mögliche Messtechniken sollen kurz erwähnt werden: das Frequenzspektrum der Schallwellen und die sog. Voice Onset Time.

Wenn wir ein Phonem oder ein Wort aussprechen, entstehen Schallwellen unterschiedlicher Intensität und unterschiedlicher Frequenz (Dijkstra & Kempen, 1993). Das Frequenzspektrum kann die Frequenzanteile der Schallwellen bei der Aussprache eines Phonems oder eines Wortes im zeitlichen Verlauf objektiv ausweisen. In Abbildung 1a und 1b sind die Ergebnisse einer solchen Analyse für die Wörter Foto und Toto dargestellt (zusätzlich die Wellenform und Intensität).

Wenn man die linken Abschnitte des Spektrogramms von Foto und Toto vergleicht – also für die Silben Fo- vs. To- –, wird deutlich, dass bei Foto die niedrigen Frequenzanteile fehlen. Die beiden rechten Abschnitte des Fre-

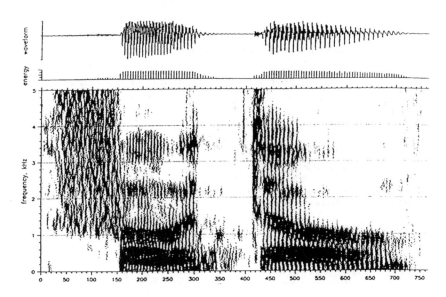

*Abbildung 1a*   Wellenform, Intensität und Frequenz-Spektrogramm bei der Aussprache des Wortes „Foto" (nach Dijkstra & Kempen, 1993)

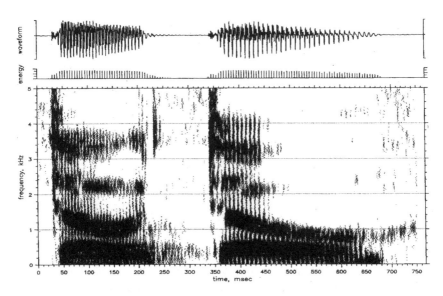

*Abbildung 1b*   Wellenform, Intensität und Frequenz-Spektrogramm
bei der Aussprache des Wortes „Toto" (nach Dijkstra &
Kempen, 1993)

quenzspektrums für die jeweils zweite Silbe ähneln sich dagegen erwartungs-
gemäß sehr stark (-to vs. -to).

Bei der Voice Onset Time (VOT) soll der relative Zeitpunkt des Stimmeinsat-
zes gemessen werden. Die Stimme setzt ein, wenn die Stimmbänder beginnen
zu vibrieren. Bei einigen Lauten bzw. Phonemen vibrieren die Stimmbänder
bereits vor dem Öffnen der Lippen (zum Beispiel bei einem stimmhaften „b"),
bei anderen erst nach dem Öffnen der Lippen (zum Beispiel bei einem stimm-
losen „p"). Die Voice Onset Time bestimmt deshalb den Moment des Beginns
der Vibration der Stimmbänder relativ zu dem Moment, an dem die Blockade
des Luftstromes durch Öffnen der Lippen aufgehoben wird. In Abbildung 2
wird dieses Vorgehen illustriert. Dargestellt ist die Erkennungsleistung (in %)
in Abhängigkeit vom Zeitpunkt des Öffnens der Lippen (Zeitpunkt 0) für die
Phoneme „b" und „p".

Ein „b" wird schon ca. 150 Millisekunden vor dem Öffnen der Lippen von
Hörern erkannt, d. h. die Stimmbänder vibrieren in diesem Fall schon vor
dem Lippenöffnen. Ein „p" wird erst kurz nach dem Öffnen der Lippen wahrgenommen. Die Stimmbänder vibrieren bei einem „p" also deutlich später. Ob

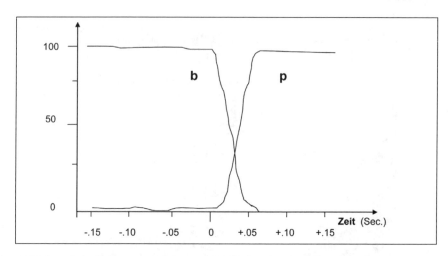

*Abbildung 2*    Erkennungsleistung (in %) für die die Phoneme „b" und „p" in Abhängigkeit vom Zeitpunkt des Öffnens der Lippen. Der Zeitpunkt 0 markiert das Öffnen der Lippen (nach Dijkstra & Kempen, 1993)

solche und viele ähnliche Messtechniken einmal eine perfekte automatische Phonem- und auch Worterkennung ermöglichen werden, wird die Zukunft zeigen. Kritiker dieser Strategie meinen, zur Spracherkennung gehört viel mehr, als nur isolierte Phoneme zu identifizieren. Beispielsweise wird das System versagen, wenn ein Sprecher undeutlich oder etwas anders als üblich spricht (sog. Variabilitätsproblem). Ein Mensch wird in diesem Fall vermutlich kein Problem beim Verstehen haben. Diese und einige weitere Einflussgrößen werden in den folgenden Kapiteln besprochen.

### 2.2.2 Lexikalische Komponente

Wenn von der lexikalischen Komponente oder der lexikalischen Verarbeitungsebene in der Sprachwissenschaft die Rede ist, geht es meist um die folgenden drei Fragen:

- Wie werden Phoneme/Grapheme zu einem Wort synthetisiert?
- Wie sind Wörter im Gedächtnis repräsentiert?
- Wie kann man sich den Prozess der Worterkennung vorstellen?

In der Regel werden Phoneme bzw. Grapheme im Prozess des Sprachverstehens zu Worten zusammengefügt und als solche erkannt. Man geht davon aus, dass in unserem Gedächtnis ein „Lexikon" aller bisher bekannten Wörter existiert. Die Entscheidung, dass ein Wort vorliegt, kann durch einen Vergleich zwischen der aufgenommenen Phonem-/Graphemfolge und im Lexikon vorrätigen Wortkandidaten vorgenommen werden.

Umstritten ist, ob zwischen der Phonem- und Wortebene zwingend noch eine Zwischen-Ebene durchlaufen wird, in der die Phoneme/Grapheme etwa in Form von Silben zu ersten Einheiten zusammengefasst werden. Dies ist insofern plausibel, als sich Wörter nicht nur aus bestimmten Phonemen/Graphemen sondern systematisch auch aus bestimmten Silben- bzw. Morphemen zusammensetzen. *Morphem* kann dabei als exaktere Bezeichnung gelten. Morpheme sind als kleinste bedeutungstragende Einheit von Phonemen bzw. Graphemen definiert. Sie bilden die Strukturkomponenten eines Wortes und ermöglichen die Unterscheidung von Worten und Wortformen. Die Morphologie kann damit als die Grammatik auf der Wortebene bezeichnet werden. Sie legt fest, welche Kombinationen von Morphemen zu einem korrekten Wort führen und wie je nach Wortart die verschiedenen Wortformen erzeugt werden können.

Das Wort FESTLICHKEIT besteht aus den Morphemen /Fest/lich/keit/, das Wort FESTLICHKEITEN aus den Morphemen /Fest/lich/keit/en/. An diesem Beispiel ist zweierlei erkennbar:

- Silben und Morpheme müssen nicht identisch sein. Im Deutschen betrifft dies vor allem die letzte Position im Wort.
- Morpheme erlauben die Unterscheidung von Worten und Wortformen. In diesem Beispiel zwischen Einzahl (Singular) und Mehrzahl (Plural, kenntlich an dem Suffix /en/ (Morphem am Ende des Wortes)).

Unterschieden werden verschiedene Wortarten und verschiedene Wortformen. Schon aus der Grundschule bekannte Wortarten sind Artikel (DER), Adjektive (BLOND), Substantive (JUNGE), Verben (BASTELN) und Präpositionen (AUF). Vertreter einer Wortart haben Gemeinsamkeiten in der allgemeinen Bedeutung, ähnliche syntaktische Funktionen und Gemeinsamkeiten im morphologischen Aufbau und der Wortformbildung:

- **Substantive** bezeichnen meist Objekte, Personen oder Sachverhalte, sind Kandidaten für das Subjekt und Objekt in einem Satz und können durch die Regeln der Deklination in die verschiedenen Wortformen bzw. Fälle

(Kasus) in Abhängigkeit von Geschlecht (Genus) und Einzahl/Mehrzahl (Numerus) überführt werden.

- **Verben** bilden in der Regel Tätigkeiten und damit eine Beziehung zwischen den Substantiven im Satz ab. Durch die Konjugation können die verschiedenen Wortformen von Verben erzeugt werden.
- **Adjektive** kennzeichnen Qualitäten von Substantiven. Durch die Steigerung (Komparation) können meist drei Formen des Adjektivs gebildet werden.

Im einfachsten Fall wird angenommen, dass in unserem mentalen Lexikon alle Wörter mit ihrer phonologischen, semantischen, morphologischen, syntaktischen und orthographischen Beschreibung eigentragen sind. Durch die gemeinsame Speicherung von Form und Bedeutung ist das Problem der Zuordnung von Form (Wortmarke) zu Inhalt (Wortbedeutung) zumindest vorläufig gelöst. Wir gehen im nächsten Abschnitt auf Varianten dieser Annahme genauer ein (Bölte & Zwitserlood, 2006; Rummer & Engelkamp, 2006).

Von besonderem Interesse für Sprachpsychologen ist die Untersuchung des Prozesses der Worterkennung. Welche Teilprozesse laufen ab, wenn wir eine Lautfolge oder eine Buchstabenfolge wahrnehmen und schließlich zu der Entscheidung kommen, dass ein ganz bestimmtes und korrektes Wort vorliegt? Klar ist, dass dieser Prozess extrem schnell und auch sehr zuverlässig abläuft. Eine einfache und auf den ersten Blick sehr plausible Modellidee haben Marslen-Wilson & Welsh (1978) mit der ersten Variante ihres Kohorten-Modells vorgestellt. Sie gehen davon aus, dass bei der Wahrnehmung des ersten Graphems oder Phonems aus dem Lexikon die Gruppe (Kohorte) aller Wortkandidaten aufgerufen wird, die mit dieser ersten Information übereinstimmt. Nach Eingang des nächsten Phonems/Graphems fallen alle Wortkandidaten aus der Kohorte der Wortkandidaten heraus, die nicht mehr übereinstimmen. Dieser Prozess setzt sich fort, bis nur noch ein Wortkandidat in der Kohorte verbleibt. In Abb. 3 wird dieser Prozess am Beispiel der Erkennung des Wortes Elefant erläutert.

In Abbildung 3 wird deutlich, dass am Anfang des Prozesses sehr viele Wort-Kandidaten bereitgestellt werden müssen, was für einen erheblichen Aufwand spricht. Allerdings kann der Prozess am sog. „Uniqueness Point" abgebrochen werden, wenn nur noch ein Wortkandidat vorliegt. Diese Modellannahme liefert damit eine Erklärung für das Phänomen, dass wir in der Regel ein Wort erkennen, bevor die vollständige akustische oder visuelle Wortinformation verfügbar ist. Marslen-Wilson & Welsh (1978) versuchten,

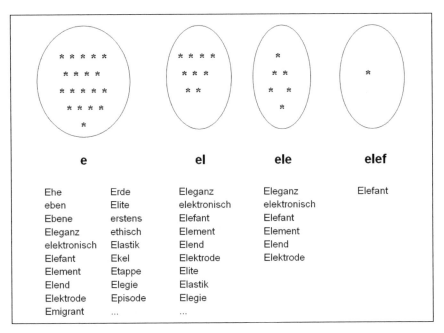

| e | el | ele | elef |
|---|---|---|---|
| Ehe | Erde | Eleganz | Eleganz | Elefant |
| eben | Elite | elektronisch | elektronisch |
| Ebene | erstens | Elefant | Elefant |
| Eleganz | ethisch | Element | Element |
| elektronisch | Elastik | Elend | Elend |
| Elefant | Ekel | Elektrode | Elektrode |
| Element | Etappe | Elite |
| Elend | Elegie | Elastik |
| Elektrode | Episode | Elegie |
| Emigrant | ... | ... |

*Abbildung 3*    Grundidee des Kohorten-Modells I von Marslen-Wilson & Welsh (1978, Übersetzung nach Dijkstra und Kempen (1993), weitere Erläuterungen im Text)

diese Annahme mit Experimenten zu belegen. Ein Beispiel davon soll kurz skizziert werden:

Den Probanden wurde eine Lautfolge angeboten. Sie sollten an *der* Stelle sofort einen Knopf drücken, an der sie sicher waren, dass der Stimulus kein Wort ist. Zum Beispiel sollten sie bei der Folge „e . l . e . f . o" nach dem „o" sicher entscheiden können, dass es sich um kein korrektes Wort handelt, obwohl evtl. noch weitere Buchstaben folgen könnten. Es gibt nämlich kein Wort in der deutschen Sprache, das mit „elefo" beginnt. Bei dieser Aufgabe kommt es also darauf an, die sog. „Nonwort-Stelle" in der Lautfolge zu entdecken. Diese Stelle kann an verschiedenen Punkten im Wort platziert sein, eher vorn, in der Mitte oder eher hinten. Marslen-Wilson & Welsh registrierten die Zeit vom Auftauchen der Nonwort-Stelle bis zur korrekten NEIN-Reaktion der Probanden. Es zeigte sich, dass die Reaktionszeit ab der Nonwort-Stelle nahezu konstant 450 ms beträgt, unabhängig von der Position der Nonwort-Stelle in der jeweiligen Lautfolge. Dies spricht für die Aktivierung einer Gruppe von Wortkandidaten und den sequentiellen Ausschluss dieser Kandidaten bis schließlich die Nullmenge erreicht ist und erst dann eine sichere NEIN-Entscheidung getroffen werden kann. Dieser Befund zeigt also, dass wir bei der Worterkennung tatsächlich zunächst viele Wortkandidaten im Blick haben und erst schrittweise im Ausschlussverfahren entweder ein Wort eindeutig erkennen oder feststellen, dass kein Wort vorliegt. Gegen diese Modellüberlegung gibt es verschiedene Einwände und deshalb andere Ideen zum Prozess der Worterkennung. Wenn Sie daran interessiert sind, sollten Sie den Abschnitt 2.3. genauer lesen. Dort diskutieren wir einige weitere Modelle zur Worterkennung.

### 2.2.3 Syntaktische Komponente

So wie die Morphologie die Struktur von Wörtern beschreibt, regelt die Syntax die Strukturen innerhalb von Sätzen. Die Syntax beschreibt die Beziehungen der Wörter im Satz und weist ihnen bestimmte syntaktische Funktionen zu. In dem Satz „Hans gibt Maria das Buch" übernimmt HANS die Rolle des Subjekts, in dem Fall einer aktiv handelnden Person. MARIA wird die Position eines indirekten Objektes (Dativ) zugewiesen und BUCH steht für ein direktes Objekt (Akkusativ)[4]. Das Verb GEBEN stellt als Prädikat die Relation zwischen den Substantiven bzw. den anderen Satzgliedern her. GEBEN ist übrigens ein transitives Verb. Transitive Verben verlangen neben dem Subjekt ein Objekt und zum Teil sogar mehrere Objekte. Sätze mit diesem Verbtyp werden erst dann als vollständig und in sich abgeschlossen von Lesern/Hörern wahrgenommen, wenn diese Rollen besetzt sind. Transitive Verben spielen also eine ganz zentrale Rolle bei komplexeren Satzkonstruktionen. Intransitive Verben (z. B. SCHLAFEN) begnügen sich zur Not auch nur mit dem Subjekt und erzeugen dennoch Sätze, die als vollständig empfunden werden (PETER SCHLÄFT).
    Einige Sprachwissenschaftler sind der Meinung, dass die Kenntnis der Grammatik entscheidend für die Beherrschung und Anwendung der zugehörigen Sprache ist (z. B. Chomsky, 1957, 1977). Sprachverstehen bedeutet nach dieser Überlegung, dass wir die syntaktische Struktur des gehörten Satzes analysieren und damit erkennen, in welchem Verhältnis und für welche Funktion die Komponenten einer sprachlichen Mitteilung stehen. Beispielsweise interpretieren wir im Deutschen und vor allem im Englischen das erste

---

[4] Die Bezeichnungen für Satzglieder variieren in verschiedenen Publikationen etwas.

Substantiv im Satz als Subjekt, also als den Akteur der Handlung. Dahinter verbirgt sich die Kenntnis der syntaktischen Regel, dass die Satzglieder gewöhnlich (im Englischen fast immer) in der Folge Subjekt – Prädikat – Objekt (SPO) angeordnet sind. Die Morphologie als Grammatik der Wortebene kann ähnliche Interpretationshilfen liefern. Wir kommen vermutlich nicht auf die Idee, einem gebeugten Substantiv (z. B. DEM JUNGEN) die Rolle des Subjektes zuzuweisen.

Das heißt, mit Hilfe der grammatischen Regeln kann die Funktion einer Teilinformation und in wesentlichen Teilen auch ihre allgemeine Bedeutung bestimmt werden. Im Fall der Sprachproduktion werden wir die mitzuteilenden Informationen in eine erlaubte Satzstruktur einfügen, würden z. B. den Akteur der Handlung an der ersten Position im Satz platzieren. Wir können dadurch sicher sein, dass die Zuhörer erkennen, wer das Subjekt in dieser Situation ist.

Noam Chomsky hat mit seiner Theorie der generativen Transformationsgrammatik versucht, diese nur beispielhaft skizzierten Sprachverstehens- und Sprachproduktionsprozesse systematisch zu beschreiben. Der Kern dieser Theorie besteht in einer generativen Grammatik. Mit Hilfe einer generativen Grammatik können sprachliche Informationen so im Satz angeordnet werden, dass sie den Konventionen der Sprachgemeinschaft entsprechen. Eine generative Grammatik gibt also an, welche Kombinationen von Worteinheiten in einem Satz erlaubt sind und welche nicht. Da diese Theorie in der Linguistik und in der Sprachpsychologie eine entscheidende Rolle spielt, haben wir ihr im Abschnitt Satzverstehen ein eigenes Kapitel gewidmet. Dort kommen wir auf die hier nur angedeuteten Ideen zurück.

### 2.2.4 Semantische Komponente

Bei der semantischen Komponente oder semantischen Analyse geht es um die Bedeutung von Wörtern, Sätzen oder Texten. Die Frage ist, was ist die Bedeutung von Wörtern, Sätzen oder Texten und wie kann man sie beschreiben? Auf einer sehr allgemeinen Ebene kann man sicher feststellen, dass es hier um die Zuordnung von sprachlichen Zeichen zu den Objekten und Sachverhalten in der Realität geht, für die sie stehen. Bei genauer Betrachtung erweist es sich allerdings als sehr schwierig, die Bedeutung von Wörtern exakt und objektiv zu beschreiben. Von Katz & Fodor (1964) und vielen weiteren Autoren wurde die Idee eingeführt, die Bedeutung von Wörtern und Begriffen durch Gruppen von Merkmalen abzubilden (z. B. Rosch, 1975; Collins &

Loftus, 1975; Hoffmann, 1986, 1993; Klix, 1992; van der Meer 1995). Zum Beispiel hat DIETER die Merkmale „belebt", „männlich", „menschlich". ELKE hat die Merkmale „belebt", „weiblich", „menschlich" und FLUGZEUG die Merkmale „nicht belebt", „nicht menschlich", „künstlich". Dieser Merkmalsansatz bietet zwei Möglichkeiten:

- präzise Kennzeichnung des realen Objektes, für das ein Wort steht,
- Unterscheidung der Bedeutung von Worten bzw. Objekten.

Eine ganz ähnliche Strategie haben wir bereits bei der Unterscheidung von Lauten und Phonemen kennengelernt (Tab.1). Auch dort wurden Merkmale zur Kennzeichnung gesucht, und zwar so viele, dass eine Unterscheidung aller Phoneme möglich wurde. In Tabelle 2 wenden wir diese Überlegung auf eine ganze Gruppe von Wörtern an.

Das Beispiel zeigt, dass die Bedeutung der acht verwendeten Wörter mit sechs Merkmalen so beschrieben werden kann, dass sie auch unterscheidbar ist. Ein weiterer Vorteil dieses Merkmalsansatzes besteht in der einfachen Beschreibung von Beziehungen zwischen den Wörtern und den von ihnen

*Tabelle 2*    Beschreibung der Bedeutung von Wörtern mit einem Merkmalssatz (0 Merkmal nicht relevant)

| | LÖWE | AMEISE | ASTER | KIEFER | STEIN | WASSER | HAUS | BENZIN |
|---|---|---|---|---|---|---|---|---|
| belebt(+)/ nicht be- lebt(−) | + | + | + | + | − | − | − | − |
| tierisch(+)/ pflanzlich(−) | + | + | − | − | 0 | 0 | 0 | 0 |
| Wirbel- tier(+)/nicht Wirbeltier(−) | + | − | 0 | 0 | 0 | 0 | 0 | 0 |
| Blume(+)/ nicht Blume(−) | 0 | 0 | + | − | 0 | 0 | 0 | 0 |
| natürlich(+)/ künstlich(−) | 0 | 0 | 0 | 0 | + | + | − | − |
| fest(+)/ flüssig(−) | 0 | 0 | 0 | 0 | + | − | + | − |

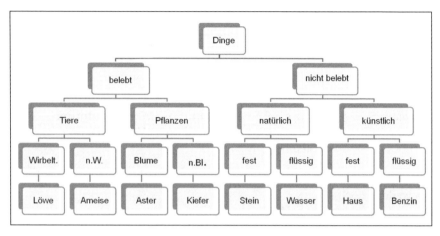

*Abbildung 4*  Baumdiagramm zur Beschreibung einer hierarchischen
Ordnung von Wörtern und Begriffen (Wirbelt. = Wirbeltier,
n. W. = nicht Wirbeltier, n. Bl. = nicht Blume)

bezeichneten Objekten und Begriffen. In Abbildung 4 ist eine solche Konsequenz dargestellt.

Anhand der Merkmale können die Wörter und die von Ihnen bezeichneten Objekte Kategorien zugeordnet werden. Wörter und Objekte, die gemeinsame Merkmale haben, besitzen eine ähnliche Bedeutung und gehören deshalb zu einer Kategorie (z. B. Löwen und Ameisen sind Tiere). Der Grad der Ähnlichkeit kann über die Anzahl gemeinsamer Merkmale bestimmt werden.

Die Beispiele zeigen, dass die Bedeutung von Wörtern mit einem Merkmalsansatz recht präzise beschrieben werden kann und auf dieser Basis auch weitere Operationen möglich sind.

Weit schwieriger wird es, wenn die Bedeutung von Sätzen gekennzeichnet werden soll. Naheliegend ist es, die Merkmalssätze der Wörter im Satz nach bestimmten Regeln miteinander zu „verrechnen". Steinberg (1970) verfolgte genau diese Idee. Ein Beispiel soll sein Vorgehen veranschaulichen (Abb.5).

**Beispiel:** „Der Mann ist ein Ehemann."
**Merkmale:** belebt (B), menschlich (M), geschlechtlich (G), verheiratet (VH), verlobt (VL).
**Markierungen/Operationen:**
+ = vorhanden
− = nicht vorhanden

| Mann:              | +B   | +M   | +G   | v VH  | o VL  |
|--------------------|------|------|------|-------|-------|
| Ehemann:           | +B   | +M   | +G   | + VH  | x VL  |
| Kombina-<br>tion:  | ++B  | ++M  | ++G  | v+ VH | ox VL |

*Abbildung 5*    Ableitung einer Satzbedeutung aus Wortbedeutungen
mit Hilfe von Merkmalen und deren Veränderung
(nach Steinberg, 1970)

v = + oder –, aber nicht beides
x = weder + noch –
o = v oder x, aber nicht beides

In diesem Beispiel werden die Merkmalssätze der Wörter MANN und EHE-
MANN festgestellt und miteinander verglichen. Es zeigt sich, das „IST" zu
einer Spezifizierung zweier Merkmale führt (verheiratet (VH) wird von v zu +,
verlobt (VL) von o zu x). Ein Mann wird also zu einer Person, die eindeutig
verheiratet und weder verlobt noch nicht verlobt ist. Damit wird demonstriert,
„technisch" ist dieser Weg möglich. Aber er wirkt doch sehr kompliziert und
das schon bei einem so einfachen Satz. Es muss Alternativen zu dieser Strategie geben. Auslöser für eine alternative Lösungsmöglichkeit für das Problem
sind relativ einfache Beobachtungen bei der Beurteilung von auf den ersten
Blick ziemlich kuriosen Sätzen wie:

KASO  GIBT  REKI    DAS  BAMF.
HANS  WAF  MARIA DAS  BUCH.

Es ist klar, beide Sätze sind nicht korrekt. Aber dennoch, was würden Sie
sagen, wenn Sie gefragt werden, welche der beiden Varianten noch am ehesten
akzeptabel ist?
    Die meisten Probanden tippen bei einer solchen Frage auf den ersten Satz,
obwohl dort viel weniger vernünftige Wörter auftauchen als im zweiten Satz
(Kempe, 1991, 1992). Ging es Ihnen ebenso? Es scheint also nicht die Menge,
sondern die Art oder Position eines Wortes über den Verständlichkeitsein-
druck zu entscheiden. Im ersten Satz dürfte das korrekte Wort GIBT den
Ausschlag geben. GIBT bzw. GEBEN ist ein transitives Verb, übernimmt die
syntaktische Funktion des Prädikats. Einige Autoren, z. B. Fillmore (1968) oder
Klix (1984, 1992) und van der Meer (1995), gehen davon aus, dass das Verstehen

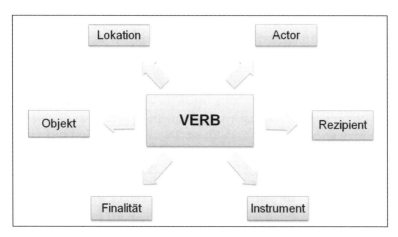

*Abbildung 6*  Illustration der Idee von Fillmore (1968) zu Prädikat-Argument-Strukturen zur Beschreibung von Satzbedeutungen (weitere Erläuterungen im Text)

von Sätzen beim Leser/Hörer maßgeblich über das Verb bzw. das Prädikat organisiert wird. Es bildet die Verbindungsschnur zwischen den zahlreichen Elementen in einem Satz. Das Verb gibt vor, welche Elemente notwendig sind, welche Worte/Objekte erlaubt sind und in welchem Verhältnis sie zueinander stehen. Es bildet also den Dreh- und Angelpunkt im Verstehensprozess. Wenn Sie einen Text in einer anderen, ungewohnten Sprache lesen müssen, suchen Sie vermutlich intuitiv zuerst nach dem Verb des Satzes und haben damit eine geeignete Interpretationshilfe für den Rest des Satzes. In Abbildung 6 haben wir die Idee von Fillmore etwas ausführlicher dargestellt. Sie zeigt die zentrale Position des Verbs und die verschiedenen typischen Komponenten eines Satzes und deren Rollen im angesprochenen Geschehen.

In der Regel wird in Sätzen über die Akteure der Handlung (Actor oder Handlungsträger), über Objekte der Handlung (Objekt) und über den Empfänger der Handlung berichtet (Rezipient). Diese Konstellation wäre bei dem Verb/ Prädikat GEBEN obligatorisch. Weitere Komponenten und inhaltliche Rollen können hinzukommen: ein Mittel, das bei der Handlung eingesetzt wird (Instrument), der Ort der Handlung (Lokation) oder der Zweck der Handlung (Finalität). Ein Beispiel für diese Konstruktion wäre der Satz: „Der Arzt behandelt die Patienten mit Medikamenten im Krankenhaus, um deren Heilung zu beschleunigen". Derartige Konstellationen können mit sogenannten Propositionen linear abgebildet werden. Eine Proposition besteht aus einem Prädikat und einem oder mehreren Argumenten. Der Beispielsatz „Hans gibt Maria das Buch." könnte folgendermaßen in eine Proposition transformiert werden:

Allgemein:   (VERB (ACTOR, REZIPIENT, OBJEKT))
Speziell:    (GEBEN (HANS, MARIA, BUCH)).

Wesentlich für unsere Frage nach der Beschreibung der Semantik eines Satzes ist eine weitere Annahme von Fillmore: Das Verb bestimmt nicht nur welche Rollen in einem Satz besetzt werden müssen und welche Beziehungen zwischen den Rollen bestehen, sondern auch, wer diese Rollen überhaupt besetzen kann. Es wird von sogenannten *Selektionsrestriktionen* gesprochen. Die Rollen können nur von solchen Wörtern/Personen/Objekten/Sachverhalten besetzt werden, die inhaltlich, also semantisch, zu der beschriebenen Situation passen. Das Prädikat GEBEN verlangt z. B. in der Regel einen belebten Akteur und einen belebten Rezipienten, das Objekt ist dagegen eher unbelebt. Es muss nur zum Geben geeignet sein. Das heißt, Verben und Prädikate kennzeichnen Situationen und Ereignisse durch ihre möglichen Argumente sowie deren Beziehungen und damit die Bedeutung des zugehörigen Satzes oder auch Textabschnittes.

Damit haben wir zwei Möglichkeiten zur Beschreibung der Bedeutung von Wörtern und Sätzen kennen gelernt: Merkmalskonzept und Propositionen mit semantischen Rollen. Welche ist die richtige oder wenigstens die bessere? Klix (1984, 1992, 1998), Hoffmann, (1986, 1993) und van der Meer (1995) würden sagen, es kommt darauf an, um welche Wörter und um welches Wissen es geht. Versuchen Sie einmal folgende einfache Aufgabe zu lösen, dann wird Ihnen schnell einfallen, was Klix, Hoffmann und van der Meer meinen:

Beschreiben Sie bitte einem Freund nacheinander die Bedeutung der Wörter HUND und BEHANDELN!

Bei dem ersten Fall HUND, haben Sie vermutlich so etwas gesagt wie „hat vier Beine, kann bellen, ist groß, hat ein Fell, ist ein Tier". Bei dem Wort BEHANDELN sagten Sie wahrscheinlich „das macht ein Arzt meistens mit einem Patienten; er benutzt Medikamente; das ganze spielt sich in einer Praxis oder einem Krankenhaus ab; Ziel ist, eine Heilung zu bewirken usw.). Bemerken Sie den Unterschied? Bei HUND haben sie verschieden Varianten von Merkmalen dieses Objektes aufgezählt, bei BEHANDELN haben sie eher ein typisches Ereignis mit den beteiligten Personen und Gegenständen beschrieben. Klix, Hoffmann und van der Meer unterscheiden zwei Typen von Wissen: Objektwissen und Ereigniswissen. Bei Objektwissen scheinen die Merkmalssätze ein sinnvolles Mittel zur Beschreibung der Bedeutung zu sein. Bei Ereigniswissen ist dafür die Kennzeichnung der Situation mit den beteiligten Partnern und deren Rollen offensichtlich besser geeignet. Beim natürlichen Sprachverstehen und der Sprachproduktion spielen natürlich beide Wissenstypen eine Rolle. Aber offensichtlich sind Leser und Hörer sehr hoch trainiert, beide Techniken ohne Probleme abwechselnd oder auch gemeinsam einzusetzen.

**Exkurs:** Worte, Begriffe, Realität – diese drei Termini sind im zurückliegenden Text öfter aufgetaucht. Sie werden sich gefragt haben, was bedeuten sie und vor allem, in welchem Verhältnis stehen sie zueinander? Die Realität ist die Umwelt außerhalb und innerhalb unseres Körpers, und damit objektiv, ohne unser Zutun vorhanden. Diese objektive Realität wird von uns wahrgenommen und bei Bedarf im Gedächtnis abgebildet (repräsentiert). Es ist unwahrscheinlich, dass wir jedes Einzelobjekt und jedes Einzelereignis im Gedächtnis ablegen. Vermutlich beobachten wir viele Einzelereignisse oder Einzelobjekte und stellen zwischen einigen davon Gemeinsamkeiten fest. Zum Beispiel fällt Kindern in den ersten Lebensjahren auf, da gibt es bei Menschen oft Objekte, die laufen auf vier Beinen, haben ein weiches Fell, sind mal größer, mal kleiner und wenn man sie ärgert, dann bellen sie laut. Wir stellen also fest, es gibt eine Gruppe von Objekten, die sich durch gemeinsame und nur leicht variierende Merkmale auszeichnen. Diesen sehr vereinfacht dargestellten Prozess nennt man Begriffsbildung. Das Ergebnis ist die Klassifikation der uns umgebenden Objekte und Ereignisse der Realität nach gemeinsamen Merkmalen. Der Begriff HUND meint also ein Objekt mit vier Beinen, Bellen usw. Der Begriff BEHANDELN meint eine Situation, in der Ärzte, Patienten, Medikamente usw. in bestimmten Beziehungen vorkommen. D. h. ein Begriff kennzeichnet die Bedeutung einer Objekt- oder Ereignisklasse. Nun wäre es sehr unpraktisch, in der Kommunikation immer diese vielen Merkmale oder Beschreibungen aufzuzählen. Deshalb wurde offensichtlich das Wort „erfunden". Es ist einfach der Name für eine bestimmte Merkmalskonstellation. Was bellt und vier Beine hat, nennen wir einfach Hund und alles wird viel leichter. Kurz zusammengefasst heißt das, Begriffe klassifizieren Einzelobjekte und -ereignisse der Realität und Worte bezeichnen sie. Wenn wir Worte in der Kommunikation einsetzen, kann unser Gesprächspartner davon ausgehen, dass wir die Begriffe und damit letztlich einen bestimmten Ausschnitt der Realität meinen.

## 2.2.5 Pragmatische Komponente

Mit der pragmatischen Komponente oder Perspektive ist die Einbettung von sprachlichen Äußerungen in die natürliche Kommunikation gemeint. Wie wird die Sprache im Alltag tatsächlich verwendet? Dazu gehören zum Beispiel auch Einflüsse des konkreten Situationskontextes auf die Produktion, Verarbeitung und Interpretation von sprachlichen Äußerungen. Diese Perspektive ist im Unterschied zur graphemischen, phonemischen, lexikalischen, syntaktischen und semantischen Analyse von Sprache relativ wenig bearbeitet. Häufig werden unter dieser Überschrift drei Aspekte diskutiert:

- Sprechen als Realisierung einer speziellen Handlungsvariante zur Bewältigung von Problemen und Kommunikationsaufgaben,
- Interpretation von mehrdeutigen Sätzen auf der Grundlage des Kontextes und
- Ableitung von Empfehlungen für eine optimale Gestaltung der sprachlichen Kommunikation.

Eine zentrale Rolle in dieser Debatte spielt die sog. Sprechakttheorie (Austin, 1962; Searle, 1971; Groeben, 2006). Sprachliche Äußerungen werden dabei als Akt bzw. Handlung aufgefasst. Dabei werden mindestens vier Handlungstypen unterschieden:

- Äußerungsakt: Aussprechen von Wörtern,
- Propositionaler Akt: Übertragung einer Bedeutung mit der Äußerung,
- Illokutionärer Akt: Implementieren einer Intention des Sprechers (z. B. Versprechen, Behauptung, Aufforderung),
- Perlokutiver Akt: Erzielen einer Wirkung durch die Sprechhandlung.

Diese Theorie soll den Blick weiten: Sprache dient nicht nur der Übermittlung sachbezogener Informationen. Sie impliziert auch Handlungen zur Umsetzung von Intentionen des Sprechers in einer Kommunikationssituation und zielt auf ganz bestimmte Veränderungen beim Hörer oder Leser ab (Groeben, 2006). Ähnliche Ideen klangen bereits zu Beginn im Organonmodell von Bühler (1934) mit den drei Sprachfunktionen Darstellung, Ausdruck und Appell an. Wir wollen einige Äußerungen aus dem Alltag diskutieren, um diese Überlegungen zu illustrieren:

1. „Kannst Du mir sagen, wie spät es ist?"

2. Professor sagt zu einem verspäteten Studenten: „Schön, dass Sie auch noch kommen."
3. „Hier zieht es ja mächtig!"
4. „Das hast Du wirklich super gemacht, prima!!!"

Ihnen sind solche und ähnliche Äußerungen bestimmt auch schon begegnet oder Sie haben sie sogar selbst verwendet. Ganz offensichtlich muss bei diesen Beispielen das wirklich „Gemeinte" identifiziert werden. Der erste Redner ist vermutlich nicht daran interessiert zu erfahren, ob der Gesprächspartner prinzipiell bereit und fähig ist, die Uhrzeit mitzuteilen. Er will eigentlich einfach wissen, wie spät es gerade ist. Der Professor freut sich wahrscheinlich nicht wirklich über das Erscheinen des Studenten. Das Gegenteil wird der Fall sein, er ärgert sich über die Störung. Der dritte Redner will ganz bestimmt nicht nur mitteilen, dass es zieht, sondern will vor allem jemanden dazu bewegen, endlich die Tür zu schließen. Bei der vierten Äußerung ist es schwieriger: Der Sprecher kann tatsächlich ein ehrliches Lob aussprechen, es kann aber auch sein, dass das vorliegende Ergebnis ganz miserabel ist. Im zweiten Fall wäre es also ironisch gemeint. Es ist klar, die Aussagen tragen einen Charakter von Mehrdeutigkeit. Es kommt zu einer Diskrepanz von propositionalem und illokutionärem Akt. Die sachliche Mitteilung (z. B. „Es zieht.") scheint nicht direkt zur Intention des Sprechers („Schließ bitte die Tür!") zu passen. Dennoch haben geübte Sprecher und Hörer kaum Probleme, diese Äußerungen korrekt zu interpretieren und sich angemessen zu verhalten. Unter Umständen sind sie sogar erfolgreicher (*Instrumentalität* von Äußerungen), weil sie den Adressaten nicht bloßstellen oder zum Befehlsempfänger degradieren. Welche Informationen können genutzt werden, um diese Verständnishürde ohne Probleme zu bewältigen? Kurz gesagt, es ist der Situationskontext und das Wissen des Hörers oder Lesers über Gewohnheiten in der Kommunikation. Wir beachten in aller Regel die Besonderheiten der Situation, wir achten auf die Stimme und Intonation des Sprechers, wir integrieren unsere Kenntnisse über die Person des Sprechers und seine Redegewohnheiten. Meist haben wir auch Hypothesen über die Ziele des Sprechers und schließen auch auf dieser Basis auf die inhaltliche Auslegung der Mitteilung und liegen damit meist richtig. Ungeübte Sprachbenutzer (z. B. Nicht-Muttersprachler) dürften hier allerdings schnell in Schwierigkeiten geraten, da sie dieses Hintergrundwissen nicht besitzen. Deshalb sollten Sie bei Kindern oder Nicht-Muttersprachlern mit derartigen Äußerungen vorsichtig sein.

Generell gilt es unter pragmatischem Gesichtspunkt, seine sprachlichen Äußerungen möglichst so zu gestalten, dass sie in der konkreten Situation verstanden und zu den gewünschten Zielen führen. Grice (1975) hat einige Regeln formuliert, die zur Optimierung der sprachlichen Kommunikation beitragen sollten und in der Literatur in verschiedenen Varianten immer wieder zitiert werden:

1. *Maxime der Quantität:* Sag nur soviel wie notwendig, aber (bloß) nicht mehr!
2. *Maxime der Qualität:* Sag die Wahrheit und nicht Dinge, an die du selbst nicht glaubst!
3. *Maxime der Relevanz:* Sag nur Dinge, die relevant für die Zielstellung der Kommunikation sind!
4. *Maxime der Art und Weise:* Sei klar in deinen Äußerungen!

Probieren Sie bitte in den nächsten Tagen an die Maximen von Grice zu denken. Der Erfolg wird nicht zu übersehen sein.


### 2.2.6 Interaktionen von Sprachkomponenten – 2 alternative Modelle

Ziel des ersten größeren Kapitels war es, ihnen einen Überblick über wichtige Forschungsfragen in der Sprachpsychologie und Psycholinguistik zu geben. Sie haben gesehen, dass man sprachliche Äußerungen aus unterschiedlichen Perspektiven betrachten kann: sehr elementaren (Phoneme und Grapheme) und eher komplexen Perspektiven (syntaktische, semantische und pragmatische Perspektive). Eine Frage wollen wir abschließend dazu noch kurz streifen: Wie kann man sich den Zusammenhang zwischen diesen Komponenten in einem tatsächlich ablaufenden Sprachverarbeitungs- oder Sprachproduktionsprozess vorstellen? Gibt es dabei evtl. eine Verarbeitungsebene, die alle anderen dominiert? Zwei alternative generelle Positionen werden in der Literatur diskutiert: Seriell-autonome Modelle und interaktive Modelle. In Abbildung 7 und 8 ist die Grundidee dieser beiden Modelle vereinfacht dargestellt.

Das seriell-autonome Modell ist auf den ersten Blick sehr plausibel: Wir nehmen eine Lautfolge des Kommunikationspartners auf, identifizieren die bedeutungsunterscheidenden Phoneme, fügen sie zu Wörtern zusammen, erkennen die Satzstruktur und ordnen Bedeutungen zu. Das Ergebnis kann Teil unserer Wissensrepräsentation im Gedächtnis werden und unser zukünftiges Handeln beeinflussen. Diese Modelle werden manchmal auch als Bottom-Up-Modelle oder als reizgesteuerte Modelle bezeichnet, weil der externe Sprach-Reiz die Verarbeitung bestimmt. Kritiker wenden ein, dass unser bisheriges Wissen die Analyse neuer sprachlicher Information maßgeblich beeinflussen

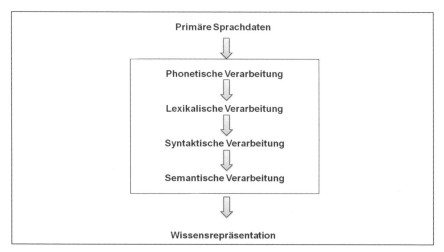

*Abbildung 7*    Grundidee eines seriell-autonomen Modells der Sprachverarbeitung aus der Perspektive Sprachverstehen

kann. Wir haben bestimmte Erwartungen an den Sprecher oder wir kennen einige Wörter und Redewendungen besonders gut. Dies könnte dazu führen, dass wir bestimmte Phoneme, Wörter oder Wortfolgen schneller erkennen oder auch fälschlicherweise in diesem Sinne interpretieren. Diese Kritiker nehmen also an, dass es Wechselwirkungen zwischen den verschiedenen Verarbeitungsebenen gibt. Diese Idee wird bei den interaktiven Modellen berücksichtigt (Abb.8). Diese Modelle werden manchmal auch als Top-Down-Modelle oder als vorwissensgesteuerte Modelle bezeichnet, weil unser bisheriges internes Wissen die Verarbeitung bestimmt.

Bleibt die Frage nach der Dominanz einer Komponente bzw. Verarbeitungsebene. Favoriten dafür sind die syntaktische und die semantische Verarbeitung. Chomsky (1957, 1977) würde sagen, die Syntax bildet im Wesentlichen auch die Semantik eines Satzes ab. Lakoff (1980, 1989) und Fillmore (1968) und andere Autoren würden dagegen der semantischen Verarbeitung das Primat zuweisen. D. h. wir müssen nicht zwingend die syntaktische Struktur eines Satzes analysieren, um dessen Bedeutung zu erkennen. Einige Beispiele aus dem Wortmaterial einer Untersuchung von Kempe (1991, 1992) sollen zeigen, dass die Wahrheit vermutlich in der Mitte liegt oder es wieder einmal auf den konkreten Fall ankommt. Kempe legte ihren Probanden Sätze vor. Die Probanden sollten so schnell wie möglich entscheiden, wer in dem Satz der Akteur oder Handlungsträger ist. Ausgewertet wurde unter anderem, welche

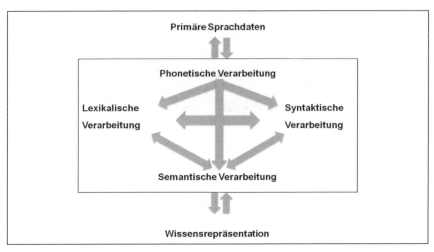

*Abbildung 8*    Grundidee eines interaktiven Modells
der Sprachverarbeitung

Kriterien zur Entscheidung herangezogen wurden. Probieren Sie es bitte selbst
einmal aus. Lesen Sie die folgenden 16 korrekten Sätze einzeln und entscheiden jeweils, wer der Akteur im Satz ist. Überlegen Sie danach, wie Sie zu Ihrer
Entscheidung gekommen sind.

1. Der Bruder heiratet in Berlin.
   Die schöne Frau wohnt in der Villa.
2. Der Junge kauft Eberswalder Würstchen.
   Der Mann schenkt rote Rosen.
3. Der Vater hilft dem Sohn.
   Die Tochter pflegt den Vater.
4. Die Katze frisst die Maus.
   Die Ärztin behandelt die Frau.
5. Die Mutter erwartet die Tochter.
   Die Oma beaufsichtigt die Enkelin.
6. Dem Schüler hilft der Lehrer.
   Den Vater pflegt die Tochter.
7. Die Maus frisst die Katze.
   Die Frau behandelt die Ärztin.
8. Die Tochter erwartet die Mutter.
   Die Enkelin beaufsichtigt die Oma.

Sie haben sicher bemerkt, dass diese Sätze sehr unterschiedliche Hinweise
darauf geben (sog. Marker), wer im Satz etwas tut und wer das Objekt der
Handlung ist. Im ersten Satzpaar weisen jeweils syntaktische (erste Position
im Satz), morphologische (1.Fall des Substantivs) und auch semantische Merkmale (einziger belebter Begriff) auf „Bruder" bzw. „Frau" hin. In Satzpaar 3
liefert die Syntax (erste Position) und die Morphologie (1.Fall des Substantivs)
die entscheidende Information. Die Semantik ermöglicht hier ohne weiteren
Kontext keine klare Entscheidung. In Satzpaar 7 müssen wir uns auf die Bedeutung verlassen (gewöhnlich fressen Katzen die Mäuse und nicht umgekehrt) und in Satzpaar 8 verhelfen uns weder Morphologie, noch Syntax und
Semantik zu einer eindeutigen Entscheidung. Diese Beispiele zeigen auf sehr
einfache und originelle Weise, dass sowohl syntaktische als auch semantische
Informationen maßgeblich einbezogen werden können und wir sehr flexibel
die effektivsten Entscheidungskriterien finden können.

In den folgenden vier Kapiteln wollen wir einige Themengebiete etwas
detaillierter darstellen, die in der aktuellen sprachpsychologischen Forschung
ein zentrale Rolle spielen: Worterkennung, Satzverstehen, Textverstehen und
Sprachproduktion. Wir knüpfen dabei jeweils an die Informationen aus dem
Übersichtskapitel Sprachkomponenten an.

## 2.3    Worterkennung

### 2.3.1  Varianten von Worterkennungsmodellen

Dem geübten Sprachnutzer macht es in der Regel wenig Mühe zu entscheiden,
ob ein Wort vorliegt und was es bedeutet. Meistens erkennen wir sogar Wörter
bevor wir sie vollständig gelesen oder gehört haben. Dies gelingt uns ziemlich
fehlerfrei in Bruchteilen von Sekunden, obwohl diverse Schwierigkeiten überwunden werden müssen:

- Viele Wörter sind sich sehr ähnlich (z. B. „Torf" und „Dorf").
- Häufig bestehen längere Wörter aus kürzeren Wörtern (in dem gespro-
  chenen(!) Wort „wehren" stecken z. B. die Wörter „wer", „er", „ehre" und
  „ehren"),
- Die Aussprache von Lauten, Morphemen und Wörtern einer Sprache kann
  zwischen Sprechern aber auch bei ein und demselben Sprecher sehr va-
  riabel sein, z. B. in Abhängigkeit von der körperlichen und psychischen
  Verfassung, dem Geschlecht oder dem Lebensalter.

- Die gesprochene Sprache wird kontinuierlich (bzw. sequenziell) produziert und die Grenzen zwischen den sprachlichen Einheiten/Wörtern müssen trotzdem gefunden werden. D. h. das Kontinuum muss in diskrete Informationen zerlegt werden.

Die zuletzt genannten drei Probleme wurden sogar mit speziellen Namen belegt: Problem der lexikalischen Einbettung, Variabilitätsproblem und Segmentierungsproblem (Frauenfelder & Floccia, 1999).

Zahlreiche Worterkennungsmodelle versuchen, diese und weitere Phänomene zu erklären. Eine erste Modellidee hatten wir mit dem Kohortenmodell von Marslen-Wilson & Welsh (1978) bereits im Übersichtskapitel Sprachkomponenten kennengelernt. Es nimmt an, dass wir bei den ersten eingehende Phonemen- oder Graphemen zunächst alle Wörter bereit halten, die mit diesen Anfangslauten oder Graphemen übereinstimmen. Diese Wort-Kohorte wird mit jedem weiteren Phonem eingeschränkt, bis nur noch ein Wortkandidat übrig bleibt. Der sog. „uniqueness point" wurde damit erreicht. Dieser „uniqueness point" befindet sich fast nie an der letzten Position im Wort. Damit kann dieses Modell sehr überzeugend erklären, warum wir Wörter schon erkennen können, bevor wir es zu Ende gehört oder gelesen haben.

Schwierigkeiten bekommt dieses Modell allerdings mit der Erklärung des Phänomens, dass wir auch dann Wörter ziemlich sicher identifizieren können, wenn die Aussprache der ersten oder weiterer Phoneme undeutlich ist (Variante des Variabilitätsproblems) oder wir den Wortanfang nicht gehört haben. Um diesen Einwand zu entkräften hat Marslen-Wilson (1987) das erste Kohortenmodell durch einige Annahmen erweitert:

- Erweiterung der Kohorten um Wörter, die minimal vom sensorischem Input abweichen,
- Gewichtung der Kohortenmitglieder durch variable Aktivationsniveaus.

Durch die erste Annahme werden also auch ähnliche und damit nicht exakt mit der aufgenommenen Phonem- oder Graphemfolge übereinstimmende Wörter aktiviert und als Wortkandidaten bereitgehalten. Die zweite Annahme liefert die Möglichkeit, diese unsicheren Kandidaten durch ein geringeres Gewicht von den exakt übereinstimmenden abzugrenzen. Sie haben damit eine geringere Chance sich durchzusetzen, sind aber auch nicht völlig aus dem Spiel. Etwas unklar bleibt jedoch, wie diese unterschiedlichen Gewichte im Detail ausfallen und wie sie sich auf den weiteren Worterkennungsprozess auswirken. Aus diesem Grund versuchten Marslen-Wilson und einige andere

Autoren, diese Modelle weiter zu entwickeln. Die Weiterentwicklungen betreffen vor allem drei Aspekte: Die Einführung von Zwischenergebnissen im Prozess der Worterkennung (prälexikalische Einheiten), das Einkalkulieren einer gegenseitige Beeinflussung der Wortkandidaten (laterale Inhibition) sowie die Berücksichtigung von Vorwissenseinflüssen (Top-Down-Prozesse). Ein typischer Vertreter dieser Modellgeneration ist das TRACE-Modell von McClelland & Elman (1986).

In diesem Modell werden drei hierarchisch angeordnete Verarbeitungsebenen angenommen:

- Sog. distinktive Merkmale,
- Phonem-Einheiten,
- Worte.

Es werden Bottom-up- und Top-down- sowie Aktivierungs- und Hemmungsprozesse mit spezifischen Interaktionen unterstellt:

- *Bottom-up-Erregungsprozesse (Aktivierungsprozesse)*: Das eingehende sensorische Input sorgt für die Aktivierung distinktiver Merkmale, die wiederum für die Aktivierung phonemischer prälexikalischer Einheiten (z. B. Silben/Morpheme). Die aktivierten phonemischen Einheiten erhöhen das Aktivationsniveau von Wörtern, die sie enthalten.
- *Hemmungsprozesse zwischen den Einheiten einer Ebene*: Aktivierte Worte hemmen sich wechselseitig (laterale Inhibition). Das Ausmaß hängt von der Höhe der Eigenaktivierung ab. Je höher ein Element aktiviert ist, desto stärker wird der Konkurrent gehemmt. Damit wird die tatsächlich aktivierte Kandidatenmenge klein gehalten.
- *Top-down-Rückmeldung* von der Wortebene zur Phonemebene (interaktives und kein autonomes Modell): Es werden Phoneme bevorzugt, die den Erwartungen entsprechen.

Dabei wird ein sog. *erschöpfendes Übereinstimmungsprinzip* realisiert: Die Menge aktivierter Konkurrenten kann wie im Kohortenmodell II auch Kandidaten betreffen, die nicht mit Onset (Wortanfang), sondern eher mit dem „späteren Teil" des Inputs übereinstimmen. Das heißt, ein viel größerer Ausschnitt des Lexikons kommt für die Worterkennung in Frage. Dieses Modell kommt der Komplexität des natürlichen Sprachverstehens sicherlich schon recht nahe, obwohl man sicher ohne Probleme weitere Einflussgrößen benennen könnte. Dies betrifft zum Beispiel die Auswertung der Prosodie, also der Sprachmelodie oder der Betonungsmuster. Allerdings kann man schnell in ein Dilemma geraten: Entwicklung eines Worterkennungsmodell unter Berücksichtigung aller Einflüsse vs. keine Möglichkeit zur empirischen Prüfung des interaktiven Modells. Aus diesem Grund gibt es Bemühungen derartig komplexe Modelle wie das TRACE-Modell wieder auf die unverzichtbaren Anteile zu reduzieren. Ein Beispiel ist das SHORTLIST-Modell von Norris (1994), in dem die Anzahl aktiver Elemente streng begrenzt wird. Eine sehr instruktive Übersicht und Diskussion dieser und weiterer Worterkennungsmodelle findet sich bei Frauenfelder & Floccia (1999), Bölte & Zwitserlood (2006) oder Rummer & Engelkamp (2006). Dabei geht es auch um die Unterscheidung von Worterkennungsleistungen bei gesprochener und geschriebener Sprache, auf die wir hier weitestgehend verzichten.

### 2.3.2 Empirische Belege für Modelle zur Worterkennung

Bei der Modellierung von Worterkennungsprozessen werden vor allem drei Annahmen kontrovers diskutiert:

- die Existenz prälexikalischer Einheiten als Zwischenstufe der Worterkennung,
- die Bildung von Kandidaten-Gruppen (Kohorten) zu Beginn des Worterkennungsprozesses,
- die Rückwirkung und Interaktion mit dem Vorwissen des Lesers/Hörers.

Wir wollen einige experimentelle Befunde zu den ersten beiden Annahmen vorstellen. Auf die Annahme der Integration von Vorwissen gehen wir im Kapitel Satzverstehen ausführlich ein.

Unter prälexikalischen Einheiten versteht man Gruppierungen von sprachlichen Elementen, die größer als Phoneme/Grapheme, aber kleiner als ganze Wörter sind. Das sind z. B. Silben bzw. Morpheme. Wird die Existenz prälexikalischer Einheiten im Worterkennungsprozess bejaht, geht man davon aus, dass wir nicht unbedingt sofort auf die Erkennung ganzer Wörter aus sind, sondern zunächst mögliche Silben identifizieren und diese Silben als Bausteine für die Synthese von Wörtern verwenden. Dies setzt voraus, dass wir in unserem Gedächtnis nicht nur ein Lexikon der Wörter, sondern auch ein Verzeichnis der in der verwendeten Sprache akzeptierten Silben besitzen. Ein einfaches und deshalb auch sehr originelles Experiment zur Prüfung dieser Frage haben bereits 1981 Mehler, Dommergues, Frauenfelder & Seguie durchgeführt.

Sie verwendeten ein sog. Fragment-Erkennungs-Paradigma: Den Probanden werden Listen zweisilbiger Wörter dargeboten. Pro Wort sollten sie so schnell und genau wie möglich entscheiden, ob ein zuvor festgelegter Zielreiz enthalten war (z. B. Zielreiz „BA" in Wort „BALANCE"?). Der Zielreiz konnte dabei identisch sein mit der ersten Silbe oder nicht:

- BA    in   BA.LANCE          (stimmt mit erster Silbe überein )
- BAL   in   BA.LANCE          (stimmt <u>nicht</u> mit erster Silbe überein)

- BA    in   BAL.KON           (stimmt <u>nicht</u> mit erster Silbe überein)
- BAL   in   BAL.KON           (stimmt mit erster Silbe überein )

Die Hypothese ist klar: Wenn Silben relevante prälexikalische Einheiten sind, dann sollte die Entscheidung bei einer Übereinstimmung von Zielreiz und Silbe im Wort schneller gelingen. Die Ergebnisse bestätigen die Vermutung. Die Reaktionszeiten sind bei einer Übereinstimmung von Zielreiz und Silbe tatsächlich kürzer. Das spricht für die Nutzung prälexikalischer Einheiten und der phonologischen Struktur der Sprache. Frauenfelder & Floccia (1999) berichten allerdings auch über einige Besonderheiten. Zum Beispiel hängt der Effekt von der Sprache und auch vom Zeitdruck ab, der im Experiment erzeugt wird. Er zeigt sich bei spanischen, französischen und japanischen Probanden, aber nicht bei englischen. Die englische Sprache verfügt über keine klare Silbenstruktur (Ambisilbizität). Unter Zeitdruck verschwindet der Effekt ebenfalls.

Im Experiment von Radeau, Morais & Segui (1995) wurde zur gleichen Frage ein Primingparadigma eingesetzt. Beim Priming werden den Probanden zwei Informationen angeboten, z. B. zwei Worte. Die erste Information (Prime) soll in der Regel nicht beachtet oder lediglich gelesen werden. Nur die zweite Information (Zielreiz oder Targetreiz) soll bezüglich einer Frage bearbeitet werden. Radeau et al. (1995) legten ihren Probanden phonologisch verwandte einsilbige Wortpaare mit jeweils drei Phonemen als Prime-Target-Paare vor. Es sollte so schnell wie möglich entschieden werden, ob das Target ein korrektes Wort ist. Variiert wurde die Existenz einer partiellen Übereinstimmung zwischen Prime und Target (vorhanden/nicht vorhanden), die Gebrauchshäufigkeit der Wörter (häufig/nicht häufig), der lexikalischer Status des Primes (Wort/Nichtwort) und der Ort der partiellen Übereinstimmung (vorn/hinten). Einige Materialbeispiele sollen den Versuchsaufbau illustrieren:

1.  Übereinstimmung Prime/Target in den beiden **ersten** Phonemen:
    ◌                           *Lauf* und *Laus*

2. Übereinstimmung Prime/Target in den beiden **letzten** Phonemen:
   ▫ Wort/Wort          *Bahn* und *Zahn*
   ▫ Nichtwort/Wort     *Rahn* und *Zahn*

Im Ergebnis zeigte sich ein Primeeffekt – also eine Beschleunigung in der Reaktion-, wenn eine Übereinstimmung zwischen Prime und Target bei den letzten beiden Phonemen vorlag. D. h. die Vorinformation, die zumindest in Teilen (z. B. einer prälexikalischen Einheit) mit dem Zielwort übereinstimmt, begünstigt die Bearbeitung des später eintreffenden Zielwortes. Der Primeeffekt ist unabhängig von der Worthäufigkeit und dem lexikalischem Status (Wort/Nicht-Wort) und trat nur auf, wenn Prime und Target akustisch dargeboten wurden. Das Ergebnis spricht damit für die Existenz und psychologische Relevanz prälexikalischer Verarbeitungseinheiten. Allerdings werden Phonemgruppen, Silben oder Morpheme offensichtlich nur unter bestimmten Bedingungen als „Zwischenstation" bei der Worterkennung genutzt. Im Deutschen spielen vermutlich die letzten Phoneme auch deshalb eine besondere Rolle, weil sie bestimmen, ob sich zwei Worte reimen. Eventuell sind bei Nennung eines Wortes andere Worte, die sich damit reimen, voraktiviert und bei Bedarf dann schneller verfügbar.

Bezüglich der zweiten Annahme, der Bildung von Kohorten bei der Worterkennung, haben wir im Übersichtskapitel bereits das Experiment von Marslen-Wilson & Welsh (1978) mit der Variation der „Nonwort-Stelle" kennengelernt. Unabhängig von der Position der „Nonword-Stelle" benötigten die Probanden ca. 450 ms bis zur Entscheidung, dass kein korrektes Wort vorlag. Dies ist zumindest ein Indiz dafür, dass wir die Wortkandidaten schrittweise einschränken, in diesem Fall, bis kein Kandidat mehr verfügbar ist. Eine ähnliche Idee verfolgten Radeau, Mousty & Bertelson mit ihrem Experiment von 1989. Sie boten ihren Probanden akustisch ein Wort an. Die Probanden sollten so schnell wie möglich entscheiden, welches Geschlecht des Wortes vorlag. Da es sich hier immer um korrekte Wörter handelte, wurde nicht die „Nonword-Stelle", sondern die Position des „Uniqueness Points" variiert. Der „Uniqueness Points" markiert die Stelle im Wort, ab der nur noch ein einziges Wort in Frage kommt. Im Ergebnis zeigte sich, dass das Geschlecht bei Wörtern mit „frühem Uniqueness Point" signifikant schneller erkannt wurde. Der Befund spricht also ebenfalls für die Relevanz des „Uniqueness Points" und damit für die Existenz von Konkurrentengruppen, die schrittweise eingeschränkt werden, bis nur noch das Zielwort übrig bleibt.

Die Experimente zeigen, dass sich die Annahmen zur Erkennung von Worten durch Untersuchungen an Probanden, also empirisch, zum Teil belegen lassen. Die Einschränkungen weisen auf die Wirkung weiterer Faktoren hin. Ein solcher Faktor ist zum Beispiel der syntaktische oder semantische Kontext, in dem ein Wort ausgesprochen oder gelesen wird. Dies könnte der betreffende Satz oder ein ganzer Text sein. Die nächsten beiden Kapitel sind derartigen Prozessen gewidmet.

## 2.4 Satzverstehen

Im Übersichtskapitel hatten wir festgestellt, dass es zwei Strategien zum Verstehen, aber auch zur Produktion von Sätzen zu geben scheint:

- Nutzung von grammatischen Regeln, die erlauben, Kombinationen von Wörtern auf Grund ihrer syntaktischen Funktion zu beschreiben,
- Nutzung von semantischem Vorwissen über Objekte und Ereignisse, die es erlauben, den inhaltlichen Zusammenhang von Satzinformationen zu beurteilen, zu interpretieren oder zu produzieren.

Im Detail ist es bei konkreten Satzbeispielen nicht einfach, diese beiden Strategien zu trennen. Das haben bereits einige Beispiele gezeigt (siehe 2.2.6. Interaktionen von Sprachkomponenten). Dennoch wollen wir einige grundlegende Ideen und experimentelle Befunde zunächst separat darstellen.

### 2.4.1 Syntaktische Modellansätze

Chomsky ging bei der Entwicklung seiner Theorie der generativen Transformationsgrammatik, auf deren Standardversion wir uns in diesem Abschnitt vor allem konzentrieren werden, von einigen sehr einfachen Beobachtungen aus. Lesen Sie bitte den folgenden Satz: „Der kleine Hans legt das dicke Buch auf den weißen Tisch." In den meisten Sprachen ist es möglich, diesen Satz in bestimmter Weise zusammenzufassen bzw. Teile davon durch andere und weniger Wörter zu ersetzen (Kempe & Beyer , 1990). Zum Beispiel könnte man „Der kleine Hans" durch „er", „legt das dicke Buch auf den Tisch" durch „handelt", „das dicke Buch" durch „es", „auf den weißen Tisch" durch „dahin" ersetzen. Das heißt, der Ausgangssatz könnte durch „Er handelt es dahin." ersetzt werden. Der neue Satz klingt etwas abstrakt, würde aber sicher noch als korrekter Satz akzeptiert werden. Andere, auch direkt aufeinander folgende Wörter in unserem Ausgangssatz könnten hingegen nicht gleichwertig durch andere Wörter ersetzt werden: z. B. „legt das", „dicke Buch auf" oder „Hans legt das dicke". Offensichtlich lassen sich die Wörter im Satz nicht zu beliebigen, sondern nur zu bestimmten Wortgruppen zusammenfassen. D. h. eine Grammatik könnte darin bestehen, Typen von erlaubten Wortgruppen im Satz festzustellen und anschließend zu bestimmen, welche Kombinationen dieser Wortgruppen wiederum zu erlaubten Sätzen führen. Chomsky und seine Mitarbeiter nennen die erlaubten Wortgruppen Konstituenten oder Phrasen. Deshalb hat sich für diesen Teil seiner Grammatiktheorie der Name „Phrasenstrukturgrammatik" eingebürgert. Wichtige Typen dieser Phrasen sind die Nominalphrase (NP, z. B. „der kleine Hans" oder „das dicke Buch"), die Verbphrase (VP, z. B. „legt das dicke Buch auf den Tisch") und die Präpositionalphrase (PP, „auf den Tisch"). Bei den Beispielen wird Ihnen sofort aufgefallen sein, dass einige Phrasen Teil einer anderen Phrase sein können. Dieses Phänomen signalisiert die Möglichkeit, den Satz in einer hierarchischen Struktur abzubilden.

In Abbildung 9 haben wir eine solche Konstruktion in Form eines Phrasenstrukturbaums veranschaulicht. Das Symbol „S" an der Spitze der Hierarchie könnte für „Satz" oder als Symbol für den Start des Zerlegungsprozesses stehen (sog. Startsymbol). Auf der nachfolgenden Ebene besteht dieser Satz, wie

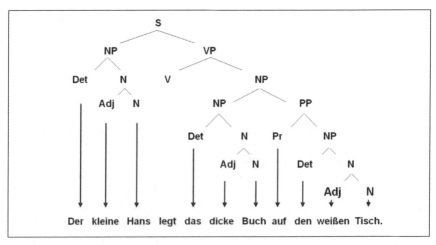

*Abbildung 9*   Phrasenstruktur eines Satzes (S = Satz bzw. Startsymbol, NP = Nominalphrase, VP = Verbphrase, PP = Präpositionalphrase, Det = Determinator, Adj = Adjektiv, N = Nomen, Pr = Präposition, weitere Erläuterungen im Text)

fast alle Sätze, aus einer Nominalphrase und einer Verbphrase. Die erste Nominalphrase besteht aus einem Determinator bzw. Artikel und einem Nomen. Die Verbphrase besteht aus einem Verb und einer Nominalphrase usw. Auf der untersten Ebene steht der Originalsatz mit der Zuordnung zu den Phrasen. Einige der in Abbildung 9 verwendeten Komponenten können zerlegt werden, andere nicht. Wenn die Hierarchie von oben nach unten gelesen wird, simuliert man primär den Prozess der Satzproduktion. Die Idee für einen Satz wird schrittweise entfaltet. Wenn die Hierarchie von unten nach oben gelesen wird, simuliert man primär den Prozess des Satzverstehens. Ein konkreter Satz liegt vor und wird bezüglich seine Phrasenstruktur analysiert, auf die wesentlichen Einheiten und Relationen komprimiert und damit verstanden.

Chomsky hatte mit seiner Idee nicht nur den Anspruch, die Struktur von Sätzen objektiv zu beschreiben. Viel wichtiger war ihm, den Prozess des Analysierens oder Generierens von Sätzen zu modellieren. Dies sollte durch die Anwendung einer generativen Grammatik auf die natürliche Sprache gelingen. Indirekt haben wir bei der Beschreibung von Abbildung 9 bereits die vier Elemente einer generativen Grammatik genannt:

- ein Startsymbol (in unserem Beispiel „S"),
- ein terminales Vokabular (Komponenten, die nicht mehr zerlegt werden können, z. B. Det),
- ein nichtterminales Vokabular (Komponenten, die zerlegt werden können, z. B. NP),
- Ersetzungsregeln (Regeln zur Zerlegung des nichtterminalen in terminales Vokabular und umgekehrt, z. B. S → NP + VP oder VP → Vtr + NP[5]).

Dreh- und Angelpunkt des Prozesses sind ganz offensichtlich die Ersetzungsregeln, von denen Chomsky etwa 10 vorsieht. Sie bestimmen, welche Kombinationen von Wörtern und Wortgruppen in einem Satz erlaubt sind und zu sog. wohlgeformten Sätzen führen. Das Geniale an dieser Idee von Chomsky besteht in der fast vollständigen Beschreibung der Grammatik einer Sprache mit einigen wenigen Ersetzungsregeln sowie einem sehr begrenzten terminalen und nichtterminalen Vokabular. Ergebnis dieses Prozesses im Fall einer Sprachproduktion ist ein affirmativer Aussagesatz in seiner Standardversion (aktiv, bejahend), z. B. „Der Junge bastelt das Flugzeug". Da wir in der Kom-

---

[5] Vtr steht für transitives Verb, also für ein Verb, dass ein oder sogar zwei Objekte/Argumente verlangt. Für ein intransitives Verb, das kein weiteres Objekt beansprucht, wäre die Regel folglich VP → Vit.

munikation häufig mit Varianten von derartigen Standardsätzen operieren, hat Chomsky einen Satz von elementaren Regeln für die Transformation der Standardsätze in diese Varianten zusammengestellt. Die wichtigsten Transformationsregeln sind:

- Negation,
- Passivierung,
- Frage,
- Auslassung.

Diese Regeln können auch in Kombinationen angewendet werden. So wird durch die Kombination von Passivierung und Negation der oben genannte Beispielsatz transformiert zu:
„Das Flugzeug wurde nicht von dem Jungen gebastelt.". Generell ist zu erwarten, dass die Verarbeitung eines transformierten Satzes in jedem Fall einen erhöhten kognitiven Aufwand erfordert. Das Modell von Chomsky setzt sich somit aus zwei Teilen zusammen:

- der Phrasenstrukturgrammatik zur Ableitung oder Analyse von Standardsätzen mit Hilfe der Regeln einer generativen Grammatik,
- der Transformationsgrammatik zur Ableitung oder Analyse von modifizierten Standardsätzen mit Hilfe der elementaren Transformationsregeln.

Diese Theorie hat die Linguistik, die Psycholinguistik sowie die Sprachpsychologie seit den 60er Jahren des letzten Jahrhunderts maßgeblich beeinflusst. Chomsky hat sein Modell als sog. Kompetenzmodell bezeichnet. Das heißt, er unterstellt einen idealen Sprecher/Hörer, der eine Sprache perfekt beherrscht. Psychologen gehen bei der Diskussion des Modells meist der Frage nach, ob sich die Annahmen von Chomsky empirisch belegen lassen und ob dieser Ansatz damit auch eine Grundlage für ein sog. Performanzmodell sein kann, also für den natürlichen Gebrauch von Sprache. Als Beispiele wollen wir einige wenige klassische Experimente kurz skizzieren. Als bekannteste Untersuchung zur Gültigkeit der Annahmen von Phrasen als zentrale Verarbeitungseinheiten gilt das sog. „Click-Experiment" von Fodor und Bever (1965). Sie legten ihren Probanden Sätze vor. Während der Satzdarbietung wurden zusätzlich Click-Laute eingespielt, daher der Name des Experiments. Die Aufgabe der Probanden bestand darin, mitzuteilen, an welcher Stelle sie den Click-Laut wahrgenommen haben. Wichtig ist die folgende Bedingungsvariation bei der tatsächlichen Positionierung des Click-Lautes: Er wurde entweder kurz vor

```
              • ← •
1. ((In her hope of marrying)    (Anna was surely impractical.))

              • → •
2. ((Your hope of marrying Anna)    (was surely impractical.))
```

*Abbildung 10*   Materialbeispiel, Bedingungsvariation und Ergebnis
(Verschiebung des Click-Lautes in Richtung Phrasengrenze des Experimentes von Fodor und Bever (1965))

oder kurz nach einer zentralen Phrasengrenze platziert. Die Hypothese dürfte
klar sein: Wenn die in der Phrasenstrukturgrammatik angenommenen Phrasen tatsächlich die realen Verarbeitungseinheiten beim Satz-und Sprachverstehen sind, sollten die Probanden dazu neigen, die Click-Laute subjektiv in die
Phrasengrenzen zu verschieben. Während der Bearbeitung von Phrasen dürfte kaum Kapazität für zusätzliche Verarbeitungsprozesse sein. Die Ergebnisse
bestätigten die Vermutung und sind exemplarisch in Abbildung 10 dargestellt.

Ein gern zitiertes Experiment zur Bestätigung der Annahme elementarer
Transformationsregeln stammt von Miller, McKean & Slobin (1962). Sie legten ihren Probanden einfache affirmative Standardsätze vor. Die Probanden
sollten diese Standardsätze entweder in einen Negativsatz (Negation) oder in
einen Passivsatz (Passivierung) oder in eine Kombination von beiden transformieren (Negation + Passivierung). Es zeigte sich, dass die Probanden für
die Kombination (2,7 Sekunden) etwa die Summe der Einzeltransformationen
benötigten (1,1 Sekunden Negation, 1,5 Sekunden Passivierung). Daraus kann
geschlossen werden, dass es tatsächlich einen Satz von elementaren Transformationen gibt und sich komplexere Transformationen auf sequenziell
ausgeführte Einzeltransformationen zurückführen lassen. Auf komplexere
Transformationen kann also nicht direkt zugegriffen werden. Diese und viele
weitere Experimente bestätigen also wichtige Grundannahmen des Modells
der Generativen Transformationsgrammatik. Sprachpsychologen wären allerdings schlechte Wissenschaftler, wenn sie es damit bewenden lassen würden.
Es gibt zahlreiche Befunde und Überlegungen, die die Grenzen der Kon-
zeption von Chomsky markieren. Einige Beispiele wollen wir wieder kurz
diskutieren. Ein sehr originelles Experiment stammt von Engelkamp (1973).
Er ließ seine Probanden Sätze lesen, die anschließend wörtlich erinnert werden sollten. Ausgewertet wurde die bedingte Fehlerhäufigkeit. Gemeint ist
die Auswertung des ersten Fehlers bzw. die Häufigkeit eines Fehlers an der
Satzposition X unter der Bedingungen, dass zuvor alles korrekt reproduziert

| | | |
|---|---|---|
| *Kontrollsatz (K):* | Der Fischer *mit der Brille* stoppt die Zeit. | |
| *Nomen* | *(N):* | Der Fischer *mit der Angel* stoppt die Zeit. |
| *Verb* | *(V):* | Der Fischer *mit der Uhr* stoppt die Zeit. |

*Abbildung 11*  Materialbeispiel und Bedingungsvariation zum Experiment von Engelkamp (1973), Präpositionalphrase (PP) mit
unterschiedlichem semantischen Bezug zum Satz (K –
ohne spezifischen Bezug zum Satzkontext, N – mit
Bezug auf den ersten Nomen, V – mit Bezug auf das
Verb bzw. die Verbphrase VP)

wurde. Das Materialbeispiel und die Bedingungsvariation in Abbildung 11
soll die Versuchsidee veranschaulichen.

Die Hauptphrasengrenze in den Beispielsätzen liegt vor dem Wort „stoppt".
Selbst wenn bis zu dieser Stelle alles richtig reproduziert wurde, besteht hier
ein hohes Fehlerrisiko, da jetzt eine strukturell separate Verarbeitungseinheit
beginnt. D. h. man sollte nach Chomsky an dieser Position eine hohe bedingte Fehlerhäufigkeit erwarten. Die Ergebnisse bestätigen diese Erwartung: Bei
der Reproduktion des Wortes „stoppt" unterliefen den Probanden tatsächlich
deutlich mehr Fehler. Kritisch war ein zweiter Befund: Bei den Präpositional-
phrasen wurden entgegen der Erwartung nach Chomsky je nach semantischer
Anbindung im Satz unterschiedlich viele Fehler produziert. Die meisten Fehler
traten bei der Präpostionalphrase im Kontrollsatz auf (PP ohne zwingenden
Bezug zum Satzkontext), die wenigsten Fehler beim „Verbsatz" (PP mit Bin-
dung an das Verb bzw. VP). Das bedeutet, die Abgrenzung und Gewichtung
der Verarbeitungseinheiten erfolgt offensichtlich nicht nur nach syntaktischen
sondern auch nach semantischen Gesichtspunkten.

Fodor und Mitarbeiter (1974) legten verschiedene Befunde vor, die gegen
die Annahmen aus dem Transformationsteil der Theorie von Chomsky sprechen. Sie legten ihren Probanden transformierte und nicht transformierte
Satzvarianten vor, z. B.:

**Mit und ohne Auslassungstransformation:**
1a) Klaus rannte schneller als das Mädchen.
1b) Klaus rannte schneller, als das Mädchen rannte.

**Mit und ohne Passiv-Transformation:**
2a) Der Junge wurde von dem Hund gebissen.
2b) Das Steak wurde von dem Hund gefressen.

Der Satz mit Auslassungstransformation (1a)wurde leichter verstanden als der ohne Transformation (1b). Passiv-Satz 2b war nicht schwerer verständlich als seine Aktiv-Variante. Bei Satz 2a ist es genau umgekehrt. Vor allem der Befund von Engelkamp (1973) sowie zahlreiche weitere Ergebnisse legen nahe, dass mit syntaktischen Regeln und Modellen allein Satz- und Sprachverstehen nicht vollständig erklärt werden kann. Die generative Transformationsgrammatik kann sehr gut darüber entscheiden, ob an einer bestimmten Stelle im Satz die korrekte Wortklasse getroffen wurde (z. B. ein Nomen). Problematisch ist hingegen die korrekte Auswahl innerhalb der Wortklasse. Beispielsweise ist der Satz „Der Ofen legt das dicke Buch auf den Tisch." syntaktisch korrekt, inhaltlich bzw. semantisch aber allenfalls in einer Sage oder einem Märchen akzeptabel.

### 2.4.2 Semantische Modellansätze

Im Übersichtskapitel Sprachkomponenten hatten wir festgestellt, dass bei der semantischen Interpretation von Sätzen dem Verb offensichtlich eine zentrale Rolle zukommt (Fillmore, 1968; Klix, 1992) und Wort- und Satz-Bedeutungen in Form von Propositionen angemessen abgebildet werden können (2.2.4.). Eine Proposition besteht aus einem Prädikat und einem oder mehreren Argumenten:

**Satz:** Der Junge bastelt das Flugzeug.
**Proposition:** (BASTELN (JUNGE, FLUGZEUG))

Das Prädikat wird in der Regel durch die Wortart Verb realisiert und bildet die Beziehungen zwischen den Argumenten ab. Das Prädikat bzw. das Verb erzeugt bestimmte Erwartungen an die weitere Information in einem Satz und legt damit sog. Selektionsrestriktionen fest. Das heißt, nicht jedes Objekt bzw. das Objekt bezeichnende Wort ist geeignet, als Argument für ein bestimmtes Verb zu fungieren. Die Auswahl von geeigneten Partnern erfolgt dabei in der Regel nicht wie bei den Kohortenmodellen nach oberflächlichen Worteigenschaften (gleiche Anfangsbuchstaben), sondern fast immer nach inhaltlichen, also semantischen Gesichtspunkten. Geeignet sind vor allem solche Wortkandidaten, die für Objekte, Personen oder Sachverhalte stehen, die eine passende Merkmalsstruktur aufweisen oder zur Kennzeichnung eines situationalen Kontextes passen. Ein solcher Prozess ist nur dann denkbar, wenn unser semantisches Wissen über die Welt mit seinen Merkmalen, seinen Unterschieden und seinen gegenseitigen Beziehungen im Gedächtnis repräsentiert ist. Eine typische Vorstellung, wie dies in unserem Gehirn realisiert sein könnte, sind sog. Netzwerkmodelle. Ein solches Netzwerk besteht aus Knoten und Kanten. Die Knoten stehen für Begriffe, die mit Worten benannt sein können, und die Kanten markieren die Beziehungen zwischen den Begriffen. Propositionen bilden, „chemisch gesprochen", Moleküle in einem solchen Netzwerk ab – z. B. einige Knoten in Form von Argumenten und einige Kanten durch die relationale Funktion der Prädikate.

Nach dieser Argumentation müsste Satzverstehen vor allem darin bestehen, dass wir eingehende Satzinformation mit unserem Wissen in Beziehung setzen und die Wissensorganisation nutzen, um den Satz zu verstehen. Schwierigkeiten beim Wort- und Satzverstehen wären danach immer dann zu erwarten, wenn wir für die inhaltlichen Kombinationen von Begriffen im Satz keine oder nur eine unvollständige Entsprechung in unserem Wissensnetz finden. Dies trifft zum Beispiel zu, wenn im Unterrichtsprozess in der Schule neues Wissen sprachlich vermittelt wird. In diesem Fall muss unser Wissensnetz mit neuen Begriffsknoten ergänzt oder auch nur mit neuen Relationen (Kanten) zwischen bisher unverbundenen Begriffen versehen werden. Letzteres ist typisch beim schlussfolgernden Denken, auf das wir im zweiten Teil des Buches ausführlich eingehen werden. Satzproduktion wäre danach das Herausschneiden eines geeigneten Ausschnittes aus dem semantischen Netzwerk und dessen Transformation in eine Wortfolge. Beiden Ideen ist gemeinsam, dass wir bei der Verarbeitung von sprachlicher Information auf unser Wissen zugreifen müssen, und zwar auf das Wissen, das mit der Satzinformation in einem sinnvollen Zusammenhang steht. Kintsch (1988, 1998, 2007), ein vielzitierter Gedächtnis- und Sprachpsychologe, veranschaulicht diese Überlegungen gern mit Beispielen wie in Abbildung 12.

Wenn wir den Satz „Manolita tried to weed her fathers' garden" (Manolita versucht den Garten des Vaters zu jäten) lesen, konstruieren wir eine Netzwerkrepräsentation in unserem Gedächtnis. In diesem Netzwerk werden nach Kintsch nicht nur die explizit im Satz enthaltenen Informationen aufgenommen (sog. Textpropositionen), sondern auch die mit diesen Inhalten verbundenen Begriffe aus unserem Wissen (sog. Wissensassoziationen). D. h. es findet eine Einbettung des Satzes in unsere Wissensrepräsentation statt. Die Stärke des Zusammenhangs zwischen den Komponenten der Repräsentation wird

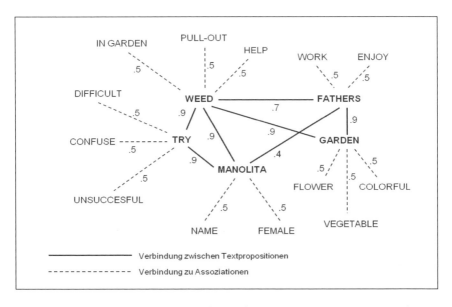

*Abbildung 12*   Repräsentation von Satzinformation in einem semantischen
Netzwerk am Beispiel des Satzes „Manolita tried to weed her
fathers' garden" (nach Kintsch, 1988)

durch Aktivierungswerte markiert (Maximum 1,0). Sie drücken die Wahrscheinlichkeit aus, mit der ein zweiter Begriff verfügbar ist, wenn der erste
angesprochen wird.

Wenn diese Annahmen tatsächlich zuträfen, müsste man empirisch belegen können, dass Leser/Hörer beim Lesen oder Hören eines Satzes nicht nur
die im Satz enthaltenen Informationen verfügbar haben, sondern auch das
Wissen, das damit in einer semantischen Beziehung steht, aber nicht direkt
im Satz erwähnt wird. Zur Prüfung dieser Frage haben wir in eigenen Untersuchungen unsere Probanden mit einem speziellen Wiedererkennungsparadigma konfrontiert (Beyer, Gerlach, van der Meer, 2006; Gerlach, Beyer, van
der Meer, 2007).[6] Den Probanden wird ein Satz und anschließend ein Testwort
dargeboten. Sie haben so schnell wie möglich korrekt zu entscheiden, ob das

---

[6] Kintsch und seine Mitarbeiter sowie weitere Autoren haben zu dieser Frage ebenfalls zahlreiche Untersuchungen durchgeführt Kintsch (1988, 1998) oder Rapp & van den Broek (2005).
Da diese primär an dem Textverstehensmodell von Kintsch orientiert sind, gehen wir darauf
im Abschnitt Textverstehen ein.

*Tabelle 3*      Materialbeispiel für die Variation des Vorliegens einer
semantischen Beziehung zwischen Vorinformationssatz
und Testwort (Anforderung: War das Testwort im Satz
enthalten? Ja/Nein)

| Vorinformationssatz | Negatives Testwort |
|---|---|
| Herr Meyer mästet das Schwein. | Futter (semantische Beziehung) |
| Herr Meyer testet das Schiff. | Futter (keine semantische Beziehung) |

Testwort im zuvor gelesenen Satz enthalten war oder nicht. Es gab Testwörter, die waren enthalten, und Testwörter, die waren nicht enthalten (negative
Testwörter). Wesentlich sind nur die negativen, nicht im Satz enthaltenen Testwörter. Diese Testwörter können eine semantische oder keine Beziehung zum
Satz besitzen. In Tabelle 3 ist ein Beispiel dargestellt.

Wenn man wie Kintsch (1988, 1998) oder Rapp & van den Broek (2005)
davon ausgeht, dass während des Satzlesens eine interne semantische Repräsentation des Satzinhaltes konstruiert wird und zwar unter Einbeziehung as-
soziierter Beziehungen zu semantisch benachbarten Begriffen im Vorwissen
(im Beispiel etwa Bauer, Futter, Schlachten usw.), sollte es zu einer Verzögerung der korrekten Ablehnung negativer, aber semantisch bezogener Testwörter kommen. Für den Probanden entsteht der Konflikt, dass das Testwort
zwar bereits begrifflich in die Satzrepräsentation integriert ist, aber dennoch
nicht explizit im Satz enthalten ist. Das Ergebnis bestätigt diese Vermutung:
Unter der Bedingung „semantische Beziehung zwischen Satz und Testwort"
benötigen die Probanden signifikant mehr Zeit zur korrekten Ablehnung der
Testwörter. Abbildung 13 veranschaulicht diesen Befund. Das Ergebnis spricht
damit für die Integration von Vorwissen beim Satzlesevorgang, der bei dieser
Anforderung allerdings zu einer zusätzlichen kognitiven Belastung führt.

Aktuelle Untersuchungen beschäftigen sich vor allem mit der Frage, ob
dieses Vorwissen beim Satzverstehen vollständig oder nur teilweise oder erst
zu bestimmten Zeitpunkten verfügbar ist. Zur Prüfung dieser Frage haben
wir erneut das gerade erläuterte Wiedererkennungsparadigma verwendet und
zusätzlich die Art der semantischen Beziehung zwischen Satz und negativem
Testwort sowie die zeitliche Distanz zwischen Satzausblenden und Testwort-
aufblenden variiert (das sog. Interstimulusintervall (ISI)) (Gerlach, 2010; Beyer,
Gerlach & van der Meer 2006). Wir unterschieden zwischen der Instrument-

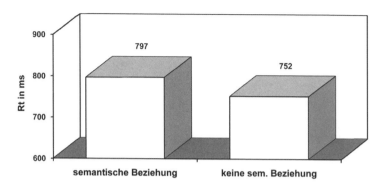

*Abbildung 13*  Mittlere Reaktionszeiten (Rt) für die korrekten
Ablehnungen bei semantisch bezogenen und nicht
semantisch bezogenen negativen Testwörtern (nach
Beyer, Gerlach, van der Meer, 2006)

und der komplexeren Finalitätsbeziehung. Ein Beispiel finden Sie in Tabelle 4. Der zeitliche Abstand wurde in drei Stufen realisiert: sehr kurz (50 ms), kurz (250 ms) und lang (2000 ms). Wenn es aufwändiger ist, auf komplexeres Vorwissen beim Lesen zuzugreifen, dann sollte sich der oben gezeigt Verzögerungseffekt bei der korrekten Ablehnung erst bei längeren zeitlichen Abständen zwischen Vorinformationssatz und Testwort einstellen.

In Abbildung 14 sind die Verzögerungen der Reaktionen bei semantisch bezogenen im Vergleich zu neutralen Testwörtern in Abhängigkeit von der Komplexität (Instrument vs. Finalitätsrelation) und dem ISI für Ereigniswissen dargestellt.

*Tabelle 4*  Materialbeispiel aus dem Bereich Ereigniswissen
(korrekte Antwort der Vpn jeweils „NEIN")

| | | Testwortbezug zum Satz | |
|---|---|---|---|
| **Wissensklasse** | | semantische Relation | keine semantische Relation |
| **Ereignis-wissen** | **Vorinforma-tionssatz** | Herr Meyer mästet das Schwein. | Herr Meyer testet das Schiff. |
| | **negatives Testwort** | Futter (Instrument) (oder) schlachten (Finalität) | Futter (oder) schlachten |

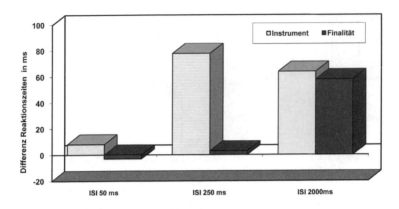

*Abbildung 14*   Verzögerungseffekte bei der korrekten Ablehnung negativer Testworte für Instrument- und Finalitätsrelationen in Abhängigkeit vom Intervall zwischen Satzausblendung und Testwortdarbietung (ISI)

Eine positive Differenz signalisiert eine Integration von Vorwissen. Bei einem ISI von 50 ms zeigt sich zunächst gar keine bedeutsame Verzögerung. Das heißt, das hier relevante Vorwissen (z. B. Futter, Schlachten) ist offensichtlich noch nicht verfügbar. Bei einem ISI von 250 ms ist eine Verzögerung bei Instrument- und bei 2000 ms sowohl bei Instrument also auch bei der Finalität nachweisbar. Dieser Befund spricht also für eine schrittweise Bereitstellung von Vorwissen und gegen eine gleichzeitige Verfügbarkeit von sämtlichem relevanten Wissen.

In einer Reihe weiterer Untersuchungen haben wir diese Methodik genutzt, um die Präsenz von bestimmtem Wissen bei bestimmten Personen zu identifizieren (Beyer, 1997, Beyer, Guthke & Ankert, 1994). In einem Fall prüften wir, ob bei bestimmten psychischen Störungen für diese Störungen relevantes Vorwissen anderes, „normales" Wissen dominiert. Uns war aufgefallen, dass Patienten mit zwanghaften oder depressiven Symptomen, die im Bildungsbereich tätig waren, in einigen Berufssituationen bevorzugt dazu passende Wissensassoziationen tätigten. Auf dieser Basis haben wir neutrales und störungsspezifisches Satz-Testwort-Material für unser Wiedererkennungsparadigma zusammengestellt. In Tabelle 5 finden Sie einige Beispiele.

Anschließend prüften wir, ob die oben genannten Verzögerungseffekte bei der korrekten Ablehnung negativer, aber zum Satz semantisch bezogener

*Tabelle 5*      Materialbeispiele für störungsunspezifische und störungs-
spezifische Satz-Testwort-Kombinationen

| Materialtyp | semantische Beziehung | neutrale Beziehung |
|---|---|---|
| **Neutrales Material** | Anne reinigt das Zimmer. Besen | Anne zeichnet das Denkmal. Besen |
| **„zwanghaftes Material"** | Ich beaufsichtige die Schüler. zählen | Ich beschenke die Schwestern. zählen |
| **„depressives Material"** | Ich sitze im Klassenraum. Angst | Ich stehe im Kinderzimmer. Angst |

Testworte auch von der Passung von Material- und Personeneigenschaften beeinflusst wird. In die Untersuchung wurden Probanden mit zwanghaften oder depressiven Symptomen und Probanden ohne auffällige psychische Symptome einbezogen. In Abbildung 15 ist das für uns wichtigste Ergebnis dargestellt: Verzögerungseffekte bei der Ablehnung des kritischen Testwortes in Abhängigkeit von Probanden- und Materialtyp.

Es kann tatsächlich eine Modifizierung des Verzögerungseffektes in Abhängigkeit unserer beiden Hauptvariablen Material- und Probandentyp festgestellt werden. Der stärkste Verzögerungs- und damit Vorwissenseffekt ist immer dann zu beobachten, wenn die Probanden mit den für sie relevanten Testitems konfrontiert werden. Dies spricht für eine schnelle Verfügbarkeit genau dieser Wissenskomponenten ausgehend von der explizit angebotenen Satzinformation. Weiterer Klärung bedarf der widersprüchliche Befund bezüglich der Verzögerung bei neutralem Material für Probanden mit zwanghafter und depressiver Symptomatik. Bei depressiven Probanden zeigt sich bei neutralem Material ein Verzögerungseffekt, bei zwanghaften Probanden nicht. Es wäre sicher etwas leichtfertig zu behaupten, dies hänge mit einer stärkeren und ausschließlichen Fixierung der zwanghaften Probanden auf das für ihre Symptomatik relevante Wissen zusammen. Hier ist eine Klärung unter Einbeziehung größerer Probandengruppen notwendig.

Die verschiedenen Beispiele zeigen, dass beim Satzverstehen in starkem Maße, dass Wissen, dass die Leser/Hörer mit den Satzinformationen verbinden, in die Verarbeitung einbezogen wird. Dieses Wissen bezieht sich in der Regel nicht primär auf oberflächliche Ähnlichkeiten mit den Worten im Satz, sondern meist auf inhaltliche, also semantische Zusammenhänge (z. B.

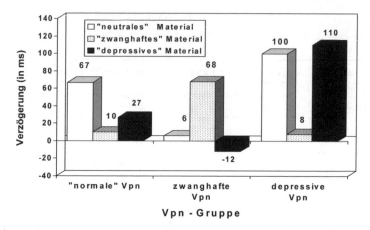

*Abbildung 15*    Verzögerung bei der korrekten Ablehnung der kritischen
negativen Testworte in Abhängigkeit von Material- und
Versuchspersonentyp-Typ (Vpn)

gemeinsames Auftreten bei Ereignissen). Zugespitzt könnte man sagen, Satzverstehen liegt nach dieser Idee dann vor, wenn es uns gelingt, die Satzinformation in unser bisheriges Wissen einzufügen.

Die Kritik sowohl an syntaktisch als auch an semantisch orientierten
Forschungen zum Satzverstehen bezieht sich auf die immer noch starke Beschränkung auf sehr kurze sprachliche Äußerungen. Im Alltag haben wir
es eben selten nur mit einzelnen Wörtern oder Sätzen, sondern meistens mit
mehreren Sätzen oder ganzen Texten zu tun. Die deutlich erhöhte Komplexität eines solchen Untersuchungsgegenstandes erklärt die lange Zeit bestehen-
de Reserviertheit der Sprachpsychologie diesen Fragen gegenüber. Dennoch
zeichnen sich gerade auf diesem Gebiet einige interessante Entwicklungen in
den letzten Jahren ab. Die wichtigsten Entwicklungsphasen und Ergebnisse
stellen wir im nächsten Kapitel zusammen.

## 2.5    Textverstehen

### 2.5.1 *Messung der Textverständlichkeit*

Das Thema Verstehen von Texten und längeren sprachlichen Äußerungen
wurde wegen seiner Komplexität und der Vielzahl möglicher Einflussgrößen

von der Wissenschaft über geraume Zeit gemieden (Beyer, 2003; Groeben, 2006). Die ersten wichtigen Impulse ergaben sich in den 60'er Jahren aus eher pragmatischen Gründen, nämlich der Forderung, Kriterien für die Verständlichkeit von Sätzen und Texten bereitzustellen. Eine erste Antwort auf diese Anfrage bestand in der Konstruktion sog. Verständlichkeitsformeln. Sie dienten der Erfassung, Gewichtung und Verrechnung jener Text- und Satzmerkmale, die sich in empirischen Untersuchungen als wichtig für die Textverständlichkeit erwiesen haben. Die Formeln unterscheiden sich in der Anzahl, Art und Gewichtung von derartigen Merkmalen. Eine sehr ausgefeilte Variante stammt von Briest (1974). Er bezieht in seine Formel relativ viele Textmerkmale ein, gewichtet sie bezüglich ihrer Wirkung auf die Satz- bzw. Textverständlichkeit und unterscheidet zwischen verständlichkeitsmindernden und -fördernden

*Tabelle 6*      Berechnung der Satzverständlichkeit nach Briest (1974) für den Beispielsatz: „Der Junge spielt mit dem Auto des Bruders."

| Merkmal | Gewicht | Anzahl | Gewicht * Anzahl |
|---|---|---|---|
| „negative Merkmale" | | | |
| 1. Satzlänge | 0,71 | 8 | 5,7 |
| 2. Satzglieder | 0,64 | 4 | 2,5 |
| 3. Fremdwörter | 0,42 | 1 | 0,42 |
| 4. abstr. Wörter | 0,40 | – | – |
| 5. subst. Attrib. | 0,38 | 1 | 0,38 |
| 6. Satzrahmen | 0,25 | – | – |
| | | | Summe – = 9,0 |
| „positive Merkmale" | | | |
| Verbintensität | 0,48 | 1/8 = .125 = 12,5 % | Summe + = 6,0 |

| Summe – negative Komponenten | Summe + positive Komponenten | = | Gesamtverständlichkeitswert |
|---|---|---|---|
| 9,0 | – 6,0 | = | 3,0 |

Merkmalen. Ein Beispiel zur Berechnung der Verständlichkeit eines Satzes nach diesem Verfahren ist in Tabelle 6 dargestellt.

Bei diesem Verfahren gilt: Je niedriger der Gesamtwert, umso verständlicher ist der Satz. Das Verfahren kann auch zur Verständlichkeitsmessung für ganze Texte verwendet werden, wenn der Mittelwert über die „Verständlichkeitswerte" aller Sätze berechnet wird. Eine solche Prozedur erweist sich schnell als sehr aufwändig. Mit weit weniger und relativ leicht auszählbaren Merkmalen kommt die Formel von Flesch (1948) aus, die von Amstad (1978) für den deutschsprachigen Raum adaptiert wurde (Abb. 16). Diese Formel kann sofort auf ganze Texte angewendet werden und dürfte damit wesentlich praktikabler als die Variante von Briest sein.

Der Index kann Werte zwischen 0 und 100 annehmen, wobei Werte nahe 100 sehr leichte Texte signalisieren. Dickes & Steiwer (1977) ergänzen zu einer ähnlichen Formel noch eine sog. Typ-Token-Ratio, ein Redundanzmaß, das sich aus dem Verhältnis der Anzahl unterschiedlicher Wörter zur Anzahl der Wörter insgesamt ergibt. Die Vorteile dieser Methoden liegen auf der Hand: Sie sind objektiv, reliabel und leicht zu handhaben. Die Nachteile, die den Autoren durchaus bewusst sind, liegen vor allem in der alleinigen Konzentration auf Textoberflächenmerkmalen und in der Ausblendung von Syntax, Semantik, Kontext und von Lesereigenschaften (Vorwissen, Motive usw.), ganz abgesehen vom Mangel einer kognitionspsychologisch fundierten Begründung der erwarteten Effekte (Rickheit & Strohner 1999).

Mit ihrer Hamburger Verständlichkeitskonzeption und einem Verfahren, das auf Expertenurteilen beruhte, wollten Langer, Schulz von Thun & Tausch (1974) einigen dieser Kritikpunkte begegnen. Dabei geben die Experten mit Hilfe von bipolaren, siebenstufigen Ratingsskalen Urteile bezüglich verschiedener Merkmale ab (z. B. konkret-abstrakt, folgerichtig-zusammenhangslos, zu kurz-zu lang, persönlich-unpersönlich), die auf die vier Dimensionen Einfachheit, Gliederung, Kürze-Prägnanz und zusätzliche Stimulanz reduziert werden können. In Tabelle 7 sind einige Beispiele von Merkmalen pro Dimension zusammengestellt. Nach diesem Verfahren ist ein Text ver-

$$\text{Verständlichkeitsindex} = 180 - \frac{\text{Anzahl Wörter}}{\text{Anzahl Sätze}} + \frac{\text{Anzahl Silben}}{\text{Anzahl Wörter}} * 58,5.$$

*Abbildung 16*   Formel von Flesch (1948) und Amstadt (1978) zur Berechnung der Textverständlichkeit unter Verwendung von drei Merkmalen und zwei Konstanten

*Tabelle 7*    Verständlichkeitsdimensionen für Texte und Beispiele für zugehörige Urteilsskalen nach Langer, Schulz von Thun & Tausch (1974)

| Dimension | Beispiele für zugehörige Urteilsskalen |
|---|---|
| „Einfachheit" | einfache Darstellung – komplizierte Darstellung geläufige Wörter – ungeläufige Wörter |
| „Gliederung – Ordnung" | gegliedert – ungegliedert |
| „Kürze – Prägnanz" | gedrängt – breit konzentriert – abschweifend |
| „Zusätzliche Stimulanz" | anregend – nüchtern, interessant – farblos |

ständlich, wenn er kurz, einfach und gut gegliedert ist sowie mit mäßigem Einsatz von zusätzlich stimulierenden Formulierungen auskommt. Kritiker dieser Schlussfolgerung meinen, dass zu leicht verständliche Texte wenig stimulierend wirken dürften (Groeben, 1981, 2006). Ein Vorzug dieser Methode ist zweifellos die Berücksichtigung satzübergreifender Merkmale und von Aspekten, die über die sprachlich-stilistische Gestaltung hinausgehen (Gliederung-Ordnung). Insgesamt dominiert jedoch ähnlich wie bei den Formeln der Bezug auf Oberflächenmerkmale. Es ist für praktische Zwecke einfach anwendbar und bietet Hinweise zur Verbesserung der Verständlichkeit eines Textes. Die korrekte Anwendung setzt allerdings die Absolvierung eines Trainingsprogramms voraus.

### 2.5.2 Geschichtengrammatiken

Wesentlich interessanter aus sprachpsychologischer Sicht sind Modelle, die versuchen, Vorhersagen bezüglich der Textverständlichkeit als Konsequenz aus einer kognitionspsychologischen Theorie der Textverarbeitung abzuleiten. Als markantes Beispiel für ein Modell, das sich sehr stark auf die Gedächtnisrepräsentation ganzer Texte orientiert, gilt die Konzeptionen von Thorndyke (1977) und Mandler (1982). Thorndyke widmete sich in starkem Maße der Identifizierung konstanter Strukturen bei bestimmten Texttypen (Geschichten, Märchen) und der Ableitung von Schlussfolgerungen für die Textverständlichkeit. Er zeigte, dass sich die formale Struktur einer Geschichte in Form von sog. Erset-

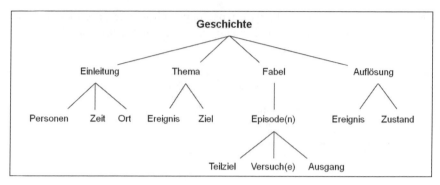

*Abbildung 17*   Hierarchische Struktur bzw. Superstruktur einer Geschichte
nach Thorndyke (1977)

zungsregeln bzw. in einer Hierarchie beschreiben lässt. Damit knüpft er direkt
an das Modell der generativen Transformationsgrammatik von Chomsky an,
jetzt allerdings nicht für die Satz-, sondern die Textebene. Ein Beispiel für eine
solche formale Geschichtenstruktur ist in Abbildung 17 dargestellt.

Eine Geschichte besteht in der Regel aus den Hauptabschnitten Einleitung,
Thema, Fabel und Auflösung. Die Einleitung besteht aus Informationen zu
Personen, Zeit und Ort. Das Thema ist zerlegbar in Ereignis(se) und Ziel(e).
Die Fabel setzt sich aus Episoden zusammen usw. Akzeptable Varianten sol-
cher Strukturen können ähnlich wie bei einer generativen Grammatik auf der
Satzebene durch eine definierte Menge von zum Teil rekursiven Ersetzungs-
regeln produziert werden. Den Prozess des Aufbaus einer Textrepräsentation
und des Textverstehens kann man sich folgendermaßen vorstellen: Eine erste
Information aus dem expliziten Text (z. B.: „Es war einmal …") signalisiert dem
Leser den Texttyp, was die Aktivierung der Geschichtensuperstruktur auslöst. Diese Struktur erleichtert sowohl den effektiven Aufbau einer mentalen,
hierarchisch geordneten und kohärenten Organisation der aufgenommenen
Textinformation als auch die Bildung von Erwartungen bezüglich später ein-
gelesener Textinformation. Zwei Konsequenzen sind wesentlich: a) Texte, die
der typischen Struktur des Genres entsprechen, werden als leichter verständlich eingeschätzt und sind besser reproduzierbar. b) Textinhalte, die höheren
Hierarchieebenen zuordenbar sind, werden besser behalten.

Die Grundidee eines Experiments von Thorndyke zur Prüfung seines Modells soll kurz dargestellt werden. Den Probanden wurde ein Geschichtentext
in drei Varianten präsentiert, den sie nach der Darbietung jeweils so gut wie
möglich reproduzieren sollten:

- Geschichte wurde entsprechend der Idealstruktur dargeboten (Geschichte),
- Kausalitätsaussagen, die die Beziehung zwischen den Geschichtenkomponenten explizierten, wurden ausgelassen (Beschreibung),
- die Sätze der Geschichte wurden in zufälliger Reihenfolge dargeboten (Zufallsfolge).

Zwei Ergebnisse des Experiments sind hervorzuheben: a) Der Text, der der Idealstruktur am besten angepasst ist, wird auch am besten reproduziert. b) Nur bei den Idealtexten zeigt sich ein Hierarchieeffekt in der Reproduktionsleistung. Textaussagen, die höheren Ebenen in der Textrepräsentation zuordenbar sind, werden besser reproduziert. Offensichtlich erleichtert die angebotene Struktur eine interne Gewichtung der Geschichteninhalte. Damit werden die wesentlichen Modellannahmen bestätigt. In Abbildung 18 ist der Befund im Detail grafisch dargestellt.

Diese Ergebnisse sind überzeugend, dennoch sind zumindest zwei Probleme kaum zu lösen: Nicht für alle Textarten kann eine so stabile schematische Struktur wie bei traditionellen Geschichten und Märchen unterstellt werden. Eine zweite Schwierigkeit besteht in der objektiven Zuordnung von einzelnen Textaussagen zu den postulierten Hierarchieebenen der Superstruktur.

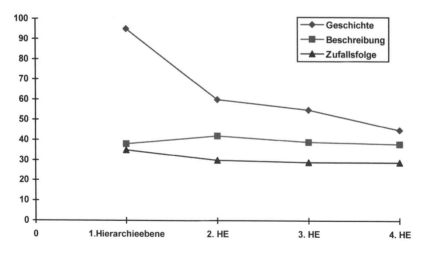

*Abbildung 18*   Relative Häufigkeit korrekter Reproduktionen (in %) von Einzelaussagen in Abhängigkeit vom Texttyp und von der Hierarchieebene (HE) dieser Aussagen (nach Thorndyke,1977)

Letzteres deutet auf eine geringe Präzision sowohl bei der Definition von
Verarbeitungseinheiten als auch bei der Modellierung von elementaren Text-
verarbeitungsprozessen hin. Ein Vorzug des Modells, der sich auch in moder-
neren Konzeptionen wiederfindet, ist die explizite Integration von Leser- und
Genrewissen.

### 2.5.3 Interaktive Modelle des Textverstehens

Kintsch und van Dijk (1978, 1983, 1988, 1998) haben versucht, diesen Vorzug
des Modells von Thorndyke mit den Vorzügen eigener Modellentwicklungen
zu verknüpfen. Eine zentrale Annahme des Modells von Kintsch und van Dijk
besteht in der propositionalen Repräsentation von Textinhalten im Gedächtnis.
Diese Propositionen bestehen, wie im Übersichtskapitel und bei den semantischen Ansätzen zum Satzverstehen bereits erwähnt (2.2.4. und 2.4.2.), aus
einem Prädikat und einem oder mehreren Argumenten. Diese aus dem Text
extrahierten Propositionen können auf der Basis von gemeinsamen Argumenten zu zusammenhängenden Netzwerken verknüpft werden. Damit wird
im Unterschied zu Thorndyke eine relativ klar definierte kleinste Einheit von
Textaussagen bestimmt sowie Regeln zur Verknüpfung und Gewichtung von
Textaussagen fixiert[7]. In der neuesten Version dieses Modells (Kintsch, 1988,
1998, 2007) werden diese Annahmen zur Abbildung von expliziten Textaussagen durch Annahmen zur Integration von Vorwissen in derartige Gedächtnisrepräsentationen von Texten ergänzt. Durch die Einbeziehung sowohl von
textgeleiteten als auch wissensgeleiteten Prozessen kann dieses Modell als
interaktives Modell klassifiziert werden. Da dieses Modell in der aktuellen
Literatur eine zentrale Rolle spielt, wollen wir die Grundannahmen und einige
empirische Befunde kurz skizzieren. Kintsch spricht hat das Modell mit dem
Namen Konstruktions-Integrationsmodell versehen, weil zwei wesentliche
Verarbeitungsschritte beim Text- bzw. Satzverstehen unterstellt werden:

---

[7] In der ersten umfassenden Modellversion von Kintsch und van Dijck (1978) werden diese
Teilprozesse im Detail beschrieben und empirisch geprüft (siehe auch Beyer, 1987, Beyer
2003, Gerlach, 2010). Ein Mangel dieser Modellvariante lag in der ungenügenden Berücksichtigung von Vorwissenseinflüssen. Deshalb galt diese Modellvariante als typischer Vertreter
eines sog. Bottom-Up-Ansatzes (textgeleitet) und als Alternative zum Top-Down-Ansatz
(vorwissensgeleitet) von Thorndyke. Im Konstruktions-Integrationsmodell, das im Zentrum
dieses Kapitels steht, sollen die Vorzüge beider Modelle beibehalten und die Nachteile aus-
geglichen werden.

1. den Aufbau einer internen Repräsentation der Textinformation unter Einbeziehung von Vorwissen (Konstruktionsphase),
2. die Reduktion der Textrepräsentation auf die mit dem Situationskontext kohärenten Bestandteile (Integrationsphase).

In der Konstruktionsphase sind vier Komponenten zu unterscheiden:

- die Transformation der sprachlichen Information in Propositionen (sog. Atomic Propositions),
- die Aktivierung von benachbarten Knoten (Assoziationen) im semantischen Netzwerk,
- die Ableitung von Inferenzen auf der Basis von Vorwissen und
- die Zuordnung von Verbindungsstärken zwischen den Knoten in der erzeugten Textrepräsentation und damit die Spezifizierung der Beziehungen zwischen deren Elementen.

Als Ergebnis der Konstruktion liegt im Unterschied zur Modellvariante von 1978 eine durch Vorwissen elaborierte Textrepräsentation vor (ausführliche Diskussion siehe auch Beyer et al., 1990; Beyer, 2003, Gerlach, 2010). Die Bereitstellung von vorwissensgeleiteten Ergänzungen der expliziten Textinformation (Assoziationen, Inferenzen) wird nicht wie im Modell von 1978 als „Krisenfall" bei Kohärenzlücken, sondern als primär autonom und spontan ablaufender normaler Prozess betrachtet.

Im Integrationsprozess werden nicht notwendige Elemente der Textbasis eliminiert, Kohärenz erzeugt sowie eine Gewichtung aller einbezogenen Verbindungen und jedes einzelnen Elementes der konstruierten Repräsentation vorgenommen. Der Integrationsprozess wird im Sinne eines konnektionistischen Modellansatzes durch eine wiederholte Multiplikation der sog. Verbindungsmatrix (enthält die paarweisen Verbindungsstärken aller Elemente) mit einem initialen Aktivierungsvektor simuliert (fixiert den Ausgangsaktivierungszustand jedes Elementes bzw. jeder Proposition zu Beginn des Prozesses). Ein hoher Aktivierungswert eines Elementes oder einer Verbindung von Elementen spricht für eine hohe Gewichtung und einen hohen Grad an Verfügbarkeit zum Beispiel bei Reproduktionsanforderungen (Kintsch 1988; Kintsch et al., 1990). Dieser Prozess erfolgt wie in der alten Modellvariante in Zyklen, also in mehreren Etappen. Das Ergebnis dieses Prozesses hatten wir bereits im Kontext des Satzverstehens beispielhaft dargestellt (Abb. 12). Die neue Qualität dieses Ansatzes liegt in der mehrere Repräsentationsebenen betreffenden zyklischen Konstruktion, der Steuerung von Selektionsprozessen nach einzelnen Zyklen primär durch Vorwissensstrukturen bzw. Motivlagen, im höheren Gewicht von situationskonstituierenden Elementen und in neuartigen Kohärenzkriterien, beispielsweise der Integrierbarkeit einzelner Textpassagen in einen situativen Kontext (siehe auch Beyer, 2003; Gerlach, Beyer & van der Meer, 2008).

Diese Modellannahmen wurden in zahlreichen Experimenten geprüft. Ein Experiment von Till, Mross & Kintsch (1988), das den Einfluss von Vorwissen und eine erste diesbezügliche Differenzierung belegt, soll beispielhaft erläutert werden. Den Probanden wurden Sätze mit der Aufforderung „Lesen und Verstehen" dargeboten. Die Sätze enthielten Homonyme (mehrdeutige Wörter), die die Funktion eines Primewortes erhielten (z. B. „After an unusually heavy thunderstorm the water overflowed the bank."). Anschließend erschien ein Testwort, z. B. „money". Die Probanden hatten so schnell wie möglich zu entscheiden, ob es sich dabei um ein korrektes englisches Wort handelte (Ja/Nein). Variiert wurden der Testworttyp und das Interstimulusintervall (ISI) zwischen Prime und Testwort.

Vier Testworttypen waren von Interesse (korrekte Wörter):

- kontextgemäße Assoziation (KA)        –   z. B. river,
- nichtkontextgemäße Assoziation (NA)   –   z. B. money,
- kontextgemäße Inferenz (KI)           –   z. B. flood,
- Kontrollwort (KO)                     –   z. B. pencil.

Die zeitliche Distanz zwischen kritischem Wort im Satz und Testwort (ISI) wurde in sehr feinen Abstufungen variiert: 200 ms, 300 ms, 400 ms, 500 ms, 1000 ms und 1500 ms. Wenn beim Lesen des Satzes Vorwissen aktiviert wird, sollte es bei den ersten drei Testworten zu einer beschleunigten Antwort im Vergleich zum Kontrollwort kommen. Abbildung 19 zeigt das Ergebnis.

Die Ergebnisse sind überzeugend: Generell sind die erwarteten Beschleunigungseffekte nachweisbar. Zudem fällt die Beschleunigung in Abhängigkeit von Testworttyp und Interstimulusintervall sehr unterschiedlich aus. Mögliche, aber nicht kontextgemäße Assoziationen sind nur kurzfristig verfügbar, kontextgemäße hingegen sehr stabil präsent. Inferenztestworte benötigen mehr Zeit zur Bereitstellung. Aus diesen und ähnlichen Befunden kann man recht präzise Prognosen über den zeitlichen Verlauf verschiedener Verarbeitungsphasen ableiten. Ein solcher Vorschlag von Kintsch ist in Abbildung 20 dargestellt.

Eine zweite wichtige Erweiterung im Modell von Kintsch wurde bereits erwähnt: Im Unterschied zum Modell von 1978 werden neben der propositio-

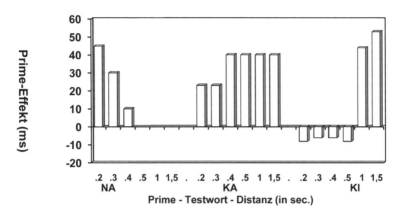

*Abbildung 19*  Till, Mross & Kintsch (1988): Prime-Effekte (Differenz
Kontrollwort/kritische Testworte) in Abhängigkeit von
Testworttyp (nichtkontextgemäße Assoziation (NA),
kontextgemäße Assoziation (KA), kontextgemäße
Inferenz (KI)) und Darbietungsdistanz Prime/Testwort
(200 ms, 300 ms, 400 ms, 1000 ms, 1500 ms)

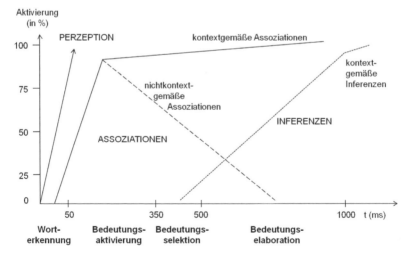

*Abbildung 20*  Zeitliche Abschätzung für Verarbeitungsphasen bei einer
Wortidentifizierungsanforderung (nach Till, Mross &
Kintsch 1988)

nalen Repräsentationsebene (Textbase Level; begriffliche Repräsentation des gesamten Textinhaltes) zwei weitere Repräsentationsebenen angenommen: die Oberflächenrepräsentation (surface oder linguistic level) und die Situationsmodellebene (situation model level). Die Oberflächenebene berücksichtigt die naheliegende Annahme einer zumindest kurzfristigen Speicherung von Textinhalten auf der Wortebene sowie der internen Repräsentation von syntaktischen Strukturen. Unter dem Situationsmodell wird ein eher ganzheitliches Modell des Ereignistyps verstanden. Die Konstruktion des Situationsmodells geht in der Regel mit einer Reorganisation und einer massiven Reduktion der Textinhalte auf der Basis von vorhandenen Gedächtnisrepräsentationen typischer Ereignisklassen (z. B. Schemata) einher. Vor allem bei der Konstruktion des Situationsmodells kommt es zur Integration von Text- und Vorwissen. Ein Experiment von Kintsch et al. (1990) liefert Evidenz für diese Annahmen. Den Probanden wurden kurze Texte dargeboten (ca. 150 Wörter). Anschließend erschienen Testsätze. Es war so schnell und korrekt wie möglich zu entscheiden, ob sie wörtlich im Text enthalten waren. Fünf Varianten von Testsätzen waren von Bedeutung:

- Originalsätze,
- Paraphrasensätze,
- Inferenzsätze,
- negative Testsätze mit globalem Bezug zum Text und
- negative Testsätze ohne Bezug zum Text.

Bei Annahme der drei Repräsentationsebenen sollte man erwarten, dass Originalsätze am häufigsten akzeptiert werden (Übereinstimmung auf allen drei Ebenen), gefolgt von Paraphrasen (Übereinstimmung bei Textbasis und Situationsmodell) und Inferenzen (Übereinstimmung nur auf Situationsmodellebene). Für die Akzeptanz von Sätzen mit nur globalem Bezug zum Text spricht allenfalls eine vage Beziehung zum Original über das Situationsmodell. Die Befunde bestätigen die Hypothese. Bemerkenswert ist ein zusätzlicher Befund: Wird die zeitliche Distanz zwischen Text- und Testsatzdarbietung vergrößert, kommt es zu einer überproportional stärkeren (fälschlichen) Akzeptanz von Paraphrasen und vor allem von Inferenzen. Dies spricht sehr deutlich für einen verstärkten Einfluss von Vorwissen.

Aktuelle Weiterentwicklungen von Textverarbeitungsmodellen beziehen sich stärker auf die Nutzung der Analyse von Auftrittshäufigkeiten von Wörtern oder Wortkombinationen in realen Texten als Schätzung für die Struktur und Stabilität von Wissensrepräsentationen (z. B. Kintsch, McNamara,

Dennis & Landauer, 2007; Dennis & Kintsch, 2007) und auf die Analyse der Dynamik der beteiligten Prozesse (Rapp & van den Broek, 2005; van den Broek et al., 2009).

## 2.6 Sprachproduktion

In den meisten bisherigen Ausführungen haben wir uns fast ausschließlich auf das *Verstehen* von Sprache bzw. von sprachlichen Äußerungen in Form von Lauten, Wörtern, Sätzen und Texten beschränkt. Die Produktion von Sprache haben wir kaum berührt und werden dies im folgenden Abschnitt auch nur relativ kurz tun. Wir schließen uns damit (leider) einem Phänomen an, dass bis auf sehr wenige Ausnahmen typisch für die sprachpsychologische Literatur ist. Es gibt dafür einen relativ einfachen methodischen Grund: Bei der Untersuchung des Verstehens von Sprache ist der Ausgangszustand objektiv gegeben, klar definierbar und in Experimenten gut variierbar. Man legt den Probanden Laute, Wörter, Sätze oder verschiedene Arten von Texten vor und prüft, wie sich die Variation dieser sprachlicheren Äußerungen auf das Verstehen auswirkt. Bei der Sprachproduktion ist der Ausgangszustand hingegen nicht oder zumindest nur schwer objektiv beobachtbar: Es sind in der Regel Motive oder Gedanken in unserem „Kopf", die Auslöser für die Produktion einer sprachlichen Äußerung sind. Letzteres ist die weitaus kompliziertere Konstellation für einen wissenschaftlichen Untersuchungsprozess. Dennoch gibt es inzwischen zahlreiche ernstzunehmende und erprobte Modelle zur Nachbildung von Sprachproduktionsprozessen. Man könnte sie grob in zwei große Gruppen teilen:

- Sprachverstehen und Sprachproduktion sind zwei komplementäre aber sehr ähnliche Vorgänge. Die Produktion ist quasi die Umkehrung des Verstehens.
- Sprachverstehen und Sprachproduktion sind unabhängige Vorgänge und stellen deshalb eher separate Untersuchungsgegenstände dar.

Die erste Überlegung haben wir bereits im Abschnitt Interaktion von Sprachkomponenten (2.2.6.) ein wenig kennengelernt. In Abbildung 7 hatten wir zum Beispiel das seriell-autonome Modell aus der Perspektive Sprachverstehen diskutiert. Danach bestand Sprachverstehen aus der schrittweisen Abarbeitung der Phasen „Entdeckung primärer Sprachdaten"(Schallwellen treffen auf unser Ohr), „Phonetische Verarbeitung"(Phoneme werden identifiziert), „Lexikalische Verarbeitung" (Worte erkannt), „Syntaktische Verarbeitung" (Satzstrukturen entdeckt) und „Semantische Verarbeitung" (Bedeutung zugeordnet). Im Ergebnis kann die verarbeitete externe sprachliche Information in unser Wissen integriert werden. Bei der Sprachproduktion liefe dieser Prozess in umgekehrter Folge ab: Auf der Grundlage unseres Wissens werden Inhalte für eine sprachliche Äußerung ausgewählt (semantische Komponente), Satzstrukturen vorbereitet (syntaktische Verarbeitung), Worte füllen diese Strukturen (lexikalische Verarbeitung) und schließlich wird die Aussprache organisiert (phonetische Komponente). In ganz ähnlicher Weise haben Kintsch und van Dijk in ihren ersten Überlegungen das Verhältnis von Textverstehen und Textproduzieren gesehen (Kintsch & van Dijk, 1978, van Dijk & Kintsch, 1983). In Abbildung 21 ist diese Idee veranschaulicht. Beim Textverstehen werden externe Reize als Sprache erkannt (semantisch-syntaktische Verarbeitung) und in kleinste Bedeutungseinheiten sortiert (Mikropropositionen). Die Vielzahl von Informationen wird durch Auslassungen oder Generalisierungen (Makrooperatoren) auf die wesentlichen Inhalte reduziert (Makropropositionen). Diese Prozesse werden durch das Vorwissen z. B. in Form von Ergänzungen oder auch Zielstellungen beim Lesen beeinflusst (Inferenzen, Elaborationen). Im Ergebnis liegt eine interne Abbildung der sprachlichen Information im Gedächtnis vor, die auf die zentralen Zusammenhänge konzentriert und in der Regel mit dem bereits bestehenden Wissen verknüpft ist (kognitive Schemata). Diese kognitiven Schemata können nun wiederum Ausgangspunkt für die Produktion von sprachlichen Äußerungen sein. Dann würde der Weg in umgekehrter Reihenfolge ablaufen. Aus dem Schema werden wesentliche mögliche Inhalte abgeleitet (Makropropositionen). Diese zentralen Inhalte können unterstützt durch das Vorwissen mit Hilfe inverser Makrooperatoren schrittweise konkretisiert werden (Mikropropositionen).

Schließlich erfolgt eine Verbalisierung dieser konkreten Gesprächsinhalte und deren mündliche oder schriftliche Wiedergabe. Diese seriell-autonomen Modelle wirken recht plausibel und gut verständlich, sind aber sicher starke Vereinfachungen. Vermutlich muss man von zahlreichen Wechselwirkungen zwischen den genannten Teiloperationen und auch generell zwischen Sprachverstehen und Sprachproduktion ausgehen. Einen ersten Eindruck einer solchen Theorierichtung hatten wir bereits bei der kurzen Beschreibung der interaktiven Modelle sowohl im Abschnitt „Interaktion von Sprachkomponenten" (2.2.6.) als auch im Teil „Interaktive Modell des Textverstehens" (2.5.3.) vermittelt. Diese interaktiven Modelle haben den Vorzug, dass sie der Komplexität von Sprachverstehen und Sprachproduktion weit besser gerecht werden. Der Nachteil liegt in der kaum übersehbaren Anzahl und Vielfalt von

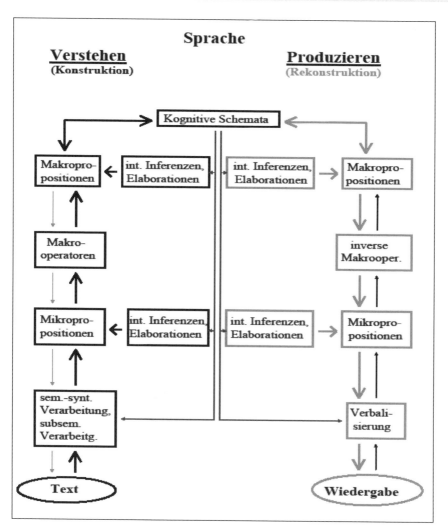

*Abbildung 21* Komplementäres Verhältnis von Textverstehen und Textpro-
duktion nach den Modellen von Kintsch und van Dijk (1978,
1983; sem.-synt. Verarbeitung = semantisch-syntaktische Verarbeitung, int. Inferenzen = intendierte Inferenzen, subsem.
Verarbeitg. = subsemantische Verarbeitung, nach einer Abbildung von Ballstaedt et al., 1981)

Einflussgrößen. Ein Kompromiss könnte darin bestehen, sich zunächst auf den Vorgang der Sprachproduktion zu konzentrieren. Damit sind wir bei der eingangs genannten zweiten Gruppe von Sprachproduktionsmodellen. In den meisten dieser Modelle zur Sprachproduktion wird von drei Haupt-Prozessphasen ausgegangen. So unterscheiden beispielsweise Herrmann und Grabowski (1994, 2003) zwischen den drei Komponenten:

- **Fokussierung** (auf relevante Inhalte),
- **Selektion** (Auswahl konkreter Gesprächsinhalte) und **Linearisierung** (Reihung der selektierten Inhalte)
- **Enkodierung** (Transformation der Inhalte in eine Aussprache).

Levelt et al. (1992, 1999) gliedern den Sprachproduktionsprozesse in folgende drei Verarbeitungsebenen:

- **Conceptual Level**
- **Lemma Level**
- **Sound Form Level.**

Das heißt, in beiden Sprachproduktionsmodellen wird, so wie in den meisten anderen Modellen, zwischen den drei Verarbeitungsebenen „Begriff" (Semantik), „Wort" (Syntax/Morphologie) und „Aussprache" (Phonologie) unterschieden. Eine entscheidende Frage muss jedoch vor weiteren Erläuterungen geklärt werden: Was führt eigentlich dazu, dass wir uns zur Produktion einer sprachlichen Äußerung entschließen? Welche Motive kommen dafür in Betracht? Herrmann und Grabowski nutzen für die Beantwortung dieser Frage eine Idee aus der Mess- und Regeltechnik: Wenn wir eine Diskrepanz zwischen einem vorliegenden Zustand (IST-Zustand) und einem gewünschten Zustand (SOLL-Zustand) feststellen und eine sprachliche Äußerung geeignet erscheint, diese Diskrepanz aufzulösen, dann wird der Prozess der Sprachproduktion ausgelöst. Wir finden, das ist eine sehr überzeugende Argumentation, die sicher auf sehr viele Fälle im Alltag zutrifft. Vielleicht überprüfen Sie das einmal bei Ihren zukünftigen sprachlichen Mitteilungen.

Herrmann und Grabowski (1994, 2003) sind der Meinung, dass in diesem Kontext einige weitere Bedingungen eine wichtige Rolle spielen und eine Prognose über die Wahrscheinlichkeit einer Sprachproduktion erlauben:

- **Zielstellungen des Sprechers** (z. B. durch einen Sprechakt, den gewünschten Zustand zu erreichen),

- **Annahmen über den Gesprächspartner** (z. B. zu wissen, ob der Gesprächspartner über das fehlende Wissen verfügt),
- **Selbstrepräsentation des Sprechers** (z. B. zu wissen, was ich weiß und was ich nicht weiß),
- **Deontische Voraussetzungen** (z. B. in einer sozialen Situation einschätzen können, ob man legitimiert ist zu fragen).

Man könnte zum Beispiel erwarten, dass die Wahrscheinlichkeit für die Produktion einer Frage steigt, wenn ich feststelle, dass mir Wissen fehlt, mein Partner dieses Wissen hat, der Partner auskunftsfreudig ist und mir sehr an der Schließung meiner Wissenslücke liegt. In zahlreichen Untersuchungen werden derartige, aus diesem Modell angeleitete Hypothesen überprüft. Zur Illustration haben wir einen Befund von Allwinn (1988) ausgewählt. Ihre Probanden wurden in den Experimenten entweder in einen fiktiven Kriminalfall verwickelt oder in eine Verkaufssituation in einem Kaufhaus geführt. Sie sollten durch Fragen den Kriminalfall lösen bzw. im Kaufhaus den Verkäufer um Informationen bitten. Allwinn variierte das Ausmaß der Wissenslücke beim potenziellen Sprecher, die Bereitschaft zur Auskunft bei einem fiktiven Gesprächspartner und die Legitimation des Sprechers, ein Gespräch zu eröffnen oder eine Frage zu stellen. Nur zwei Befunde sollen zeigen, dass diese Variation tatsächlich zu einer Veränderung der Sprachproduktion, hier dem Frageverhalten, führte. Abbildung 22 zeigt den Zusammenhang zwischen Fragehäufigkeit und dem Ausmaß der Wissenslücke in Abhängigkeit von der Bereitschaft des Gesprächspartners.

Die Probanden neigten bei hoher Bereitschaft des Gesprächspartners zu vielen Fragen, wenn die Wissenslücke ein mittleres Ausmaß besaß. Erschien der Partner eher nicht gesprächsbereit, kam es nur bei geringem Wissensdefizit zu gehäuften Fragen. Denken Sie bitte an eine Ihrer letzten Prüfungsberatungen bei einem Dozenten. Hatten Sie es mit einem abweisenden Professor zu tun, trauten Sie sich vielleicht nur dann überhaupt eine Frage zu stellen, wenn Sie eigentlich schon recht viel wussten. Bei einem zuvorkommenden Professor gibt man schon mal ein größeres Defizit durch entsprechende Fragen zu, ohne sich jedoch als völlig unwissend outen zu wollen. Zusätzlich interessierte sich Allwinn dafür, ob die Probanden in diesen unterschiedlichen Situationen zu mehr oder weniger komplexen Fragekonstruktionen neigten. Beispielsweise könnte man erwarten, dass ich als legitimierter Frager den abweisenden Verkäufer darauf hinweise, dass es seine verdammte Pflicht ist, mich zu beraten. Ich insistiere also auf die Gepflogenheiten in dieser sozialen Situation (deontische Voraussetzungen). Bin ich hingegen nicht legitimiert und der Partner

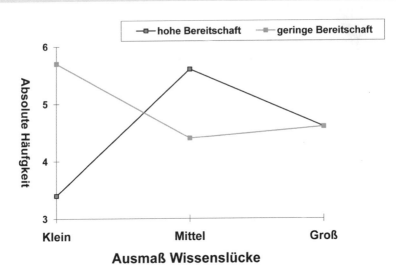

<Abbildung 22>
*Abbildung 22*   Zusammenhang zwischen Fragehäufigkeit und dem Ausmaß
der Wissenslücke in Abhängigkeit von der Bereitschaft des
Gesprächspartners (absolute Häufigkeit) nach Allwinn (1988)

hat auch keine rechte Lust, mich zu unterstützen, werde ich versuchen, ihn
freundlich zu umgarnen, z. B. indem ich sein Expertenwissen lobe, das mir
sehr helfen würde. In diesem Fall würde ich in der Frageformulierung die
Expertise des Partners artikulieren.

Das Ergebnis in Abbildung 23 bestätigt die Vermutung. Die Artikulation
zusätzlicher Information innerhalb einer Fragekonstruktion (meist im Frage-
vorspann) variiert mit den Merkmalen der Gesprächssituation erheblich.
Insbesondere dann, wenn die Legitimation, die Bereitschaft oder gar beides
in der Situation nicht gegeben sind, neigen Sprachbenutzer zur Produktion
zusätzlicher Äußerungen. Deren Motiv ist es natürlich, den gewünschten
Ziel-Zustand möglichst sicher zu erreichen. Herrmann und Grabowski (2003)
sprechen in diesem Fall vom Merkmal der Instrumentalität bei der Produktion
von Sprache.

Wir wollen es bei der Darstellung dieser Grundideen zur Modellierung
und Untersuchung der Sprachproduktion belassen. Weitere und neuere Entwicklungen lassen sich im Detail zum Beispiel bei Friederici et al. (1999, 2009),
Levelt und Cholin et al. (1992, 1999, 2011) sowie Bölte und Zwietserlood et al.
(2003, 2006, 2009) oder Abdel Rahman et al. (2003, 2009) nachlesen.

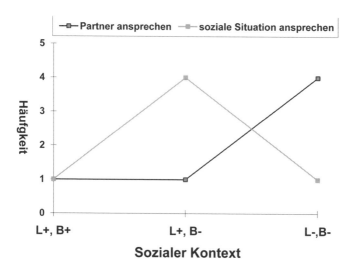

*Abbildung 23*   Häufigkeit (absolut) der Integration von Ansprachen an den
Gesprächspartner und Häufigkeit (absolut) der Artikulation
der sozialen Situation in der Fragekonstruktion in Abhän-
gigkeit von der Legitimation des Sprechers („L+" – hoch,
„L–" – niedrig) und der Bereitschaft des Gesprächspartners
(„B+"– hoch, „B–" – niedrig), adaptiert nach Allwinn (1988)

## 2.7   Entwicklung der Sprache in der Ontogenese

Die Ausbildung sprachlicher Leistungen im Verlauf des Lebens ist eines der
zentralen Themen in der entwicklungspsychologischen Forschung und wird
in zahlreichen Lehrbüchern und Forschungsartikel ausführlich dokumentiert
(z. B. Grimm, 2000, Berk, 2005, Oerter & Montada 2008, Atkinson et al. 2001,
Zimbardo & Gerrig, 2004). Wir wollen uns an dieser Stelle deshalb auf nur
ganz wenige Aspekte beschränken. Bei diesem Thema geht es in der Regel um
zwei zentrale Fragen:

▪ Wie wird Sprache erworben – durch Lernen oder sind sprachliche Fähigkeiten weitestgehend angeboren?
▪ Welche typischen Entwicklungsverläufe kann man beim Erwerb von Sprache kennzeichnen?

Vor allem die erste Frage hat Psychologen, aber auch Vertreter anderer Fachrichtungen lange beschäftigt und beschäftigt sie immer noch. Inzwischen ist man sich weitgehend einig, dass sowohl Lernprozesse als auch angeborene Komponenten eine wichtige Rolle spielen. Zahlreiche Beobachtungen sprechen dafür, dass beim Lernen von Sprache vor allem drei Mechanismen bedeutsam sind:

- Lernen durch Nachahmung,
- Lernen durch Bekräftigung,
- Lernen durch Hypothesenbildung und das Erschließen von Regeln.

Allerdings kann man zu jeder Art von Lernen auch gute Gegenargumente finden (Atkinson et al., 2001): Kinder lernen durch das Nachahmen der Sprache der Eltern bestimmt sehr viele neue Wörter, Wortformen oder auch syntaktische Besonderheiten. Dennoch produzieren sie häufig Wörter oder Wortfolgen, die sie nie von ihren Eltern oder anderen Bezugspersonen gehört haben. Kinder erwerben sicher einige Wörter, wenn sie für ein erstmals richtig gesprochenes Wort lautstark gelobt werden und dieses Wort dann immer wieder anbringen (und erneute Bekräftigung erfahren). Die Eltern wären jedoch überfordert, wenn sie jeden kleinen sprachlichen Fortschritt aufmerksam verfolgen, registrieren und bekräftigen müssten. Vieles spricht dafür, dass Kinder Hypothesen über die Bildung bestimmter Wortformen generieren, z. B. die Vergangenheit eines Verbs wird durch das Anhängen des Morphems bzw. Suffix` „-te" erreicht. Für diese Hypothesenbildung spricht die Produktion von regelmäßig konjugierten unregelmäßigen Verben („laufte" anstelle von „lief"). Es wird also eine Regel erkannt und fälschlicherweise auf alle anderen Fälle generalisiert. Gegen eine solche Art von Hypothesenbildung könnte sprechen, dass manche Verben auf Grund ihrer phonetischen bzw. morphologischen Konstruktion für Regelmäßigkeit oder Unregelmäßigkeit prädestiniert sind. Man könnte also alternativ auch von einem (manchmal fälschlichen) Assoziationslernen zwischen phonetischer Struktur und bevorzugtem Suffix zur Wortformbildung ausgehen.

Als Argumente für eine angeborene Komponente beim Erwerb von Sprache dienen häufig folgende Befunde:

- Bis zum Ende des ersten Lebensjahres sind Säuglinge sensibel für die Unterscheidung von Lauten, die sowohl in der Sprache der Eltern als auch bei allen anderen Sprachen vorkommen. Nach 12 Lebensmonaten verliert sich diese Fähigkeit zunehmend und die Kinder sprechen mit einer Orientierungsreaktion nur noch auf für ihre Muttersprache relevante Lautänderungen an. Es scheint also kritische Phasen für bestimmte Etappen beim Spracherwerb zu geben.

- Der zeitliche und inhaltliche Ablauf des Erwerbs von Sprache vollzieht sich bei allen Menschen sehr ähnlich, scheint also kulturunabhängig zu sein. Dies ist umso bemerkenswerter, als sich die sozialen Regeln und familiären Lebensgewohnheiten zwischen den Kulturen zum Teil erheblich unterscheiden.

- Nahezu alle Sprachen scheinen nach sehr ähnlichen grammatischen Regeln aufgebaut zu sein. Auch diese Beobachtung hat Chomsky zur Entwicklung seiner Grammatiktheorien inspiriert (Existenz einer Universalgrammatik).

- Einige Untersuchungen zeigen, dass eine Sprache prinzipiell auch dann erlernt werden kann, wenn die Lernbedingungen nicht optimal sind oder kein Modell vorliegt. Dies zeigt sich z. B. bei der Entwicklung von spontanen Gebärdensprachen bei tauben Kindern (Atkinson et al. 2001, Feldman et al. 1978).

- Eine weitere Argumentationslinie leitet sich aus der Untersuchung von Sprache bei Tieren ab. Einige berühmte Untersuchungen zeigen, dass bestimmten Primaten Zeichensysteme und deren Nutzung zur Kommunikation vermittelt werden kann (z. B. Premack, 1971, 1985; Patterson & Linden, 1981; Greenfield et al. 1990). Dennoch kann man auch diesen Fällen kaum von einem Sprachgebrauch reden, der der Sprache beim Menschen vergleichbar wäre. Es spricht also Einiges dafür, dass der Mensch die einzige Art vertritt, die Sprache als ein optimiertes System zur Abbildung von Wissen und zur Kommunikation einsetzen kann.

Zusammenfassend kann man sagen, dass der Erwerb von Sprache ganz sicher auf wichtigen angeborenen Voraussetzungen aufbaut. Wie diese Voraussetzungen in eine sprachliche Leistung umgesetzt werden, hängt aber offensichtlich auch von der sozialen Umwelt und den Lernbedingungen ab. Deshalb werden in der modernen Entwicklungspsychologie sogenannte interaktionistische Modelle von Erbe und Umwelt bevorzugt (Berk, 2005).

Frage man nach typischen Abläufen bei der Entwicklung von sprachlichen Kompetenzen, findet man in den gängigen Lehrbüchern solche Etappen, wie in Tabelle 8 dargestellt.

Es ist beachtlich, mit welchem Tempo Kinder eine Sprache bis zur Perfektion erlernen können. Damit werden sie sehr schnell zu anspruchsvollen Kommunikationspartnern und haben gleichzeitig ein wichtiges Werkzeug parat, um das Denken über sich und die Welt zu optimieren.

*Tabelle 8*   Entwicklungsetappen des Erwerbs von Sprache beim
Säugling und Kleinkind, gemessen an Leistungen
in der Sprachproduktion (nach Berk, 2005)

| Alter | Sprachliche Leistung |
|---|---|
| ca. 2 Monate | Gurren und Produktion angenehmer Vokallaute |
| ab 4 Monate | Lallen, Kombination von Vokalen und Konsonanten zu Silben und deren Wiederholung, erste Nachahmungen von Sprache Erwachsener (ab 7 Monate) |
| 8–12 Monate | Lallen von Vokal-Konsonanten-Sequenzen (mit angemessener Intonation) aus der Sprachgemeinschaft des Kindes |
| ca. 12 Monate | Produktion des ersten Wortes |
| 18–24 Monate | Ausweitung des Vokabulars auf 50 bis 200 Wörter (sog. Benennungsexplosion) |
| 20–26 Monate | Produktion von einfachen Satzkonstruktionen (Zwei- und Dreiwortsätze) |

# 3 Denken

## 3.1. Was ist ‚Denken' und wie wird es untersucht?

Die Denkpsychologie befasst sich als Teilgebiet der Allgemeinen Psychologie mit der Beschreibung, Erklärung und Vorhersage menschlichen Denkens. Als Geburtsstunde der Denkpsychologie wird die Begründung der sog. Würzburger Schule durch Oswald Külpe (1862–1915) angesehen. Während die Würzburger Schule zur Untersuchung höherer geistiger Prozesse die Methode der Introspektion favorisierte, wurde diese Methode sowohl von Behavioristen als auch von Gestaltpsychologen abgelehnt. Diese beiden sehr gegensätzlichen Strömungen in der wissenschaftlichen Psychologie entwickelten sich etwa zeitgleich zu Beginn des 20. Jahrhunderts. Vertreter des Behaviorismus konzentrierten sich auf beobachtbares Verhalten, nichtbeobachtbare Phänomene wie Vorstellungen oder Gefühle wurden als Untersuchungsgegenstand abgelehnt. Die Gestaltpsychologie erhält ihren Namen durch die zentrale Annahme, dass sämtliche psychische Prozesse Gestaltqualität besitzen, also mehr sind als die Summe ihrer Teile. Denken resultiert nach dieser Auffassung aus einer ‚defekten' Gestalt (z. B. einem Problem), das in eine ‚gute' Gestalt (Lösung des Problems) umstrukturiert werden muss. Umstrukturierung ist daher von essentieller Bedeutung für produktives Denken.

Mit der kognitiven Wende in den sechziger Jahren des zwanzigsten Jahrhunderts etablierte sich die sog. Kognitionspsychologie, die sich – vor allem in Abkehr von behavioristischen Vorstellungen – komplexen menschlichen Informationsverarbeitungsprozessen zuwendet, also der Untersuchung, wie Menschen Informationen aus der Umwelt gewinnen, repräsentieren, verarbeiten und zur Steuerung ihres Verhaltens heranziehen.

Schaut man sich den kurzen historischen Abriss der Entwicklung der Denkpsychologie an, wird verstehbar, weshalb es keine einheitliche Definition des Begriffs ‚Denken' gibt. Je nach Forschungsperspektive werden unterschiedliche Aspekte dieser hochkomplexen kognitiven Funktion betrachtet, häufig in Abgrenzung von anderen kognitiven Prozessen wie Wahrnehmen, Erinnern oder Lernen, auf die beim Denken jedoch zurückgegriffen wird. Sehr abstrakt und allgemein formuliert, bezeichnet Denken interne kognitive Prozesse der Informationsverarbeitung und -erweiterung. Von verschiedenen Autoren werden Merkmale und Funktionen dieses Prozesses beschrieben (siehe Graumann, 1965a; Hussy, 1993; Aebli, 1981, 1988; Funke, 2006; Dörner, 2006):

- Denken beinhaltet die symbolische Repräsentation von Ereignissen, die nicht unmittelbar gegenwärtig sind (Unabhängigkeit des Denkens von Raum und Zeit).
- Denken stiftet Beziehungen zwischen Elementen, die anschaulich oder sprachlich repräsentiert sein können.
- Denken hat eine ordnungsstiftende Funktion, es ermöglicht Abstraktion durch Begriffsbildung und Ordnung durch Klassifikation.
- Denken ist reflexiv: Der Denkende kann sich selbst und das eigene Denken zum Gegenstand seines Denkens machen (Metakognition).
- Denken ist persönlich und insofern ein Aspekt der Willensfreiheit: Der Denkende entscheidet über die Wahl des ‚Denkobjekts' und kann es dem Zugriff anderer verweigern.
- Denken ist nicht direkt beobachtbar und kann nur aus dem Verhalten des denkenden Individuums erschlossen werden.
- Die Perspektive des Denkens kann vorwärtsgerichtet (z. B. Handlungsvorbereitung, Durchspielen von Handlungsalternativen = inneres Probehandeln) erfolgen, aber auch gegenwarts- oder rückwärtsgerichtet (z. B. Reflexion einer gegebenen Situation, Bewertung von vergangenen Ereignissen).
- Denken dient der Handlungsregulation (Auswahl und Beurteilung von Handlungsalternativen, Treffen einer Entscheidung).
- Denken ermöglicht planvolles Handeln.

In der kognitionspsychologischen Forschung steht der verhaltensbestimmende Aspekt des Denkens im Vordergrund (siehe Hussy, 1984, 1993; Mayer, 1992; Dörner, 1995, 2006). Dies ist insofern plausibel als das Ziel der Psychologie als Wissenschaft die Beschreibung, Erklärung und Vorhersage menschlichen Verhaltens ist. Vom gezeigten Verhalten können Rückschlüsse auf erfolgte Denkleistungen gezogen werden. Wenn wir aber davon ausgehen, dass Denkprozesse nicht direkt beobachtbar sind und nur aus dem Verhalten einer

Person erschlossen werden können, ist es sinnvoll, eben jenes Verhalten zu beobachten und Hypothesen bezüglich ablaufender Denkoperationen experimentell zu prüfen. **Wenn Denkprozesse nicht direkt beobachtbar sind, wie lassen sie sich dennoch untersuchen?** Im Folgenden sollen einige Methoden der Denkforschung vorgestellt werden. Keine Methode in der psychologischen Forschung ermöglicht eine umfassende und eindeutige Abbildung psychischer Zustände oder Prozesse. Jede Methode besitzt ihre spezifischen Vor- und Nachteile. Diese zu kennen, ist allerdings wichtig, um sie anwenden und ihre Ergebnisse angemessen interpretieren zu können.

Die folgenden Erhebungsmethoden können nach dem Zeitpunkt ihrer Erhebung in *Online- und Offline-Methoden* unterteilt werden. Wenn psychische Prozesse mit Methoden der Verhaltensbeobachtung (auch Selbstbeobachtung) erfasst werden, handelt es sich um sog. ‚Offline-Methoden', da vom Ergebnis (das gezeigte Verhalten) auf die zugrundeliegenden psychischen Prozesse geschlossen wird. Als ‚Online-Methoden' können solche Methoden bezeichnet werden, die Daten (z. B. Indikatoren der neuronalen Aktivität) *während* eines Prozesses (in der Regel einer Aufgabenbearbeitung) erheben. Dazu gehören beispielsweise die Aufzeichnung der hirnelektrischen Aktivität (EEG) bzw. die Ableitung einer evozierten Aktivität (EKP) und sogenannte bildgebende Verfahren.

Verwendet man solche Methoden, um Prozesse des Denkens zu untersuchen, ist das Denken damit dennoch nicht *direkt* beobachtbar. Mit Hilfe bildgebender Verfahren (z. B. der funktionellen Magnetresonanztomographie) lassen sich Änderungen in der Hirnaktivität während der Aufgabenbearbeitung als neuronale Korrelate kognitiver Prozesse beschreiben. Sie stellen *Indikatoren* für die vermuteten Abläufe dar. Wenn also für die Bewältigung einer Aufgabe komplexe Planungsprozesse erforderlich sind, kann im Ergebnis bestenfalls darauf geschlossen werden, welche Hirnareale dabei aktiviert werden. Doch eine strenge Lokalisation von Funktionen ist nicht möglich. Auch der Umkehrschluss – eine Aktivierung dieser Areale bedeutet ‚komplexer Planungsprozess' – ist nicht zulässig!

### Selbstauskünfte

Da den direkten Zugang zum eigenen Denken die denkende Person selbst hat, liegt es nahe, diese zu fragen, was sie denkt, wie sie beim Lösen eines Problems vorgeht. Hier gibt es zwei methodische Ansätze: die Selbstbeobachtung und die Methode des lauten Denkens. Während die Selbstbeobachtung aufgrund methodischer Mängel kaum noch Anwendung in der psychologischen Forschung findet, hat sich die Methode des lauten Denkens, meist in Ergänzung mit anderen Verfahren und unter kontrollierten Bedingungen, etabliert.

*Selbstbeobachtung:* Bei der Selbstbeobachtung oder auch Introspektion richtet die Person während einer Aufgabenbearbeitung ihre Aufmerksamkeit auf die eigenen inneren Zustände. Der Denkende macht sich also selbst zum Gegenstand seines Denkens. Seine Beobachtungen teilt er unmittelbar oder im Anschluss an den stattgefundenen Denkvorgang mit (Retrospektion). In der heutigen kognitionspsychologischen Forschung wird die Introspektion nur noch selten eingesetzt, da sie erhebliche Nachteile aufweist. So wird beispielsweise Interpretiertes u. U. für Beobachtetes gehalten. Es besteht die Gefahr der Selbsttäuschung und Verfälschung. Außerdem stellt sich die Frage, ob es möglich ist, gleichzeitig zu denken und dieses Denken zu beobachten. Und schließlich liegt es nahe, dass die Selbstbeobachtung das zu beobachtende Phänomen beeinflusst (Reaktivität der Methode). Ein anderer kritischer Aspekt der Methode der Introspektion betrifft die fehlende Möglichkeit, Ergebnisse unterschiedlicher Selbstbeobachtungen systematisch zu vergleichen. Vergleichbarkeit von Daten aber stellt ein Kriterium wissenschaftlicher Arbeit dar. Letztlich lässt sich auch bezweifeln, ob die Möglichkeiten der Sprache ausreichen, die differenzierten und veränderlichen psychischen Vorgänge auszudrücken.

*Methode des lauten Denkens:* Die Nachteile der Methode der Introspektion wurden bereits in den 30er Jahren des 20. Jahrhunderts diskutiert. Eine Möglichkeit, die beschriebenen Probleme zu umgehen, sah der Gestaltpsychologe Karl Duncker (1935) in der Methode des lauten Denkens[8]. Hier berichtet der Proband während der Aufgabenbearbeitung, was er gerade denkt. Dabei sollen *alle* Gedanken genannt werden, auch wenn sie dem Probanden unwichtig erscheinen. Die Äußerungen werden vom Versuchsleiter ohne eigene Interpretation protokolliert. Ziel ist es, Erkenntnisse darüber zu gewinnen, welche kognitiven Prozesse während der Aufgabenbearbeitung ablaufen, z. B. in welchen Teilschritten ein Problem gelöst wird.

Duncker vertrat die Ansicht, dass ,lautes Denken' ganz ohne Selbstbeobachtung auskommt, da die Aufmerksamkeit nicht explizit auf den Denkprozess ausgerichtet ist wie bei der Introspektion. Es ist allerdings fraglich, ob

---

[8] Anmerkung: Insbesondere in der pädagogischen Literatur findet sich der Begriff des ,retrospektiven lauten Denkens' (z. B. Groeben & Hurrelmann, 2006). Folgt man der o. g. Definition (siehe Duncker, 1935, Knoblich & Öllinger, 2008) ist lautes Denken das gleichzeitige laute Aussprechen von Gedanken *während* einer Aufgabenbearbeitung. ,Retrospektives lautes Denken' ist damit eindeutig der Introspektion bzw. Retrospektion zuzurechnen, da die Gedanken nachträglich erhoben werden.

die „Versprachlichung des Gedachten" nicht automatisch zu einer Reflexion des Gesagten und damit zu einer verstärkten Selbstbeobachtung führt, auch wenn diese nicht explizit instruiert wurde.

Inwieweit das laute Denken Einfluss auf den Denkprozess selbst nimmt, dürfte außerdem davon abhängen, um welche Art von Problem es sich handelt und inwieweit die entsprechenden Gedächtnisrepräsentationen eher bildlicher oder eher verbaler oder gar abstrakter Natur sind (siehe Kap.1), wie also die gegebenen Informationen kodiert werden. Hussy (1986) weist darauf hin, dass sich Teile des Denkens der Symbolisierung, also der Imagination und Verbalisierung entziehen. Komplexe Gedankengänge kann man nicht unbedingt vollständig beschreiben.

Auch wenn die Methode des lauten Denkens unübersehbar Nachteile aufweist, stellt sie doch eine wichtige Datenquelle zur Untersuchung von Denkprozessen dar und liefert insbesondere zur Problemlöseforschung einen wesentlichen Beitrag. Nach Knoblich & Öllinger (2008) ist die Methode des lauten Denkens insbesondere geeignet für Aufgaben, die eine systematische Abfolge von Denkoperationen notwendig machen.

### Erhebung von Verhaltensdaten

Verhaltensdaten haben gegenüber Selbstauskünften den Vorteil, dass sie objektiv erhoben und ausgewertet werden können, d. h. sie sind unabhängig vom jeweiligen Untersucher. Die Ergebnisse unterschiedlicher Personen können miteinander verglichen werden oder auch die Daten einer Person zu verschiedenen Zeitpunkten. Letzteres ist zum Beispiel dann sinnvoll, wenn Veränderungen des untersuchten Phänomens zu erwarten sind, beispielsweise wenn die Person zwischen den Untersuchungszeitpunkten ein Training zur Steigerung der Problemlösefähigkeit absolviert hat.

Am häufigsten eingesetzt werden *Messungen der Reaktionszeit* (mentale Chronometrie). Da es sich hier in der Regel um Messungen im Millisekundenbereich handelt, werden diese Daten computergestützt erfasst. Der Proband sitzt vor dem Bildschirm und bearbeitet vorgegebene Aufgaben, die eine Reaktion von ihm erfordern, wie das Drücken einer Taste. So kann die Zeit gemessen werden, die der Proband zur Aufgabenbewältigung benötigt. Um die reine Bearbeitungszeit zu erhalten, wird meist zuvor die motorische Reaktionszeit erfasst und von der Gesamtbearbeitungszeit abgezogen. Neben den Reaktionszeiten werden natürlich auch die Fehlerraten der Probanden erhoben und in die Auswertung einbezogen.

Reaktionszeitmessungen liegt die Idee zugrunde, dass sich unterschiedliche psychische Prozesse in unterschiedlichen zeitlichen Verläufen niederschlagen: Wenn es beispielsweise zur Lösung einer Aufgabe zwei mögliche Strategien gibt, die unterschiedlich zeitaufwendig sind, kann aufgrund der Bearbeitungszeit darauf geschlossen werden, welche Strategie die Person angewendet hat. Das zentrale Ziel von Reaktionszeiterhebungen besteht darin, Informationen über die Struktur und den zeitlichen Verlauf mentaler Prozesse zu erhalten. Die Zeit bis zur Ausführung der Reaktion wird also als Indikator für den Ablauf dieser Prozesse betrachtet.

Das vermutlich größte Problem von Reaktionszeitmethoden besteht in der fraglichen Gültigkeit, der sog. Validität der erhobenen Daten. Es bestehen unterschiedliche Ansichten darüber, inwieweit es überhaupt möglich ist, über die Auswertung von Reaktionszeiten kognitive Prozesse zu identifizieren. Insbesondere bei höheren kognitiven Funktionen wie dem Denken sind sehr viele mentale Prozesse gleichzeitig involviert und tragen gemeinsam zur Gesamt-Reaktionszeit bei. Aus dem Wert der Reaktionszeit kann im Nachhinein nicht geschlossen werden, welchen Anteil die unterschiedlichen Teilprozesse daran haben und wie sich diese Teilprozesse zueinander verhalten. Posner (2005) weist auch darauf hin, dass die Zeit, die ein psychischer Prozess in Anspruch nimmt, allein noch nicht hinreichend ist, um mentale Prozesse und Strukturen zu identifizieren. Er schlägt vor, deshalb Reaktionszeit-Verfahren mit Hilfe anderer methodischer Zugänge zu ergänzen. Dies können psychophysiologische Verfahren sein, wie sie im nächsten Abschnitt vorgestellt werden oder auch verbale Daten (wie die Methode des lauten Denkens) im Bereich prinzipiell bewusstseinsfähiger Prozesse (z. B. beim Problemlösen).

**Psychophysiologische Verfahren**
Mit Hilfe psychophysiologischer Verfahren ist eine noninvasive Registrierung biophysikalischer Signale möglich, die mit psychologischen Konzepten in Verbindung gebracht werden können. Der Vorteil solcher Methoden besteht vor allem darin, dass sie online (während der Bearbeitung einer Aufgabe) erhoben werden können und im Gegensatz zu Reaktionszeiterhebungen auch Prozesse erfassen, die zwischen dem Stimulus und der Antwort ablaufen.

Eine psychophysiologische Messmethode, die im Zusammenhang mit kognitionspsychologischen Fragestellungen häufig angewendet wird, ist die *Pupillometrie* (siehe Beyer, 2006). Hier macht man sich den Umstand zunutze, dass die Pupille nicht nur auf äußere Reize (wie z. B. Lichteinfall) reagiert, sondern auch Prozesse kognitiver und emotionaler Beanspruchung widerspiegelt.

Die Pupillenreaktion wird häufig im Zusammenhang mit Verhaltensdaten erhoben. Während Reaktionszeiten die Geschwindigkeit und Genauigkeit einer Aufgabenbearbeitung abbilden, stellt die Pupillenreaktion einen zeitnahen Indikator der für die Bewältigung dieser Anforderung erforderlichen Ressourcenkonsumtion dar (siehe Granholm et al., 1996; Krüger, 2000; Nuthmann & van der Meer, 2005).

In experimentellen Studien konnte gezeigt werden, dass eine erhöhte kognitive Beanspruchung bei ansonsten konstanten Bedingungen mit einer aufgabenbezogenen phasischen Erweiterung des Pupillendurchmessers einhergeht. Darüber hinaus ist es möglich, die aufgabenbezogene Pupillenreaktion hinsichtlich ihres Verlaufs zu analysieren und markante Zyklen der Reaktion mit spezifischen kognitiven Operationen in Zusammenhang zu bringen.

So aufschlussreich pupillometrische Daten sind, sie sind auch mit einer Reihe messtechnischer Herausforderungen verbunden. Die Pupille reagiert äußerst sensibel sowohl auf äußere als auch auf innere Zustandsveränderungen. Um aussagekräftige Daten zu erhalten, ist neben der Formulierung von Hypothesen, die mit dieser Messtechnik prüfbar sind, eine technische Durchführung der pupillometrischen Untersuchung unter streng kontrollierten Bedingungen notwendig. Zu diesen Bedingungen gehören zunächst alle visuellen Einflüsse. So muss beispielweise für eine konstante Umgebungsbeleuchtung sowie (bei visueller Darbietung) eine konstante Leuchtdichte der experimentellen Stimuli gesorgt werden. Sehr viel schwieriger gestaltet sich die Kontrolle nichtvisueller Reize, die den Effekt der Aufgabenschwierigkeit überlagern und verzerren können. Dazu gehören beispielweise das Alter und die Intelligenz der Probanden sowie ihr Gesundheitszustand und ihre momentane Verfassung (z. B. Ermüdung, Ärger). Auch die Einnahme von Medikamenten, Alkohol oder Kaffee kann die Pupillenreaktion verändern. Die Kontrolle der Versuchsbedingungen bezieht sich aber auch auf mögliche emotionale Reaktionen im Zusammenhang mit der Aufgabe oder dem verwendeten Stimulus-Material.

Für die Untersuchung kognitiver Prozesse bietet sich auch die Aufzeichnung der hirnelektrischen Aktivität (EEG = Elektroenzephalogramm) während der Aufgabenbearbeitung an, genauer die *Ableitung Ereigniskorrelierter Potenziale (EKP)*. Der Vorteil dieser Untersuchungsmethode gegenüber der Pupillometrie besteht vor allem in der höheren zeitlichen Auflösung (die Verarbeitung kann in ihrer zeitlichen Abfolge also besser beschrieben werden).

Über die Identifikation typischer EKP-Komponenten können Annahmen geprüft werden, die sich auf die Lokalisation[9] und Art der vermuteten menta-

---

[9] Für die Interpretation der Daten in Bezug auf die Lokalisation mentaler Prozesse ist zu beachten, dass EKPs nicht zwangsläufig den darunter liegenden Hirnregionen zuordenbar sind, die Quelle des Signals ist nur sehr grob abschätzbar.

len Prozesse beziehen. Für die Kognitionsforschung bedeutsame EKP-Komponenten sind beispielsweise solche, die mit der syntaktischen und semantischen Verarbeitung eines Stimulus in Verbindung gebracht werden[10]. Im Zusammenhang mit der Untersuchung kognitiver Prozesse werden in neuerer Forschung häufig bildgebende Verfahren verwendet (z. B. Simmons et al., 2008), vor allem die *funktionelle Magnetresonanztomographie (fMRT)*. Ziel ist es, gemessene Änderungen der neuronalen Aktivierung des Gehirns über die Änderung des Blutflusses, die über den Sauerstoffgehalt im Blut, genauer das BOLD-Signal erfasst wird, mit bestimmten mentalen Vorgängen in Verbindung zu bringen. Während es bei der Verwendung von EKPs vor allem um die Abbildung des zeitlichen Verlaufs eines Prozesses geht, steht hier die neuroanatomische Lokalisation dieser Prozesse im Vordergrund. Mit Hilfe der fMRT können Hirnregionen lokalisiert werden, die zum Beispiel beim Lesen oder Rechnen aktiv sind.

Interessant sind neuere Forschungsansätze, bei denen die Analyse hirnphysiologischer Prozesse mit Hilfe von Computer-Modellierungen (sog. kognitive Architekturen) erfolgt, in denen die einzelnen mentalen Arbeitsschritte abgebildet werden. Anderson et al. (2005) gelang es, auf der Basis einer solchen kognitiven Architektur (Adaptive Control of Thought-Rational (ACT-R), Anderson & C. Lebiere, 1998) die Aktivierung der beteiligten Hirnregionen in der fMRT mit recht großer Genauigkeit vorherzusagen.

## 3.2   Schlussfolgerndes Denken

Was ist schlussfolgerndes Denken? Sehr allgemein formuliert, bedeutet schlussfolgerndes Denken, dass man aus Wissensbeständen bzw. gegebenen Informationen „neue" Informationen generiert (siehe auch van der Meer, 1995). Solche abgeleiteten Informationen (auch Inferenzen genannt) können beispielsweise darin bestehen, dass gefolgert wird, was ein gegebener Sachverhalt an Informationen impliziert oder dass Zusammenhänge aus der Beobachtung wiederkehrender Phänomene konstruiert werden oder dass aufgrund von Ähnlichkeiten Bekanntes auf Unbekanntes übertragen wird.

---

[10] z. B. ELAN (Early Left Anterior Negativity): frühe automatische syntaktische Verarbeitung; P600: späte, eher kontrollierte syntaktische Reparatur-Prozesse, z. B. bei syntaktischer Mehrdeutigkeit; N400: semantische Verarbeitung i. S. semantischer Erwartung

**Denken Menschen logisch?**
Überprüfen Sie es selbst:

*Bsp.*

> Wenn es regnet, ist die Straße nass.
> Die Straße ist nass.
> Also hat es geregnet.

Ist diese Schlussfolgerung richtig?

Nein, es handelt sich um einen sog. abduktiven Schluss (eine ungültige Form des logischen Schließens), bei dem aus einer bekannten Konsequenz eine unbekannte Ursache abgeleitet wird. Aus einer Aussage, dass A B verursacht und B vorliegt, kann nicht geschlossen werden, dass A in *diesem* Fall die Ursache ist. Die Straße kann auch nass sein, weil möglicherweise gerade die Kehrmaschine vorbeigefahren ist. Häufig lassen sich jedoch abduktive Schlussfolgerungen gar nicht umgehen, in der klinischen Diagnostik beispielsweise. Von zwei Prämissen (Krankheit X verursacht Symptom A, Patient hat Symptom A) wird ein Schluss gezogen (Patient hat Krankheit X), der zwar möglich ist, aber nicht sicher. Das heißt, aufgrund von Symptomen wird eine vorläufige (da unsichere) Krankheitsdiagnose gestellt (siehe auch: induktives Schließen).

Abduktive Schlüsse sind letztlich Vermutungen ohne Beweiskraft, sie verwenden Indizien und sind *möglicherweise* wahr. Sie bieten aber die Möglichkeit, genau diese Vermutungen zu prüfen und darin liegt ihr hauptsächlicher Wert, auch wenn es sich bei abduktiven Schlüssen formallogisch um ungültige Schlüsse handelt. Insofern sind abduktive Schlussfolgerungen wissenschaftstheoretisch sehr interessant. Charles Sanders Peirce, ein Philosoph und Mathematiker des 19. Jahrhunderts, hat das abduktive Schließen als Möglichkeit der Hypothesenbildung betrachtet. Nach seiner Erkenntnislogik ist die Abduktion die erste Stufe des wissenschaftlichen Erkenntnisprozesses, mittels derer eine Hypothese gebildet wird.

**Die Logik**
Die Logik ist eine Wissenschaftsdisziplin, die sich mit der Gültigkeit von Argumenten und Schlussfolgerungen befasst. Mit den Regeln der formalen Logik[11]

---

[11] Von ‚formaler Logik' wird gesprochen, weil allein aufgrund der logischen Form der Schlussfigur – unabhängig vom Inhalt – über die Gültigkeit einer Schlussfolgerung entschieden werden kann.

lässt sich bestimmen, wann der Übergang von Prämissen (Voraussetzungen/ Annahmen) zu Konklusionen (Schlussfolgerungen) gerechtfertigt ist. Beim Versuch, Gesetze der Logik auf menschliches Denken zu übertragen, stellt man schnell fest, dass Menschen häufig zu Schlussfolgerungen gelangen, die aus der Perspektive der formalen Logik falsch sind. Sowohl bereits vorhandenes Wissen als auch emotionale Faktoren können zu Verzerrungen im menschlichen Denken führen. Man muss jedoch die Frage stellen, ob es überhaupt sinnvoll ist, Standards der formalen Logik auf menschliches Denken zu übertragen. Anderson (2007) weist an dieser Stelle auf ein Forschungs-Paradoxon hin: Einerseits werden Menschen im Vergleich mit den Standards der Logik als unzulänglich betrachtet, andererseits sind aber Systeme künstlicher Intelligenz, die auf diesen Standards aufbauen, unzulänglich, wenn sie mit menschlichen Standards verglichen werden. Auch Gigerenzer (2008) bemerkt in seinem sehr originellen und anregenden Buch „Bauchentscheidungen. Die Intelligenz des Unbewussten und die Macht der Intuition", dass in der Logik nicht der universelle Maßstab vernünftigen Denkens gesehen werden darf. „Häufig erweist sich das, was vom rein logischen Standpunkt wie ein Denkfehler aussieht, in der wirklichen Welt als intelligentes soziales Urteil." (ebd. S. 113)

Das oben genannte Beispiel abduktiver Schlüsse zeigt, dass Schlussfolgerungen, die nicht der formalen Logik entsprechen, dennoch sinnvoll und hilfreich in der Auseinandersetzung mit unserer Umwelt sein können.

### 3.2.1 Deduktives Schließen

Deduktives Schließen (auch als logisches Schließen bezeichnet) betrifft Schlussfolgerungen, die sich zwingend aus den gegebenen Prämissen (Annahmen) ergeben. Aus wahren Prämissen können bei Einhaltung der logischen Schlussregeln wahre Schlüsse (Konklusionen) abgeleitet werden.

Deduktion ist die Anwendung einer allgemeinen Regel auf den Einzelfall. Insofern erbringen deduktive Schlüsse keine neue Information. Das sog. Deduktionsparadoxon besagt, dass ein deduktiver Schluss nicht sowohl gültig als auch informativ sein kann. Allerdings herrschen in der Forschungsliteratur unterschiedliche Ansichten darüber, wann eine Information als ‚neu' zu bezeichnen ist. Da ein deduktiver Schluss lediglich vom Allgemeinen auf das Spezifische schließt, darf der Schluss, also die Konklusion keine Aspekte enthalten, die nicht bereits implizit in der Regel enthalten waren. Anderseits lässt sich der Begriff der ‚Neuheit' auch auf das Herstellen einer Relation beziehen, die sich zwar aus den Prämissen ableitet, jedoch zuvor nicht gegeben war.

Am häufigsten untersucht wurden:

- (a) das Schließen mit kategorialen Syllogismen (Schließen mit Quantoren) und
- (b) das konditionale/bedingte Schließen (Schließen mit Implikatoren/Junktoren).

## (a) Schließen mit kategorialen Syllogismen – Schließen mit Quantoren

Ein syllogistischer Schluss besteht aus zwei Prämissen und einer Konklusion. Sowohl die Prämissen als auch die Konklusion beinhalten Quantoren. Quantoren sind Operatoren, die Kategorien von Objekten oder Subjekten zueinander in Beziehung setzen. Quantoren sind: ALLE, KEIN, EINIGE, EINIGE NICHT.

Die Quantoren ALLE und KEIN sind universelle Quantoren, denn sie beziehen sich auf alle Elemente einer Kategorie. Die Quantoren EINIGE und EINIGE NICHT bezeichnet man als partikuläre Quantoren, weil sie sich nur auf einzelne Elemente (mindestens ein Objekt, maximal alle Objekte) einer Kategorie beziehen (siehe Tabelle 9).

Beispiel für einen kategorialen Syllogismus mit universell bejahenden Quantoren:

| | |
|---|---|
| P1: Alle A sind C.<br>P2: Alle B sind A.<br>K: Alle B sind C. | P1: Alle Vögel sind Lebewesen.<br>P2: Alle Spatzen sind Vögel.<br>K: Alle Spatzen sind Lebewesen. |

Ein kategorialer Syllogismus besteht aus drei kategorischen Aussagen:

- Prämisse 1: Obersatz/Hauptprämisse
- Prämisse 2: Untersatz/Nebenprämisse
- Konklusion: Schlussfolgerung

*Tabelle 9*     Arten von Quantoren

| | allgemein | partikulär |
|---|---|---|
| **bejahend** | **ALLE**<br>Alle A sind B. | **EINIGE**<br>Einige A sind B. |
| **verneinend** | **KEIN**<br>Kein A ist B. | **EINIGE NICHT**<br>Einige A sind nicht B. |

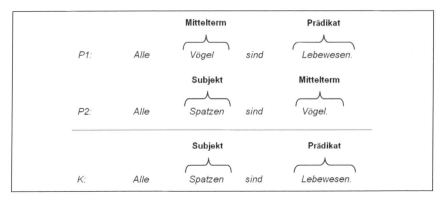

*Abbildung 24*    Darstellung der Terme im kategorialen Syllogismus

Diese kategorischen Aussagen enthalten insgesamt drei Terme (Kategorien A, B und C), zwei Randterme und einen mittleren Term. Die Randterme (häufig auch als Subjekt und Prädikat bezeichnet) kommen jeweils nur in einer der beiden Prämissen vor. Im Beispiel: C (Lebewesen) in Prämisse 1, B (Spatzen) in Prämisse 2. Der mittlere Term kommt in beiden Prämissen vor. Im Beispiel: A (Vögel). Die Konklusion enthält den Zusammenhang zwischen beiden Randtermen. Im Beispiel: B (Spatzen) und C (Lebewesen).

Die Randterme werden häufig auch als Subjekt und Prädikat bezeichnet. Prämisse 1 (der Obersatz) besteht aus dem Mittelterm und dem Prädikat, Prämisse 2 (der Untersatz) besteht aus dem Subjekt und dem Mittelterm und die Konklusion besteht demzufolge aus Subjekt und Prädikat. Obgleich die Reihenfolge der Prämissen für die Gültigkeit eines Syllogismus nicht relevant ist, steht üblicherweise der Obersatz mit Mittelterm und Prädikat an erster Stelle, gefolgt vom Untersatz mit Subjekt und Mittelterm. Die Anordnung der Terme in den Prämissen ist frei wählbar.

Aus den unterschiedlichen Kombinationen der Terme der Prämissen ergeben sich für die Konklusion im oben genannten Beispiel ‚Alle B sind C.‘ vier mögliche Schlussfiguren (von denen nur die erste einen gültigen Schluss enthält):

| **Prämisse 1:** | Alle A sind C. | Alle C sind A. | Alle A sind C. | Alle C sind A. |
| **Prämisse 2:** | Alle B sind A. | Alle B sind A. | Alle A sind B. | Alle A sind B. |
| **Konklusion:** | Alle B sind C. | Alle B sind C. | Alle B sind C. | Alle B sind C. |

Bezieht man in die Kombinationen unterschiedliche Konklusionen mit ein und die vier möglichen Quantoren, so ergeben sich 256 mögliche Syllogismen, von denen nur 19 gültige Schlüsse darstellen. Bezieht man zusätzlich die (unübliche) Möglichkeit einer Konklusion der Form ‚Prädikat – Subjekt‘ mit einen, verdoppelt sich die Anzahl möglicher Syllogismen auf 512 (27 davon gültig). Entscheidend ist nun: Welche der Schlüsse sind gültig, also welche der Schlüsse ergeben sich zwingend aus den Prämissen? Man könnte natürlich alle gültigen Schlussfiguren auswendig lernen. Hilfreich kann es aber auch sein, eine Veranschaulichung in Form eines Mengendiagramms zu wählen, aus denen die möglichen Beziehungen zwischen den Termen der Prämissen hervorgehen. Denn diese Beziehungen lassen häufig mehrere logische Interpretationen zu, wie Abbildung 25 zeigt.

So kann die Prämisse ‚Alle A sind B.‘ auf zwei unterschiedliche mögliche Beziehungen zwischen A und B zutreffen: Die Mengen A und B sind identisch (Umkehrschluss möglich: Alle B sind A) oder A ist eine (echte) Teilmenge von B (Umkehrschluss nicht möglich). In diesem Fall wäre eine konkret formulierte (semantische) Relation, z. B. ‚Alle Orangen sind Früchte‘, einfacher zu interpretieren als die abstrakte Formulierung. Dass dies jedoch nicht zwangsläufig so ist, zeigen Beispiele von klassischen Fehlern beim syllogistischen Schließen, die in einem späteren Abschnitt behandelt werden.

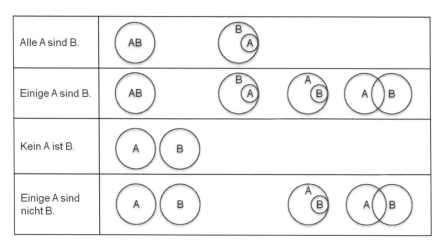

*Abbildung 25* Mögliche Beziehungen zwischen den Termen der Prämissen in Abhängigkeit vom Quantor

Der zweite Schritt in der Überprüfung, ob eine Konklusion sich zwingend aus den Prämissen ergibt, gestaltet sich schwieriger, da die Konklusion nicht ohne Weiteres grafisch dargestellt werden kann. Auch die Konklusion (ebenso wie die Prämissen) lässt unterschiedliche Interpretationen zu. Doch eine Konklusion kann nur dann gültig sein, wenn *alle* möglichen Beziehungen in den Prämissen mit *allen* möglichen Beziehungen in der Konklusion vereinbar sind! Da es sehr viel mehr Kombinationen von Beziehungen in den Prämissen gibt, die mit der Konklusion vereinbar sind, als Kombinationen, die nicht mit ihr vereinbar sind, ist eine sinnvolle Herangehensweise bei der Prüfung der Gültigkeit eines Schlusses der Versuch, diesen zu widerlegen.

Anhand der folgenden Beispiele können Sie überprüfen, welche Schlüsse Ihnen leichter oder schwerer fallen. Bitte überlegen Sie auch, ob die Art der Darstellung (abstrakt oder konkret) einen Einfluss hatte. Denken Sie daran, dass es ausschließlich darum geht, zu entscheiden, ob sich aus den gegebenen Prämissen zwingend die Konklusion ergibt und nicht um eine Beurteilung des Inhalts als richtig oder falsch.

(a)
P1: Kein A ist C.
P2: Alle B sind A.
K: Kein B ist C.

P1: Kein Vogel ist eine Pflanze.
P2: Alle Spatzen sind Vögel.
K: Kein Spatz ist eine Pflanze.

(b)
P1: Alle A sind C.
P2: Einige C sind B.
K: Einige A sind B.

P1: Alle Vögel sind Lebewesen.
P2: Einige Lebewesen sind Spatzen.
K: Einige Vögel sind Spatzen.

(c)
P1: Kein A ist C.
P2: Alle B sind A.
K: Einige B sind keine C.

P1: Kein Vogel ist eine Pflanze.
P2: Alle Spatzen sind Vögel.
K: Einige Spatzen sind keine Pflanzen.

(d)
P1: Einige A sind keine C.
P2: Alle A sind B.
K: Einige B sind keine C.

P1: Einige Vögel sind keine Pflanzen.
P2: Alle Vögel sind Spatzen.
K: Einige Spatzen sind keine Pflanzen.

## Fehler beim syllogistischen Schließen

Bis auf (b) handelt es sich bei allen Beispielen um gültige Schlüsse. Meist werden weniger Fehler gemacht, wenn wir unser Hintergrundwissen nutzen können, wenn Syllogismen also in konkreter Form dargeboten werden. Allerdings kann sich genau dies auch nachteilig auswirken. Wie fiel Ihr Urteil im Beispiel (b) aus? Sie wissen, dass einige Vögel zur Kategorie der Spatzen gehören und auch die Prämissen hören sich logisch an. Doch bedenken Sie, dass nur eine Kombination der Aussagen in den Prämissen genügt, die nicht mit der Konklusion vereinbar ist, um den Schluss zu falsifizieren.

Unser Hintergrundwissen kann zu systematischen Urteilsverzerrungen führen. So neigen Personen dazu, Konklusionen eher zu akzeptieren, wenn sie mit ihren eigenen Überzeugungen übereinstimmen. Die Prämissen finden dann weniger Beachtung. Dies ist auch der Fall, wenn Personen die Konklusion plausibel erscheint (siehe Beispiel (b)). Studien haben gezeigt, dass die Glaubhaftigkeit einer Konklusion die Wahrscheinlichkeit erhöht, dass diese akzeptiert oder produziert wird (*belief bias*, siehe Evans et al., 1983). Auch emotionale Faktoren erhöhen die Anfälligkeit für Fehler im syllogistischen Schließen. Achten Sie einmal bei hitzigen politischen Debatten darauf.

Fehlerquellen können auch in der Struktur des Syllogismus selbst liegen. So besagt die *Atmosphärenhypothese* (Begg & Denny, 1969), dass die Quantoren der Prämissen eine Atmosphäre schaffen, die sich auf die Beurteilung einer Konklusion auswirkt. So bewirken allgemein bejahende Prämissen (siehe Tabelle 9) eine Atmosphäre für einen Schluss der gleichen Form (allgemein bejahende Konklusion). Eine Atmosphäre für eine negative Konklusion wird gebildet, wenn eine oder beide Prämissen verneinend sind. Ähnlich verhält es sich mit partikulären Prämissen, die partikuläre Konklusionen nahelegen. Die Atmosphärenhypothese kann auch als Heuristik (siehe Kap. 3.4) beim syllogistischen Schließen betrachtet werden. In mehr als 75 % der unterschiedlichen möglichen Schlussfiguren führt sie zu einem validen Schluss.

Von Chapman & Chapman (1959) stammt die sog. *Konversionshypothese*, die sich auf Fehler beim korrekten Interpretieren der Prämissen bezieht. So kommt es bei der Interpretation der Prämissen zu Umkehrschlüssen, die nicht in jedem Fall zulässig sind. Während beispielsweise eine Konversion (Umkehrung) der Aussage ‚Einige A sind B' zulässig ist (‚Einige B sind A'), ist dies bei der Aussage ‚Alle A sind B' nicht der Fall. Die Umkehrung ‚Alle B sind A' ist falsch.

Zu einer fehlerhaften Interpretation der Prämissen kommt es auch, wenn ihre Quantoren missverstanden werden. Den Annahmen des Sprachphilosophen Paul Grice (1975) zufolge gehen Menschen implizit davon aus, dass der Gesprächspartner bestimmte Regeln der Konversation einhält (siehe auch Kap. 2.2.5). Eine dieser Regeln besagt, nur so viel Information zu geben, wie für den Zweck notwendig, eine andere Regel gebietet, jegliche Mehrdeutigkeit im Gesagten zu vermeiden. Wenn sich also eine Aussage auf alle Elemente der Menge bezieht, würden die Grice'schen Prinzipien nahelegen, den Begriff ALLE zu verwenden statt des mehrdeutigen Begriffs EINIGE. In der klassischen Logik bedeutet EINIGE jedoch „Für mindestens ein Element der Menge und maximal alle Elemente der Menge gilt".

Doch auch wenn Prämissen korrekt verstanden werden, kann es zu fehlerhaften Konklusionen kommen, einfach weil die Anforderung, jede Interpretation und Kombination der Prämissen zu berücksichtigen, unsere *Arbeitsgedächtniskapazität* überlastet. Das heißt, je mehr Regeln anzuwenden sind, um von den Prämissen zur Konklusion zu gelangen, desto größer ist die Fehleranfälligkeit.

**(b) Konditionales Schließen – Schließen mit Junktoren**
Stellen Sie sich folgendes Gespräch vor. Sie sind dabei, sich von Ihrem Gesprächspartner zu verabschieden. Er wünscht Ihnen einen schönen Tag und Sie sagen: „Nun, wenn die Sonne scheint, bin ich fröhlich." Ihr Gesprächspartner sagt daraufhin: „Aber vom Sonnenschein sollten Sie Ihre gute Laune nicht abhängig machen!" Sie stutzen, denn Sie sind generell ein fröhlicher Mensch, den nicht nur die Sonne glücklich macht. Warum hat Ihr Gesprächspartner Sie missverstanden?

Sie sehen, selbst für den Alltag kann es hilfreich sein, sich mit schlussfolgerndem Denken und den Gesetzen der Logik auszukennen. Ihr Gesprächspartner hat nämlich Ihre konditionale Aussage „Wenn die Sonne scheint, bin ich fröhlich." bikonditional interpretiert. Warum dies keine gültige Implikation ist, zeigt der folgende Abschnitt.

Das konditionale Schließen (= bedingtes Schließen) ist Teil der Aussagenlogik. Die Aussagenlogik definiert allgemeine Gesetze für die Anwendung von Operatoren (sog. Junktoren) auf Aussagen. Solche Operatoren sind Verknüpfungen der Form NICHT, UND, ODER, WENN-DANN, GENAU DANN – WENN.

Am häufigsten wurde das Schließen mit WENN-DANN-Aussagen untersucht. Wie beim Schließen mit kategorialen Syllogismen, wird eine Konklusion aus zwei Prämissen abgeleitet. Die erste Prämisse besteht aus einem Konditionalsatz, der die Aussagen p und q durch eine Implikation verknüpft.

> Wenn p, dann q.

> Wenn die Sonne scheint, bin ich fröhlich.

Die erste Aussage (p) wird als Antezedens, die zweite Aussage (q) als Konsequenz bezeichnet.

Die zweite Prämisse enthält eine Bestätigung oder Negation von p oder q. Die Konklusion bezieht sich auf die jeweils andere Aussage (p oder q) oder deren Negation.

Aus den Wahrheitswerten der Aussagen p und q ergibt sich der Wahrheitswert der Gesamtaussage. Die Wahrheitswerttabelle zeigt die Wahrheitswerte für die Implikation in Abhängigkeit von den Wahrheitswerten der Aussagen.

Eine Implikation kann im formallogischen Sinne nur dann falsch sein, wenn das Antezedens eintritt (p also wahr ist), die Konsequenz aber nicht (q also falsch ist).

Betrachten wir dazu oben genanntes Beispiel: „Wenn die Sonne scheint, bin ich fröhlich." Wenn es eine Situation gibt, in der die Sonne scheint, ich aber nicht fröhlich bin, dann ist die Implikation falsch (3). Alle anderen Varianten sind möglich: (1) Die Sonne scheint und ich bin fröhlich, (3) die Sonne scheint nicht, ich bin aber dennoch fröhlich und auch der Fall, dass die Sonne nicht scheint und ich nicht fröhlich bin (4).

*Tabelle 10*     Wahrheitswerttabelle für die Implikation (wenn p, dann q)

|   | p | q | **wenn p, dann q** |
|---|---|---|---|
| 1 | wahr | wahr | wahr |
| 2 | wahr | falsch | falsch |
| 3 | falsch | wahr | wahr |
| 4 | falsch | falsch | wahr |

Häufig werden Fehler gemacht, weil die Implikation WENN-DANN nicht als eindeutige Beziehung sondern als eineindeutige Beziehung aufgefasst wird, die dem Junktor der Äquivalenz entsprechen würde (GENAU DANN-WENN). Für das oben genannte Beispiel hieße das: „Wenn die Sonne scheint, dann und nur dann bin ich fröhlich." Dies würde den Wahrheitswert für den Fall (3) verändern: Dass die Sonne nicht scheint, ich aber dennoch fröhlich bin, wäre unter der Bedingung der Äquivalenz nicht möglich.

Mit Hilfe von Wahrheitswertetafeln[12] kann die Gültigkeit konditionaler Schlüsse geprüft werden. Aus den in Tabelle 10 dargestellten Wahrheitswerten lassen sich die folgenden Schlussfiguren für die Implikation ableiten. Nur zwei von ihnen führen zu einem Schluss, der mit den Regeln der formalen Logik vereinbar ist[13].

(a)
> P1: Wenn die Sonne scheint, bin ich fröhlich.
> P2: Die Sonne scheint.
> K: Ich bin fröhlich.

> bestätigtes
> Antezedens
> **modus ponens**

(b)
> P1: Wenn die Sonne scheint, bin ich fröhlich.
> P2: Ich bin nicht fröhlich.
> K: Die Sonne scheint nicht.

> negierte
> Konsequenz
> **modus tollens**

(c)
> P1: Wenn die Sonne scheint, bin ich fröhlich.
> P2: Ich bin fröhlich.
> K: Die Sonne scheint.

> bestätigte
> Konsequenz
> Abduktion

(d)
> P1: Wenn die Sonne scheint, bin ich fröhlich.
> P2: Die Sonne scheint nicht.
> K: Ich bin nicht fröhlich.

> negiertes
> Antezedens

---

[12] Wahrheitswertetafeln für die Junktoren NICHT (Negation), UND (Konjunktion), ODER (Disjunktion) finden sich beispielsweise bei Funke (2006).
[13] Die Gültigkeit einer Schlussfolgerung ist dabei unabhängig davon, ob sie inhaltlich korrekt oder nachvollziehbar ist.

Gültige Schlüsse stellen (a) modus ponens und (b) modus tollens dar. Beim modus ponens wird vorwärts vom Antezedens p auf die Konsequenz q geschlossen (im Alltag am häufigsten). Beim modus tollens wird rückwärts aus der Negation der Konsequenz q auf die Negation des Antezedens p geschlossen. Aus dem modus ponens wird in der Regel der korrekte Schluss gezogen, der modus tollens hingegen erweist sich als schwieriger, da er meist kontraintuitiv ist. Nicht zulässig (da nicht wahrheitserhaltend) sind Schlüsse der Figuren (c) und (d):

(c) aus der Bestätigung der Konsequenz q auf das Antezedens p schließen (Abduktion)

(d) aus der Negation des Antezedens p auf die Negation der Konsequenz schließen.

Die konditionale Aussage „Wenn A, dann B" wird bikonditional interpretiert („Wenn B, dann A"). Gleiches gilt für die Negierung. Diese Schlüsse sind nur unter der Äquivalenzbedingung gültig.

**Fehler beim konditionalen Schließen**
Bei der *Wahlaufgabe von Wason* („Wason Selection Task"; Wason, 1966) gilt es, anhand von 4 Karten eine Wenn-dann-Hypothese zu prüfen (siehe Abb. 26): „Wenn auf der Vorderseite einer Karte ein Vokal steht, steht auf der Rückseite eine gerade Zahl." Die Aufgabe besteht darin, die (und nur die) Karten umzudrehen, mit denen sich die Gültigkeit der Hypothese prüfen lässt. Die Karten zeigen die vier logisch möglichen Fälle p, nicht p, q und nicht q. Die Vokale sind „p", dementsprechend sind die Konsonanten „nicht p". Die geraden Zahlen sind „q", dementsprechend sind die ungeraden Zahlen „nicht q". Wenn p wahr ist und die Implikation wahr ist, dann ist auch q wahr (modus ponens). Zur Prüfung muss also die Karte E (p) umgedreht werden. Wenn auf der Rückseite keine gerade Zahl steht, ist die Regel widerlegt. Außerdem muss die Karte 7 (nicht q) umgedreht werden, um festzustellen, ob auf der Rückseite ein Konsonant steht: Wenn nicht q, dann auch nicht p (modus tollens). Das Umdrehen der Karten T (nicht p) und 4 (q) erbringt keine neuen Informationen in Bezug auf die Gültigkeit der Implikation: Was auch auf den jeweiligen Rückseiten steht, die Regel wird nicht widerlegt.

Die meisten Personen, denen diese Aufgabe vorgelegt wird, drehen entweder nur die Karte E um oder die Karten E und 4. Warum? Eine mögliche Erklärung ist die Annahme des sog. *matching bias* (Evans et al., 1993), der erklärt, weshalb die Karte 4 (q) so häufig fälschlicherweise umgedreht wird:

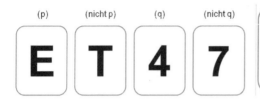

*Abbildung 26*    Wason selection task

Versuchspersonen bevorzugen die Karten, die explizit in der Regel genannt werden. Für den Effekt des matching bias spricht auch, dass Versuchspersonen zu deutlich besseren Ergebnissen gelangen, wenn man die Regel negativ formuliert: Wenn auf der Vorderseite ein Vokal steht, steht auf der Rückseite keine ungerade Zahl. Allerdings gilt diese Erklärung nur für den Fall, dass die Negation in der Konsequenz, also im hinteren Glied der Implikation liegt. Tritt die Negation im Antezedens auf, wird dennoch die Karte E umgedreht (nach der Prognose des *matching bias* müsste es die Karte T sein). Bei einer Implikation scheint also die Aufmerksamkeit vor allem auf dem Antezedens zu liegen.

Wason & Johnson-Laird (1972) gehen davon aus, dass nur bestätigende Informationen als relevant erachtet werden (Karte E und Karte 4). Das heißt, es wird nicht nach falsifizierender, sondern nach bestätigender Information gesucht. Diese Fehlertendenz wird auch als *Bestätigungstendenz* bezeichnet *(confirmation bias)*. Dagegen spricht allerdings, dass sich die Ergebnisse selbst dann nicht verbessern, wenn man Versuchspersonen mitteilt, dass es darum geht, die Regel zu widerlegen (siehe auch Chater et al., 2005).

Selbst im abstrakten Denken geübte Versuchspersonen wie Mathematiker oder Physiker haben Schwierigkeiten mit der abstrakten Version der Wason Selection Task. Griggs & Cox (1982) untersuchten, inwieweit Inhaltseffekte eine Rolle spielen. Sie stellten fest, dass die Lösungsquote sich deutlich erhöhte, wenn das zu beurteilende Material bedeutungshaltig war (siehe Abb. 27).

*Abbildung 27*    Wason selection task mit bedeutungshaltigem Material

Den Probanden wurden die in Abbildung 27 dargestellten vier Karten vorgelegt. Sie sollten diejenigen Karten auswählen, die umgedreht werden müssen, um die Regel zu prüfen. Konkret formuliert hieß dies, die Personen auszuwählen, über die mehr Informationen benötigt werden, um sicherzugehen, dass die Regel eingehalten wird. Wie im abstrakten Beispiel müssen die Karten „p" („trinkt Bier") und „nicht q" („ist 16 Jahre alt") umgedreht werden. Etwa drei Viertel der Probanden lösten die Aufgabe korrekt. Griggs und Cox argumentierten, dass bei der Lösung solcher konkret formulierten logischen Denkaufgaben Vertrautheitseffekte eine wesentliche Rolle spielen und konkrete Inhalte an ähnliche Probleme und deren Lösung erinnern (*memory cueing*). Dazu passen auch andere Untersuchungsergebnisse, in denen sinnfreie Regeln dargeboten wurden. Hier verbesserte sich die Lösungsquote nicht (siehe Manktelow & Evans, 1979).

Allerdings lassen sich für solche Inhaltseffekte auch andere Erklärungen heranziehen. Nach Cheng und Holyoak (1985) ist nicht die spezifische Vorerfahrung für die Leistungsverbesserung entscheidend, sondern die Aktivierung pragmatischer Inferenzschemata, die im Laufe des Lebens erlernt werden. Wenn es beispielsweise um Situationen/Handlungen geht, die an bestimmte Voraussetzungen geknüpft sind, wird ein sog. Erlaubnisschema aufgerufen (z. B. „Wenn eine Handlung X ausgeführt werden soll, dann muss die Bedingung Y erfüllt sein.").

### 3.2.2 Induktives Schließen

Sehr allgemein formuliert lassen sich unter dem induktiven Schließen alle Inferenzprozesse zusammenfassen, die mit Unsicherheit behaftet sind. Es handelt sich dabei um Schlüsse vom Konkreten auf das Allgemeine und Abstrakte: Aus einer endlichen Menge von Beobachtungen wird – zumindest vorläufig – auf allgemeine Zusammenhänge geschlossen.

Induktive Schlüsse sind im Gegensatz zu deduktiven Schlüssen *nicht* wahrheitserhaltend (nicht zwingend), da sie nur mit einer gewissen Wahrscheinlichkeit wahr sind. Induktive Schlüsse gelten so lange, wie kein Gegenbeispiel gefunden wurde. Induktion ist wahrheitserweiternd, da sie den semantischen Informationsgehalt der Prämissen erhöht.

In Anlehnung an ein Beispiel des berühmten Philosophen Karl Popper stellen Sie sich vor, Sie hätten bisher in Ihrem Leben nur weiße Schwäne gesehen. Dann werden Sie annehmen, dass alle Schwäne weiß sind.

Die Schlussfigur sieht wie folgt aus:

**P1:** Es gibt eine Teilmenge/Referenzklasse (die von Ihnen beobachteten Schwäne) einer Gesamtmenge (alle Schwäne).
**P2:** Die Elemente der Teilmenge besitzen die gleiche Eigenschaft X: Die von Ihnen beobachteten Schwäne sind weiß.
**Induktiver Schluss:** Alle Elemente der Gesamtmenge besitzen die Eigenschaft X: Alle Schwäne sind weiß.

Erst wenn Sie durch neue Information Kenntnis darüber erhalten, dass es auch schwarze Schwäne gibt, wird ihr induktiver Schluss falsifiziert. Popper nennt dies das Prinzip der Falsifikation[14].

Das induktive Schließen nutzen wir, wenn wir Hypothesen bilden und prüfen, wenn wir Zusammenhänge erschließen, Vorhersagen unter Unsicherheit treffen und mit subjektiven Wahrscheinlichkeiten operieren. Jede Generalisierung unserer Erfahrungen beruht auf dem Prinzip der Induktion. Dazu gehören das Ableiten allgemeiner Regeln ebenso wie die Begriffs- und Kategorienbildung. Es handelt sich also um eine komplexitätsreduzierende Fähigkeit, die es uns ermöglicht, uns in unserer Umwelt zu orientieren, indem Ereignisse eingeordnet und vorhergesagt werden können. Damit wird Verhaltenssicherheit in einer komplexen Welt geschaffen.

Im Folgenden soll ein Bereich des induktiven Schließens ausführlicher dargestellt werden: die *kategorienbasierte Induktion*.

Mit Hilfe von Kategorien lassen sich Objekte oder Ereignisse aufgrund ihrer Gemeinsamkeiten zusammenfassen. Die Fähigkeit zur Kategorisierung ermöglicht es uns, neue Erfahrungen mit bereits vorhandenem Wissen zu verbinden und für das aktuelle Handeln zu nutzen. Sehen wir bei einem Spaziergang einen Himbeerstrauch, wissen wir, dass die Früchte essbar sind. Können wir die Beeren keiner uns bekannten Kategorie zuordnen, werden wir eher die Finger davon lassen, da wir wissen, dass es Beerensorten gibt, die giftig sind. Deutlich wird an diesem Beispiel auch, dass wir die Möglichkeit haben, unsere Umwelt nach unterschiedlichem Allgemeinheitsgrad zu klassifizieren in Abhängigkeit von der jeweiligen Verhaltensorientierung. Unter Umständen genügt eine Zuordnung zur Kategorie „essbar".

---

[14] Das Falsifikationsprinzip wurde vom Philosophen Karl Popper (1902–1994) im Rahmen seiner wissenschaftstheoretischen Arbeit formuliert. Da aus empirisch gewonnenen Erfahrungen nur induktiv auf allgemeine Gesetzmäßigkeiten geschlussfolgert werden kann, kann es nach Popper nie eine endgültige Bestätigung (Verifikation) einer Theorie geben. Das Falsifikationsprizip verlangt, dass Theorien/Hypothesen so formuliert sein müssen, dass sie einer empirischen Prüfung zugänglich und prinzipiell widerlegbar sind.

Aus kognitionspsychologischer Sicht stellt sich die Frage, aufgrund welcher und wie vieler Beobachtungen oder einzelner Information Menschen Generalisierungen vornehmen, welche Prozesse dem sog. kategorienbasierten Schließen zugrunde liegen. Kategorienbasierte Induktion bezeichnet die Übertragung von Eigenschaften/Merkmalen von Kategorienmitgliedern auf andere bzw. alle Mitglieder dieser oder einer verwandten bzw. übergeordneten Kategorie (siehe Proffitt et al., 2000).

Tabelle 11 zeigt die drei Arten kategorienbasierter Generalisierungen. Im Fall (1) handelt es sich um den Schluss von einem Objekt auf die Kategorie, der dieses Objekt angehört. Die Verallgemeinerung bezieht sich also auf die Mitglieder derselben Kategorie. Fall (2) beschreibt die Übertragung von Eigenschaften einer Kategorie auf eine verwandte Kategorie. Diese Verwandtschaft ist dadurch gekennzeichnet, dass sie sich bezüglich ihrer Mitglieder nicht überschneiden, jedoch jeweils Teilmengen einer gemeinsamen übergeordneten Kategorie darstellen. Im Fall (3) wird von verwandten Kategorien auf eine übergeordnete Kategorie geschlossen.

Mit der im ersten Fall beschriebenen Art kategorienbasierter Verallgemeinerungen haben sich Nisbett et al. (1983) beschäftigt. Sie prüften in ihren Experimenten, inwieweit Eigenschaften/Merkmale generalisiert werden in Abhängigkeit von Art und Anzahl beobachteter Exemplare. Folgendes stellten sie fest: Je geringer die angenommene Variabilität der entsprechenden Referenzklasse ausfiel, desto weniger Beobachtungen waren erforderlich, um eine Eigenschaft auf andere Exemplare derselben Spezies zu übertragen. Stellen Sie sich vor, Sie begegnen auf einer unbekannten Insel einem Einwohner mit dunkler Hautfarbe, der dickleibig ist. Für wie wahrscheinlich halten Sie es, dass auch andere Einwohner der Insel dunkelhäutig sind und wie hoch

*Tabelle 11*    Arten kategorienbasierter Induktion

| | Prämisse | Konklusion |
|---|---|---|
| (1) | Diese Erdbeere ist süß. | Alle Erdbeeren sind süß. |
| (2) | Alle Erdbeeren sind süß | Alle Himbeeren sind süß. |
| (3) | Erdbeeren und Himbeeren sind süß. | Alle Früchte sind süß. |

schätzen Sie die Wahrscheinlichkeit, dass auch andere Einwohner dickleibig sind? Vermutlich meinen Sie eher, dass die anderen Einwohner auch dunkelhäutig sind als dass sie annehmen, sie seien ebenfalls dickleibig. Wie hoch die angenommene Variabilität der Referenzklasse in Bezug auf eine Eigenschaft ist, hängt ganz wesentlich davon ab, inwieweit Personen ihr Wissen über beteiligte Konzepte nutzen können. So hängt die Annahme, dass das Merkmal „Hautfarbe" eine höhere Konstanz aufweist als das Merkmal „Gewicht" (und deshalb schneller verallgemeinert werden kann), mit dem Kausalwissen über die genetische Bedingtheit der Hautfarbe zusammen. Eine entscheidende Rolle dafür, inwieweit Eigenschaften und Merkmale generalisiert werden, spielt also das Vorwissen über ähnliche Situationen und Konstellationen.

Jedoch sind wir auch unabhängig von unserem Wissen über spezifische Eigenschaften bereit, Generalisierungen vorzunehmen, nämlich dann, wenn wir imstande sind, Beziehungen zwischen den in Frage kommenden Kategorien herzustellen.

Wovon aber hängt nun die Bereitschaft ab, unbekannte Merkmale und Eigenschaften einer Kategorie auf übergeordnete oder verwandte Kategorien zu übertragen? Untersuchungen zum kategorienbasierten Schließen zeigen, dass die Ähnlichkeitsbeziehungen zwischen Kategorien und ihren Elementen eine wichtige Rolle spielen. Das Similarity-Coverage-Modell von Osherson et al. (1990) postuliert zwei Einflussfaktoren für die Schätzung der Plausibilität einer Konklusion (induktiver Schluss auf die Zielkategorie) aus den gegebenen Prämissen: Similarity und Coverage.

*Similarity* bezeichnet die Ähnlichkeit zwischen der Prämissenkategorie und der Konklusionskategorie. Je ähnlicher sich beide Kategorien sind, desto eher übertragen wir Eigenschaften und Merkmale der Prämissenkategorie auf die Konklusionskategorie (Beispiel A).

*Coverage* bezeichnet den Bereich der Konklusionskategorie, der durch die Prämissenkategorie(n) abgedeckt wird. Coverage lässt sich auch auffassen als die Ähnlichkeit zwischen der Prämissenkategorie und den Mitgliedern der niedrigsten Kategorie, die sowohl die Prämissen- als auch die Konklusionskategorie umfasst. Sowohl Typikalitäts- als auch Diversitätseffekte können über die Komponente Coverage erklärt werden. Die Typikalität drückt aus, wie charakteristisch die Prämissenkategorie für eine übergeordnete Konklusionskategorie ist. Von einem typischen Vertreter werden eher Eigenschaften übertragen als von einem untypischen Vertreter (Beispiel B). Diversität bezeichnet jenen Bereich der Konklusionskategorie, der die Prämissenkategorien insgesamt umfasst. Das heißt, je unähnlicher sich die Prämissenkategorien sind, desto höher fällt die Diversität aus und desto wahrscheinlicher sollte der Schluss von den Prämissenkategorien auf die Konklusionskategorie sein (Beispiel C).

Zur Prüfung dieser Einflussfaktoren legt man Versuchspersonen Argumente vor. Diese bestehen aus einer oder mehreren Prämissen und einer Konklusion. Eine Prämisse ist eine Aussage über eine Kategorie, der eine Eigenschaft zugeordnet wird. Dabei handelt es sich um sog. ‚blank'-Eigenschaften, also leere (den Probanden unbekannte) Eigenschaften oder Merkmale (z. B. die Empfindlichkeit gegenüber einer bestimmten Krankheit). Damit wird gesichert, dass tatsächlich kategorienbasierte Inferenzprozesse abgebildet werden und nicht lediglich Kenntnisse abgerufen werden. Die Konklusion stellt eine Aussage über die Zielkategorie dar, auf die die in den Prämissen genannten Eigenschaften übertragen werden. Die Probanden sollen nun die Plausibilität des Schlusses auf die Konklusionskategorie (die Argumentstärke) beurteilen.

Das Similarity-Coverage-Modell macht recht präzise Prognosen über die Schätzung der Argumentstärke in Abhängigkeit der beiden Faktoren Similarity und Coverage. Die folgenden Beispiele veranschaulichen diese Vorhersagen:

**Beispiel A:** *Mäuse haben die Eigenschaft X. Hunde haben die Eigenschaft Y. Haben Eichhörnchen eher die Eigenschaft X oder Y?*

Das Similarity-Coverage-Modell sagt hier voraus, dass eher die Eigenschaft X gewählt wird, da Mäuse und Eichhörnchen eine größere Ähnlichkeit (Similarity) aufweisen als Hunde und Eichhörnchen.

**Beispiel B:** *Amseln haben das Enzym X, Pinguine haben das Enzym Y. Haben alle Vögel eher das Enzym X oder Y?*

Das Similarity-Coverage-Modell sagt hier voraus, dass das Argument „Amseln" stärker ist als das Argument „Pinguine" (also wird in der Schlussfolgerung auf alle Vögel mit höherer Wahrscheinlichkeit das Enzym X gewählt), weil Amsel ein typischerer Vertreter der Kategorie Vögel darstellt als Pinguin.

Besonders interessant sind Fälle kategorienbasierter Induktion, für die das Similarity-Coverage-Modell Vorhersagen trifft, die der Intuition widersprechen. Dies sind insbesondere Schlüsse, die auf die Diversität zwischen Kategorien abzielen.

**Beispiel C:** *Löwen und Tiger haben eine Überempfindlichkeit gegenüber der Krankheit X. Löwen und Elefanten haben eine Überempfindlichkeit gegenüber der Krankheit*

*Y. Haben alle Säugetiere eher eine Überempfindlichkeit gegenüber der Krankheit X oder Y?*

Nach dem Similarity-Coverage-Modell wird das Argument „Überempfind-lichkeit gegenüber Krankheit Y" höher gewichtet, weil Löwen und Elefanten gemeinsam einen größeren Bereich der Konklusionskategorie abdecken (also eine höhere Diversität besitzen) als Löwen und Tiger.

Mit Hilfe des Similarity-Coverage-Modells lassen sich auch fehlerhafte Induktionsschlüsse wie der folgende erklären. Zu beurteilen ist, welche der beiden Konklusionen in Bezug auf die Prämisse *„Rotkehlchen haben eine Eigenschaft X"* plausibler ist: *„Alle Vögel haben die Eigenschaft X"* oder *„Alle Strauße haben die Eigenschaft X"*. Die meisten Probanden halten die erste Konklusion für plausibler, obgleich eine Eigenschaft, wenn sie bei allen Vögeln vermutet wird, auch bei jeder untergeordneten Kategorie (wie Straußenvögeln) plausibel sein sollte. Das Similarity-Coverage-Modell erklärt diesen Effekt durch die unterschiedliche Typikalität der Kategorienvertreter „Rotkehlchen" und „Strauß" und die Unähnlichkeit beider Vertreter zueinander. Es gibt allerdings auch Effekte (z. B. Ausnahmen vom Diversitätsprinzip), die sich mit Hilfe des Similarity-Coverage-Modells nicht erklären lassen (siehe Medin et al., 2003; Heit & Feeney, 2005).

Die Vorhersagekraft des Similarity-Coverage-Modells ist insbesondere dann hoch, wenn Personen über die entsprechende Wissensdomäne nur ge-ringe Kenntnis besitzen. Coley et al. (1999) stellten in ihren Untersuchungen fest, dass sich Experten beim kategorienbasierten Schließen in ihrem Wissens-gebiet eher von ihrem Kausalwissen als von Ähnlichkeitsbeziehungen leiten ließen. Das Vorwissen einer Person über die entsprechenden Kategorien kann demnach als weiterer Einflussfaktor für kategorienbasierte Induktion gelten.

Ein Aspekt, den das Similarity-Coverage-Modell nicht berücksichtigt, der jedoch außerhalb experimenteller Situationen beim kategorienbasierten Schließen bedeutsam ist, betrifft die Rolle der Prädikate, also der Merkmale und Eigenschaften, die es zu generalisieren gilt. Alle Annahmen des Modells beziehen sich auf die Objektkategorien selbst. Für die experimentelle Prü-fung ihres Modells wählten Osherson et al. (1990) als Prädikate ausschließlich Merkmale/Eigenschaften mit unspezifischem oder unbekanntem Inhalt (sog. leere Prädikate = ‚blank'-Eigenschaften, z. B. „Rotkehlchen haben eine höhere Kaliumkonzentration im Blut als Menschen." ebd. S. 186). Für die Einschät-zung der Plausibilität eines Schlusses können also nur die im Gedächtnis re-präsentierten Merkmale der Objekte einer Kategorie herangezogen werden (z. B. Schnabel, Federn, kann fliegen; siehe Heit, 2000). Osherson et al. (1990)

argumentieren, dass der Gebrauch leerer Prädikate es erlaubt, sich auf die Rolle von Kategorien in der Generalisierung von Prämissen auf die Konklusion zu konzentrieren, da das Ausmaß, in dem Personen die spezifischen verwendeten Eigenschaften beurteilen, minimiert wird. Dieser Ansatz ist insofern plausibel, als eine Beurteilung der zu übertragenden Eigenschaften/ Merkmale in das Gesamturteil der Generalisierbarkeit einfließen würde. Der Nachteil besteht allerdings darin, dass das Similarity-Coverage-Modell damit nur einen Teil der Phänomene kategorienbasierter Induktion erklären kann.

Ein zweiter Aspekt betrifft die Frage, ob es notwendig ist, den Einflussfaktor ‚Ähnlichkeit' zur Erklärung kategorienbasierter Induktion heranzuziehen. Osherson und Mitarbeiter beschreiben zwar, wie die Ähnlichkeit im Similarity-Coverage-Modell bestimmt wird, letztlich handelt es sich jedoch um eine recht unscharfe Dimension. Wie ‚Ähnlichkeit' zu definieren und zu erfassen ist, darüber gibt es in der Literatur sehr unterschiedliche Ansichten, die nur darin übereinstimmen, dass Merkmale der Kategorienelemente zum Vergleich herangezogen werden. Es ist davon auszugehen, dass die Gewichtung der Merkmale von sehr unterschiedlichen Faktoren abhängen. Zum einen natürlich von der Art der Merkmale selbst. Rips et al. (1973) schlagen eine Unterscheidung definierender (alle Elemente der Kategorie besitzen diese Merkmale) und charakterisierender (besonders typische Merkmale, die nicht alle Elemente der Kategorie besitzen) Merkmale vor. Die Gewichtung der Merkmale beim Ähnlichkeitsvergleich variiert jedoch auch mit dem Kontext und der Anforderung (Murphy und Medin, 1985), sowie der erfahrenen Kategorienzugehörigkeit (Rips, 1989) und dem Abstraktionsgrad (Klix, 1992).

Ein Modell, das die Ähnlichkeit auf eine einzige Dimension herunterbricht, ist das merkmalsbasierte Modell von Sloman (1993, Sloman & Lagnado, 2005), das lediglich die Merkmals-Überlappung (principle of feature coverage) zwischen Prämissen- und Konklusionskategorie betrachtet. Tatsächlich steht dieses Modell, das mit sehr reduzierten Annahmen auskommt, dem Erklärungswert des Similarity-Coverage-Modell in nichts nach.

### 3.2.3 Analoges Schließen

Was haben Autoreifen mit Katzpfoten gemein? Für uns vermutlich nicht sehr viel. Für Forscher im Bereich der Bionik hingegen eine ganze Menge. Reifen und Katzenpfoten bilden den Kontakt zum Untergrund. Eine Katzenpfote ist so beschaffen, dass sie sich während des schnellen Laufens verkleinert. Nimmt die Katze allerdings einen schnellen Richtungswechsel vor oder bremst abrupt ab, verbreitern sich ihre Pfoten. Die Kontaktfläche wird also größer, es wird mehr Kraft auf den Boden übertragen. An diesem Vorbild haben sich Reifenentwickler orientiert und Autoreifen konstruiert, die beim schnellen Fahren schmaler werden (weniger Reibung) und beim Bremsen breiter (bessere Bodenhaftung). Die Forscher haben sich des analogen Schließens bedient und aufgrund einer festgestellten Ähnlichkeit zwischen zwei Wissensbereichen eine Eigenschaft der Quelldomäne (Katzenpfote) auf eine Zieldomöne (Autoreifen) übertragen.

Unter einer Analogie versteht man die „relationale Verknüpfung von Gemeinsamkeiten zweier [...] Sachverhalte auf der Ebene ihrer Repräsentationen" (Strube et al., 1996). Analoges Schließen beinhaltet dementsprechend das Herstellen dieser Relation aufgrund einer erkannten bzw. konstruierten Ähnlichkeit zwischen zwei Wissensbereichen, also die Übertragung vorhandenen Wissens von einem bekannten Sachverhalt (Quelle) auf einen zumindest teilweise unbekannten anderen Sachverhalt (Ziel).

**Analogie-Aufgaben in Intelligenztests**

Die Fähigkeit, in Analogien zu denken, kommt uns auf vielfache Weise zugute, beispielsweise im Rahmen der Begriffsbildung (siehe Kapitel 2.2.4) und der Bildung von Schemata[15] oder für das Erschließen kausaler Zusammenhänge, aber auch, wenn es darum geht, komplexe Probleme zu bearbeiten (siehe Kapitel 3.3.2) oder kreative Lösungen zu entwickeln (siehe Kap. 3.5).

Das analoge Schließen gehört somit zu den grundlegenden kognitiven Fähigkeiten des Menschen und stellt damit ein wichtiges Merkmal menschlicher[16] Intelligenz dar. So ist nicht verwunderlich, dass sich die Intelligenzdiagnostik (siehe Sternberg, 1977) auch Aufgaben des analogen Schließens bedient[17]. Dabei geht es meist um das Zuordnen von Analogien, d. h. um die Auswahl

---

[15] Ähnlichkeiten zwischen unterschiedlichen Situationen zu erkennen, stellt die Grundlage der Bildung von Schemata – übergreifender Wissensstrukturen – dar. Die Fähigkeit, ähnliche Strukturen und ihre Relationen zu identifizieren und zu abstrahieren, schafft Entscheidungs- und Handlungssicherheit in neuen Situationen.

[16] Lediglich Schimpansen, die nächsten genetischen Verwandten des Menschen, sind – allerdings nur in begrenztem Maße – imstande, einfache Analogien zu erkennen (siehe Thompson & Oden, 1998; Oden et al., 2001).

[17] Entsprechend dem Intelligenzmodell von Cattell (1963) wird die Fähigkeit zur Analogieerkennung vor allem durch die sog. fluide Intelligenz bestimmt. Im Gegensatz zur kristallinen Intelligenz, die auf dem erworbenen Wissen beruht, bildet fluide Intelligenz Fähigkeiten wie das schlussfolgernde Denken oder Problemlösen ab. Interessante neurophysiologische Befunde (Pupillometrie und fMRT) zum Zusammenhang zwischen fluider Intelligenz und analogem Denken stellen van der Meer et al. (2010) und Preusse et al. (2010) vor.

desjenigen Begriffs unter verschiedenen Möglichkeiten, der eine Analogie korrekt vervollständigt. Ein Beispiel aus dem Intelligenz-Struktur-Test 2000 R (Liepmann et al., 2007): *Wald : Bäume = Wiese : ?* Zur Auswahl stehen folgende Begriffe: a) Gräser, b) Heu, c) Futter, d) Grün, e) Weide. Voraussetzung für das Lösen der Aufgabe ist die Kenntnis der Begriffe und relevanter Relationen. In diesem Fall gilt es, die Teil-Ganzes-Relation zwischen „Wald" und „Bäume" zu erkennen und auf den zu ergänzenden Teil der Aufgabe zu beziehen. So lautet das korrekte Ergebnis: *Wald : Bäume = Wiese : Gräser.*

Im Allgemeinen beziehen sich Analogie-Aufgaben in Intelligenztests auf semantische Relationen. Auch die Analogie-Forschung befasst sich vor allem mit Prozessen des Auffindens und Bildens von Analogien, deren Wissensbereiche sich durch strukturelle und/oder inhaltliche Ähnlichkeiten auszeichnen. Analogien können jedoch auch aufgrund vollkommen anderer, z. B. rein lexikalischer Merkmale gebildet werden. Stellen Sie sich vor, Sie erhalten folgende Aufgabe[18]: *Schande : Elefant = Eiweiß : ?* a) Kapelle, b) Gelb, c) Bienen, d) Freundschaft. Die korrekte Antwort ist c) Bienen. Die Regel, nach der in diesem Fall die Übertragung erfolgen muss, ist die jeweilige Passung der Buchstabenanzahl in beiden Teilen der Analogie. In diesem Fall hindert uns unser Vorwissen daran, die richtige Lösung zu entdecken.

### Analoges Problemlösen

Davon abgesehen, dass Vorwissen den Abruf geeigneter Informationen zur Analogiebildung verhindern kann, interessiert die Frage, wie Menschen ihr Wissen aus bekannten Domänen auf neue Problemstellungen anwenden, aber auch, warum sie vorhandenes Wissen nicht oder nicht in angemessener Weise auf neue Situationen übertragen, also für die Analogiebildung nutzen können.

Wie bereits erwähnt, kann sich die Ähnlichkeit zwischen Quell- und Zieldomäne auf strukturelle und/oder inhaltliche bzw. oberflächliche Gemeinsamkeiten beziehen. *Strukturelle Ähnlichkeit* bezieht sich auf die Tiefenstruktur, die Ähnlichkeit der Relationen innerhalb der Problembereiche. Inhaltliche Ähnlichkeit zwischen Quell- und Zielbereich wird auch als *Oberflächenähnlichkeit* bezeichnet und bezieht sich auf die Ähnlichkeit von Eigenschaften und Merkmalen zwischen den Problembereichen. Für einen erfolgreichen analogen Transfer ist allerdings die strukturelle Ähnlichkeit zwischen Quell- und Zielbereich entscheidend.

---

[18] übersetzt und für die deutsche Sprache adaptiert: aus Pretz et al., 2003 (nach dem Concept Mastery Test von Terman, 1950)

Im Allgemeinen fällt es Menschen leichter, strukturelle Ähnlichkeiten zu erkennen, wenn die Ähnlichkeit auch oberflächlicher Natur ist (siehe Holoyak &
Koh, 1987; Gentner, 2003; Gentner et al., 2009). Das heißt, die zwischen Quell-
und Zieldömäne zu übertragende Eigenschaft oder Relation impliziert neben
einer strukturellen, auch eine (und für die Analogieerkennung häufig entscheidende) inhaltliche Ähnlichkeit. Dies ist der Fall, wenn Quell- und Zieldomäne
aus demselben Wissensgebiet stammen. Man spricht hier vom sog. „fallbasier-
ten Schließen". Jedes Lernen an Beispielen, ob im Mathematik-Unterricht oder
der medizinischen Ausbildung, beinhaltet fallbasiertes Schließen.

Schwieriger gestaltet sich das Erkennen und Nutzen von Analogien, wenn
Quell- und Zieldomäne unterschiedlichen Wissensbereichen entstammen
und sich die Ähnlichkeit ausschließlich auf strukturelle Gemeinsamkeiten
bezieht. Sehr anschaulich zeigen dies die Ergebnisse einer Studie von Gick &
Holyoak (1980). Ihre Versuchspersonen erhielten eine adaptierte Version des
sog. „Strahlenproblems", das Duncker (1935) nutzte, um kognitive Prozesse
beim Problemlösen zu analysieren:

Der Magentumor eines Patienten soll durch Bestrahlung entfernt werden.
Die Wirksamkeit der Bestrahlung hängt dabei von ihrer Intensität ab: Nur eine
hohe Bestrahlungsintensität garantiert eine Zerstörung des Tumors, allerdings
auch des übrigen Gewebes, das mit solch intensiver Strahlung in Berührung
kommt. Wie kann nun der Tumor durch Bestrahlung zerstört und gleichzeitig
das gesunde Gewebe erhalten werden?

Einem Teil der Versuchspersonen wurde zuvor eine Geschichte über einen
General vorgelegt, der eine Festung stürmen will. Da die Wege zur Festung
vermint sind, können sich nur wenige Personen gefahrlos auf ihnen bewegen.
Deshalb teilt der General seine Truppe auf die verschiedenen Wege auf, so
dass sie gleichzeitig, aber aus unterschiedlichen Richtungen kommend, die
Burg stürmen können.

Diese Geschichte lässt sich als Quelldomäne für das zu lösende Problem
nutzen, vorausgesetzt, es wird die (ausschließlich) strukturelle Ähnlichkeit
beider Situationen erkannt: Ein bestimmtes Ziel (*Zerstörung des Tumors – Ein-
nehmen der Festung*) kann nur erreicht werden, wenn Kräfte (*Strahlung – Truppen*)
aufgrund von Beschränkungsbedingungen (*Minen auf den Wegen – Erhaltung
gesunden Gewebes*) zunächst geteilt und anschließend gebündelt werden. Auf
das Strahlungsproblem übertragen, besteht also die Lösung darin, Strahlungen von geringerer Intensität aus verschiedenen Richtungen auf den Tumor
zu lenken. Dort bündeln sich die Strahlungen und erreichen die notwendige
Intensität zur Zerstörung des Tumors.

Ohne vorherige Präsentation der Geschichte kam kaum ein Proband auf diese Lösung. Personen, die die Geschichte vom General zuvor gelesen hatten, entwickelten tatsächlich vermehrt analoge Lösungen für das Strahlungsproblem – allerdings erst, nachdem sie den Hinweis erhalten hatten, dass die Geschichte für die Lösung des Problems hilfreich sei! Die Schwierigkeit bestand also weniger darin, die vorgegebene Analogie zu nutzen, sondern vor allem zu erkennen, dass diese überhaupt als sinnvolle Quelle fungieren kann. Gick & Holyoak schreiben hier der Art der Analogierepräsentation, insbesondere der räumlichen Repräsentation eine wesentliche Bedeutung zu. Dass die Art der Repräsentation und ein erfolgreicher Wissenstransfer im Zusammenhang stehen (siehe Gentner et al., 2009; Loewenstein, 2010), zeigen unter anderem Vergleichsstudien zwischen Experten und Novizen (z. B. Novick, 1988).

Zwei zentrale Prozesse kennzeichnen den analogen Transfer von Wissen aus einer Quelldomäne auf die Zieldomäne:

- der *Abruf (retrieval)* einer oder mehrerer (geeigneter) Quellsituationen aus dem Gedächtnis und
- die *Abbildung (Mapping)* zwischen Quell- und Zielrepräsentation: das Herstellen einer Beziehung zwischen Quelle und Ziel, die Suche nach Korrespondenzen zwischen den Elementen der Wissensstrukturen.

Die damit verbundenen Herausforderungen betreffen insbesondere:

- das *Auffinden* einer geeigneten Quelle, die sinnvoll auf den Zielbereich angewendet werden kann,
- das *Erkennen ähnlicher Strukturen*, wenn Quelle und Ziel nicht derselben Wissensdomäne angehören,
- das *Erkennen und Abstrahieren relevanter Relationen* für die Abbildung (den „eigentlichen" analogen Transfer) von Quell- und Zielbereich bei gleichzeitiger Ausblendung irrelevanter Relationen.

Eine wesentliche Voraussetzung für den analogen Transfer stellt also zunächst das *Erkennen* einer Ähnlichkeit[19] zwischen zwei Wissensdomänen dar. Die Suche nach einer geeigneten Quelle gleicht einer Suche nach Hinweisreizen

---

[19] Anzumerken ist hier, dass Ähnlichkeit nicht „an sich" existiert (siehe Kap. 3.2.2), sondern abhängt von der Anzahl und der Gewichtung gemeinsamer und unterschiedlicher Merkmale (siehe Tversky, 1977), wobei die Gewichtung u. a. mit dem Kontext und der Anforderung variiert.

(salienten Merkmale) in unserem Gedächtnis. Verschiedene experimentelle Studien (z. B. Gentner et al., 1993, Markman & Gentner, 1993) legen nahe, dass Personen sich dabei vor allem zunächst an Oberflächenmerkmalen orientieren. Dies ist insofern plausibel, als oberflächliche Merkmale und Eigenschaften sich auf verfügbares Wissen sowohl im Quell- als auch im Zielbereich beziehen. Die tieferliegenden Strukturbeziehungen sind hingegen meist nur für die Quelldomäne bekannt, innerhalb der Zieldomäne jedoch nicht oder nicht in ausreichendem Maße, so dass u. U. Kriterien fehlen, anhand derer ein Strukturvergleich erfolgen könnte. Welche Merkmale salient werden, hängt auch von der Art der Informationspräsentation ab: Die Ergebnisse der Untersuchungen von Clement et al. (1994) zeigten, dass der analoge Abruf erleichtert wird, wenn gleiche oder synonyme Begriffe zur Kennzeichnung der Beziehung zwischen Elementen (z. B. *essen* und *verzehren*) verwendet wurden.

Meist beziehen sich Untersuchungen zum Analogieabruf darauf, inwieweit eine zuvor dargebotene Quelle für die Lösung eines vorgegebenen Problems erfolgreich genutzt wird. Die Frage danach, wie Menschen in realen Situationen eine geeignete Quelle auffinden bzw. auswählen, bleibt dabei unberücksichtigt. Blanchette & Dunbar (2000) sowie Dunbar (2001) kritisieren den o. g. experimentellen Zugang (*reception paradigma*)[20] und argumentieren, dass Menschen in realen Situationen durchaus Strukturmerkmale zur Analogiebildung heranziehen. Sie verweisen darauf, dass Menschen im Alltag auf sehr viel umfangreichere Repräsentationen möglicher Analogiequellen zurückgreifen können als in einer experimentellen Situation, in der eine zu nutzende Quelle schriftlich dargeboten wird.

Mit ihrer Kritik verdeutlichen Blanchette und Dunbar einen weiteren bedeutsamen Aspekt: Analogiebildung findet immer zu einem bestimmten *Zweck* statt und gestaltet sich in Abhängigkeit vom jeweiligen *Kontext*. So stellte Dunbar (2001) beispielsweise fest, dass Wissenschaftler zur Behebung experimenteller Probleme eher Analogien zu inhaltlich ähnlich gelagerten Problemen suchten, wenn sie jedoch neue Modelle oder Konzepte formulierten, strukturbasierte Analogien aus anderen Bereichen vorzogen. So erweist sich Analogiebildung als ein äußerst flexibles Instrument des menschlichen Denkens!

Wir stellen fest: Oberflächliche Ähnlichkeit zwischen Quell- und Zielbereich kann den Abruf einer geeigneten Quelle erleichtern (u. U. aber auch behindern, wenn oberflächliche Merkmale eine strukturelle Ähnlichkeit nahe-

---

[20] Blanchette & Dunbar (2000) schlagen stattdessen ein sog. Produktionsparadigma vor, bei denen Personen zu einem vorgegebenen Problem selbst Analogiequellen erzeugen/auffinden sollen.

legen, die nicht vorhanden ist). Ob die ausgewählte Quelle geeignet ist, zeigt sich im Prozess der *Abbildung (Mapping)* des Zielbereichs auf den Quellbereich. Diesem Prozess liegt die Annahme zugrunde, dass zwei Probleme (bzw. Strukturen oder Sachverhalte), die sich in bestimmten (z. B. oberflächlichen) Aspekten ähneln, auch in anderen (z. B. strukturellen) Aspekten ähnlich sind. Man sucht also aufgrund bereits festgestellter Ähnlichkeiten nach weiteren Korrespondenzen zwischen den Strukturen beider Wissensbereiche. Im Vordergrund stehen jetzt vor allem die Struktureigenschaften von Quelle und Ziel. Diese können sich beispielsweise auf kausale Zusammenhänge beziehen.

Die sog. „Rutherford-Analogie", bei der ein analoger Vergleich zwischen der Atomstruktur und der Struktur des Sonnensystems erfolgt, ist ein Beispiel hierfür. Zum einen werden Objekte (Sonne – Atomkern) und Relationen (Planet umkreist Sonne – Elektron umkreist Atomkern) aufeinander abgebildet. Gentner (1983) bezeichnet diese Abbildungen in seiner *Structure Mapping Theory* als Abbildungen erster Ordnung. Zum anderen können kausale Zusammenhänge erschlossen werden (Kreisbewegung der Planeten aufgrund der Anziehungskraft der Sonne – Kreisbewegung des Elektrons aufgrund der Anziehungskraft des Atomkerns). Solche Schlussfolgerungen auf tieferliegende Zusammenhänge bezeichnet Gentner als Abbildungen zweiter Ordnung.

Verläuft der Abbildungsprozess erfolgreich, können die im Zielbereich bisher fehlenden Wissenselemente ergänzt (inferiert) werden und zur Lösung des aktuellen Problems verwendet werden. Dieser Aspekt verdeutlicht die wissenserweiternde Funktion des analogen Wissenstransfers. Analogiebildung führt jedoch nicht notwendigerweise zu richtigen Schlüssen (induktives Prinzip). Das heißt, das auf diese Weise erworbene Wissen besitzt zunächst immer hypothetischen Charakter und muss auf seine Gültigkeit (auch in Hinblick auf das Ziel der Analogiebildung) geprüft werden.

Die wissenserweiternde Funktion des analogen Schließens erstreckt sich jedoch nicht nur auf den unmittelbaren Wissenstransfer von einem Problem auf ein anderes. Das Auffinden struktureller Gemeinsamkeiten, das Inferieren von Wirkungszusammenhängen ist mit einer Abstraktionsleistung verbunden und impliziert damit die Möglichkeit, das Lösungsprinzip zu generalisieren, das heißt, bereichsübergreifende Wissensstrukturen – *generalisierte, abstrakte Schemata* – zu bilden (Schemainduktion), die wiederum als Quelle für neue, lediglich strukturähnliche Problemstellungen verwendet werden können.

Erinnern Sie sich an den Anfang dieses Kapitels? Im Bereich der Bionik wird die Erzeugung solcher generalisierten Schemata systematisch vorangetrieben, indem zur Lösung eines bestimmten Problems nicht mehr nur gezielt nach Analogien in der Natur gesucht wird, sondern systematisch Funktions-

prinzipien biologischer Systeme erforscht und beschrieben werden, um dann
nach Möglichkeiten technischer Anwendungen zu suchen.

## 3.3   Problemlösen

Nach Duncker (1935) entsteht ein Problem dann, wenn ein Ziel existiert, aber
kein Wissen darüber, wie es erreicht werden kann. Dies unterscheidet ein
Problem von einer Aufgabe. Bei einer Aufgabe sind die Methoden für deren
Bewältigung bekannt. Das Ausführen bekannter Operationen führt zur erwünschten Zustandsveränderung. Ob eine Situation eine Aufgabe oder ein
Problem beinhaltet, hängt also davon ab, über welches Vorwissen eine Person
verfügt, d. h. die gleiche Situation kann für eine Person eine Aufgabe, für eine
andere ein Problem darstellen. Einen Weg von A nach B zu finden, ist dann
ein Problem, wenn Sie weder über einen Stadtplan noch über Kenntnisse der
Verkehrsverbindungen verfügen.

Damit ist ein Problem gekennzeichnet durch drei definierende Komponenten:

a)  einen unerwünschten Ausgangszustand
b)  einen erwünschten Zielzustand
c)  eine Barriere, die die Überführung von a) in b) verhindert.

Die in c) beschriebene Barriere kann unterschiedlicher Art sein (nach Dörner,
1979):

- *Interpolationsbarriere*: Ausgangs- und Zielzustand sind bekannt. Auch die
  Mittel (Operatoren)[21] zur Transformation sind bekannt, doch es existiert
  eine zu große Anzahl an Operatoren bzw. an Kombinationsmöglichkeiten
  der Operatoren
- *Synthesebarriere*: Ausgangs- und Zielzustand sind bekannt, doch die Operatoren zur Transformation sind unbekannt (z. B. fehlendes Wissen)
- *Dialektische Barriere*: Der Ausgangszustand und die Operatoren sind bekannt, doch der Zielzustand ist unklar oder unscharf definiert.

---

[21] Mittel zur Transformation, auch Operatoren genannt (nach Dörner, 1979), sind Hand-
lungen/Problemlösungsschritte, die einen Problemzustand in einen neuen Zustand
transformieren.

• *Synthese- und dialektische Barriere:* Bekannt ist nur der Ausgangszustand, die Operatoren und der Zielzustand sind unklar.

### 3.3.1 Einfache Probleme

Als einfache Probleme werden solche Probleme bezeichnet, die durch eine Interpolationsbarriere gekennzeichnet sind. Anfangs- und Zielzustand sind klar formuliert, der Zielzustand ist zudem statisch, ändert sich also während des Problemlöseprozesses nicht. Lediglich die zielführende Kombination der Operatoren ist unbekannt.

Die Problemlöseforschung begann zunächst mit der Analyse einfacher Probleme. Insbesondere die Arbeiten von Newell & Simon (1972) sind hier hervorzuheben, die einfache Problemstellungen verwendeten, um ihre Annahmen zur *Problemraumtheorie* zu prüfen. Problemlösen kann danach als Suche in einem Problemraum aufgefasst werden. Der Problemraum umfasst den Ausgangs- und den Zielzustand sowie alle möglichen Zwischenzustände auf dem Weg zum Zielzustand einschließlich der dafür notwendigen Operatoren. Aufgrund der begrenzten Informationsverarbeitungskapazität beschränkt sich die Suche eines Problemlösers allerdings auf den subjektiv wahrgenommenen, den intern repräsentierten Problemraum.

Ein klassisches Beispiel für ein einfaches Problem ist der „Turm von Hanoi" (siehe Abbildung 28). Ziel ist es, eine der Größe nach angeordnete Menge von Scheiben vom linken Stab (Ausgangszustand) unter Verwendung eines Hilfsstabes (Mitte) auf den rechten Stab zu bewegen, wobei die Scheiben (wie im Ausgangszustand) wiederum der Größe nach angeordnet sein sollen (Zielzustand). Dabei sind zwei Regeln einzuhalten: 1. Es darf immer nur eine Scheibe bewegt werden, 2. Es darf nie eine größere Scheibe auf einer kleineren liegen.

Versuchen Sie es einmal und zählen Sie die Anzahl von Zügen, die Sie benötigen! Die effektivste Lösung besteht aus sieben Zügen.

Anhand dieses Problems kann sehr gut nachvollzogen werden, welche Strategien Personen nutzen, um ans Ziel zu gelangen und welche Fehler ihnen dabei unterlaufen. Solche Strategien, die die Suche im Problemraum vereinfachen (und ihn damit verkleinern), werden als Heuristiken bezeichnet (siehe Kap. 3.4). Heuristiken sind erfahrungsabhängige Faustregeln, die den Suchaufwand im Problemraum reduzieren, jedoch nicht mit Sicherheit zu einer Lösung führen.

Eine zentrale Heuristik nach Newell & Simon (1972) ist die *Mittel-Ziel-Analyse* („means-end-analysis"). Hier wird zunächst der Abstand zwischen

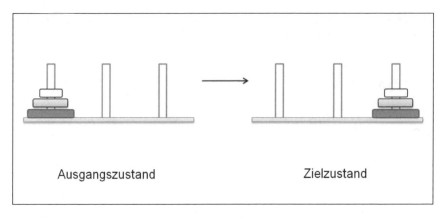

Ausgangszustand        Zielzustand

*Abbildung 28*    Das Turm-von-Hanoi-Problem

Ausgangs- und Zielzustand analysiert (Unterschiedsanalyse), dann wird ein erstes Teilziel gebildet, das den Abstand zum Zielzustand reduziert. Nun konzentriert man sich auf dieses Teilziel und sucht nach einem geeigneten Operator zur Erreichung des Teilziels. Im Turm-von-Hanoi-Problem könnten diese ersten Schritte wie folgt aussehen (siehe Tab.12).

Im Ergebnis dieses Prozesses könnte man sich nun wieder dem Teilziel 2 zuwenden, Unterschiede analysieren und wiederum nach einem geeigneten Operator suchen, der den Unterschied minimiert bzw. aufhebt.

*Tabelle 12*    Erste Teilschritte zur Lösung des Turm-von-Hanoi-Problems mit Hilfe der Mittel-Ziel-Analyse

| Ziel | Zielbeschreibung | Unterschied/Ergebnis |
|---|---|---|
| Zielzustand | Scheiben der Größe nach auf den rechten Stab bringen | größte Scheibe nicht auf dem rechten Stab |
| Teilziel 1 | Größte Scheibe auf rechten Stab bringen | kleine und mittlere Scheibe liegen auf der größten Scheibe |
| Teilziel 2 | Entferne mittlere Scheibe vom linken Stab | kleine Scheibe liegt auf mittlerer Scheibe |
| Teilziel 3 | Entferne kleine Scheibe vom linken Stab | Operatoranwendung (kleine Scheibe auf den rechten Stab) kein Unterschied Teilziel 3 erreicht |

Allein diese ersten Schritte zeigen, dass für eine erfolgreiche Anwendung der Mittel-Ziel-Analyse eine Vorausplanung vonnöten ist. Ein Zeichen mangelnder Vorausplanung wäre, zur Erreichung des Teilziels 3 die kleine Scheibe auf den mittleren Stab zu legen. Denn im nächsten Schritt würde die mittlere Scheibe auf den rechten Stab gelegt werden. Und spätesten, wenn nun die kleine Scheibe auf die mittlere gelegt würde, wäre offensichtlich, dass man sich dem Zielzustand nicht wesentlich angenähert hat.

Die Methode der *Unterschiedsreduktion* stellt ebenfalls eine Heuristik beim Problemlösen dar. Hier wird jeweils der Operator ausgewählt, der einen Zustand herbeiführt, der dem Zielzustand am nächsten ist. Die eben erwähnte Vorausplanung ist bei Anwendung dieser Strategie nicht gegeben und es besteht die Gefahr, sich von lokalen Maxima leiten zu lassen. Lokale Maxima sind Zustände, die dem Zielzustand zwar näher sind als der Ausgangszustand (z. B. wenn im o. g. Beispiel die mittlere und kleine Scheibe auf dem rechten Stab liegen), aber nicht unbedingt zu einer tatsächlichen Annäherung an den Zielzustand führen müssen.

Eine weitere Heuristik ist die *Rückwärtssuche*. Vom Zielzustand ausgehend bewegt man sich in der Planung der Problemlöseschritte mental auf den Ausgangszustand zu. Sinnvoll ist diese Strategie bei geringerer Anzahl der Alternativen vom Ziel aus als vom Ausgangszustand aus betrachtet. Beim Turm-von-Hanoi-Problem ist dies nicht der Fall, hier sucht man – ausgehend vom Ausgangszustand – nach Teilzielen und Operatoren, die den gegenwärtigen Zustand in Richtung Zielzustand verändern. Dieses Vorgehen wird als *Vorwärtssuche* bezeichnet.

Die Problemraumtheorie kann jedoch nicht alle Phänomene des Problemlösens erklären. So gibt es Probleme, deren Lösung sich als ausgesprochen schwierig erweist, obgleich der Problemraum sehr überschaubar ist. Dies ist bei sog. *Einsichtsproblemen* (insight problems) der Fall. Hier wird die Lösung nicht schrittweise erreicht, sondern infolge eines internen Umstrukturierungsprozesses, der zu einer plötzlichen Einsicht („Aha-Erlebnis") führt. Probleme werden in der Gestaltpsychologie als spannungserzeugende „defekte Gestalt" aufgefasst, die durch Neu- und Reorganisation der Problemsituation in eine „gute Gestalt" gewandelt wird. Beim „Neun-Punkte-Problem" (siehe Abbildung 29) handelt es sich um ein solches Einsichtsproblem. Mit vier kontinuierlichen geraden Strichen sollen die neun Punkte verbunden werden ohne dabei den Stift abzusetzen.

Gestaltpsychologisch lässt sich die auftretende Schwierigkeit bei der Lösung des Problems damit begründen, dass Personen dazu neigen, die Konstellation von Punkten aufgrund der oben erwähnten Tendenz zur guten

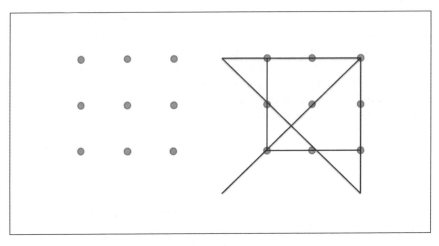

*Abbildung 29*    Das Neun-Punkte-Problem mit Lösung

Gestalt als Quadrat wahrzunehmen. Erst wenn diese figurale Gebundenheit überwunden wird, die Problemsituation umstrukturiert wird, schafft man die Möglichkeit zur Lösung.

Ohlsson (1992) schlägt aus informationsverarbeitungstheoretischer Sicht vor, Einsicht als Folge einer Veränderung der Problemrepräsentation zu verstehen, die den wahrgenommenen Problemraum verändert und damit das Auffinden neuer Operatoren ermöglicht. Eine veränderte Problemrepräsentation ist nach Ohlsson jedoch nicht zwangsläufig verbunden mit plötzlicher und vollständiger Einsicht. So mag es sein, dass Personen bei der Bearbeitung des Neun-Punkte-Problems selbst auf den Gedanken kommen, die Grenzen des Quadrats zu überschreiten (partielle Einsicht), sie aber dennoch nicht oder erst mit Verzögerung zu endgültigen Lösung gelangen.

**Die Rolle von Vorwissen**
Weisberg & Alba (1981) konnten die Lösungsraten beim Neun-Punkte-Problem erheblich erhöhen, indem sie als Zusatzinformation den Probanden die erste Linie, die über die Gestalt hinausreichte, vorgaben. Der bloße Hinweis allerdings, dass beim Lösen des Problems über die Grenzen des Quadrats hinausgegangen werden müsse, hatte keinen Einfluss auf die Lösungsfindung. Die Forscher sehen in diesem Ergebnis die Bestätigung ihrer Annahme, dass die Schwierigkeit bei der Lösung des Problems nicht in erster Linie in der figuralen Gebundenheit des Problemlösers liegt, denn dann müsste das Aufbrechen

der Gestalt (durch einen verbalen Hinweis) zur Lösung führen. Stattdessen, so die Argumentation, benötigen die Testpersonen zusätzliches spezifisches Wissen bzw. Erfahrung im Umgang mit dieser Art von Problemen.

Kershaw & Ohlsson (2001) weisen darauf hin, dass das Vorwissen von Personen in vielen Situationen nützlich und produktiv für die Beurteilung und Lösung von Problemen sein kann. Wenn es sich jedoch um einen vollkommen unbekannten Problemtyp handelt, werden u. U. Vorwissenselemente automatisch aufgerufen, die in einem solchen Fall die Problemlösung aber eher behindern. Dieses „nutzlose" Wissen muss der Problemlöser zunächst aktiv ausblenden. Selbst die Vorerfahrung mit ähnlichen Problemen, kann die Lösung im speziellen Problemfall behindern, weil diese zu einer selektiven Problemrepräsentation führen kann (Ohlsson, 1992). In beiden Fällen werden der Problemraum und damit die repräsentierten Operatoren durch das aktivierte Vorwissen eingeschränkt.

Interessante Experimente zum Vorwissenseinfluss auf problemlösendes Verhalten stellten Knoblich und Mitarbeiter (1999) vor. Sie verwendeten Aufgaben der sog. „Streichholzarithmetik". Mit Hilfe von Streichhölzern werden aus römischen Zahlen inkorrekte mathematische Gleichungen gelegt. Durch die Umlegung jeweils eines Hölzchens pro Gleichung soll ein wahrer Ausdruck hergestellt werden. Die entstehenden Gleichungen dürfen dabei nur römische Zahlen und die arithmetischen Operatoren „+", „−" und „=" enthalten. Abbildung 30 zeigt zwei Beispiele.

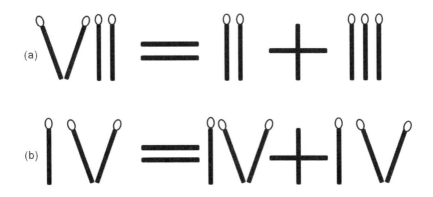

*Abbildung 30*   Zwei Beispiele für Probleme der Streichholzarithmetik (nach Knoblich et al., 1999)

Während die meisten Testpersonen mit dem Problem (a) in Abbildung 30 kaum Schwierigkeiten hatten, wurde das zweite (b) nur von wenigen gelöst. Warum? Die erste Gleichung lässt sich durch eine Veränderung der Zahlenwerte korrigieren (VI = III + III). Für die Korrektur der zweiten Gleichung muss einer der arithmetischen Operatoren verändert werden (IV = IV = IV). Knoblich und Mitarbeiter sehen den Grund für diesen Unterschied im Einfluss des Vorwissens über die Lösung arithmetischer Gleichungen: In der Schule wurde meist gefordert, strukturell gleiche Aufgaben mit variablen Werten zu lösen, nicht aber, arithmetische Operatoren zu verändern. Deshalb sehen wir Zahlenwerte als veränderlich an, arithmetische Operatoren hingegen als konstant. Dies wirkt sich auf die Repräsentation der in Abbildung 30 dargestellten Probleme aus. Erst durch eine Lockerung dieser Randbedingungen (gestaltpsychologisch würde man von einer Lösung der Fixierung sprechen) kann die Problemrepräsentation verändert werden. Knoblich und Mitarbeiter konnten noch einen weiteren Vorwissenseffekt bei der Lösung von Problemen der Streichholzarithmetik nachweisen: die Bildung von komplexitätsreduzierenden Chunks (Gruppierungen). Lose Chunks stellen beispielsweise die römischen Zahlen „VI" oder „III" dar. Als „lose" werden sie bezeichnet, weil ihre Zerlegung in sinnvolle Einzelelemente möglich ist („V" und „I"). Starre Chunks sind hingegen in der Streichholzarithmetik römische Zahlen, deren Einzelelementen keine Bedeutung zugeordnet werden kann (z. B. „X" und „V" bestehen aus den Einzelelementen „/" und „\"). Aus diesem Grund fällt es leichter, lose Chunks zu manipulieren als starke Chunks. Das heißt, die Lösung des in Abbildung 31 (c) dargestellten Problems (IX = III + VI) fällt deutlich schwerer als die Lösung des Problems (a) in Abbildung 30. Die Zerlegung von Gruppierungen stellt demnach einen weiteren Prozess dar, um unangemessene Problemrepräsentationen zu verändern.

Abbildung 31    Beispiel für ein Problem der Streichholzarithmetik, bei dem eine Zerlegung der starken Gruppierung „V" erforderlich ist (nach Knoblich et al., 1999)

Mit Hilfe einer Blickbewegungsanalyse (Knoblich et al., 1999) konnte zudem gezeigt werden, dass nur erfolgreiche Problemlöser ihre Aufmerksamkeit verstärkt auf die relevanten Elemente der Gleichungen lenkten. Dies betraf sowohl die Lockerung der Randbedingungen (Problemtyp (b): Fokussierung auf die arithmetischen Operatoren) als auch die Zerlegung von Gruppierungen bei starren Chunks (Problemtyp (c): Fokussierung auf starre Chunks). Die Blickbewegungsmuster bei erfolglosen Problemlösern blieben über alle Problemtypen konstant. Interessant ist, dass sich die Aufmerksamkeitsfokussierung der erfolgreichen Problemlöser nicht auf die subjektiv empfundene Nähe zur Problemlösung auswirkte. Das erklärt, weshalb die Lösungsfindung als überraschend erlebt wird und mit einem Aha-Erlebnis verbunden ist (siehe auch Metcalfe & Wiebe, 1987).

**Einstellungseffekte – Der Zugriff auf bewährte Lösungsmuster**
Anhand der gezeigten Beispiele wird deutlich, dass Menschen im Sinne einer „kognitiven Ökonomie" handeln. Was bekannt erscheint, was sich einmal als Lösungsstrategie bewährt hat, wird auf andere Bereiche und zu lösende Probleme übertragen (= Einstellungseffekt). Und häufig erweist sich dieses Vorgehen als ausgesprochen nützlich: Es erleichtert uns die Orientierung in der Umwelt, macht uns handlungssicher und schont unsere Informationsverarbeitungskapazität. Doch insbesondere dann, wenn die Übertragung einer Lösungsstrategie aufgrund oberflächlicher statt struktureller Ähnlichkeit mit bekannten Situationen erfolgt, kann das Festhalten an einer einmal gewählten Strategie zu Fehlern führen, die nicht immer so harmloser Natur sind, wie die eben beschriebenen.

Damit wenden wir uns Problemen zu, die dem Umfang und der Vernetztheit der uns umgebenden Realität deutlich näher kommen, den komplexen Problemen.

### 3.3.2 Komplexe Probleme

Dörner bezeichnet die Fähigkeit zum Problemlösen durch planendes Denken als „vornehmste unter den kognitiven Fähigkeiten des Menschen" (Dörner, 1995, S. 295). Durch internes Probehandeln ist der Mensch imstande, die Folgen seines Handelns zu antizipieren – allerdings nur in begrenztem Maße. Betrachten wir Probleme, mit denen Menschen in der Realität konfrontiert werden, so stellen wir fest, dass diese häufig nicht nur durch eine Interpolationsbarriere, sondern zusätzlich durch Synthese- und dialektische Barrieren

gekennzeichnet sind. Hinzu kommt, dass Problemsituationen häufig nicht sta-
tischer Natur sind, sondern eine Eigendynamik entwickeln, sich also während
der Lösungssuche und Problembearbeitung verändern.

Die wissenschaftliche Auseinandersetzung mit der Frage, wie Menschen
mit komplexen Problemsituationen umgehen, begann in den siebziger Jahren
des 20. Jahrhunderts und ist seither eng mit der Forschungsarbeit von Dörner
verbunden. Sein Team entwickelte computersimulierte Szenarien, die wichtige
Strukturmerkmale komplexer Situationen aufwiesen. Ziel war es, Aufschluss
über kognitive Prozesse des Hypothesenbildens, Planens und Entscheidens im
Umgang mit Komplexität zu gewinnen.

Ein Beispiel: Im Szenario „Moroland" (z. B. Dörner & Reither, 1978) über-
nehmen die Versuchspersonen die Rolle eines Entwicklungshelfers, dessen
Aufgabe darin besteht, die herrschenden Lebensbedingungen zu verbessern.
Die Bewohner von Moroland, die Moros, sind ein fiktiver Volksstamm, der am
Rande der Sahara vor allem von Ackerbau und Viehzucht lebt. Der „Entwick-
lungshelfer" hat uneingeschränkte Vollmachten, die Geschicke von Moroland
zu lenken. So kann er Brunnen bauen lassen für eine bessere Wasserversorgung, er kann Rinder und Getreide kaufen oder verkaufen, die medizinische
Versorgung verbessern und vieles mehr. Die Personen hatten also im Verlauf
mehrerer (simulierter) Jahre eine Reihe von Entscheidungen zu treffen, wobei
sie sich über die Auswirkungen ihrer getroffenen Entscheidungen jederzeit
informieren konnten.

Solche Szenarien sind gut geeignet, um die Anforderungen komplexer Situationen zu verdeutlichen. In Anlehnung an Funke (2006) und Dörner (2009)
lassen sich fünf kennzeichnende Merkmale komplexer Probleme beschreiben:

- Die **Variablenanzahl** bezieht sich auf die Menge der innerhalb der Problemsituation zu berücksichtigenden Variablen. Im beschriebenen Szenario „Moroland" sind dies zum Beispiel die Anzahl von Rindern, der
  Getreideertrag oder die Geburtenrate. In einem weiteren, von Dörner und
  Mitarbeitern entwickelten Szenario („Lohhausen", siehe Dörner et al., 1983)
  wurden mehr als 2000 Variablen berücksichtigt – für ein computersimu-
  liertes Programm eine enorme Anzahl. Betrachten wir allerdings die oben
  genannten Probleme, die es in der Realität zu bewältigen gilt, sind hier
  häufig weit mehr Variablen wirksam.
- Die **Variablenvernetztheit** bezeichnet die Anzahl und Art von Wechselbe-
  ziehungen zwischen den Variablen. Ist beispielsweise jede der beteiligten
  Variablen lediglich von genau einer anderen abhängig, liegt ein niedriger
  Vernetzungsgrad vor. Der Vernetzungsgrad wächst mit der Anzahl wech-

selseitiger Abhängigkeiten zwischen den unterschiedlichen Variablen. Die Vernetztheit von Variablen macht es notwendig, viele Merkmale gleichzeitig zu beachten, denn die Veränderung einer Variablen wirkt sich auf andere Teile des Variablensystems aus. Hinzu kommt auch die *Art der Vernetzung.* Vielfach existieren neben linearen Zusammenhängen zwischen Variablen auch nichtlineare Beziehungen. So wächst beispielsweise die Arbeitszufriedenheit nicht linear mit dem Einkommen. Dieser Aspekt hängt eng zusammen mit dem folgenden Merkmal.

- Komplexe Handlungssituationen unterliegen häufig einer **Dynamik.** Die Situation, das System von untereinander vernetzten Variablen entwickelt sich auch ohne eigenes Zutun weiter. Die Eigendynamik von Systemen macht es notwendig, Entwicklungen im Zeitverlauf zu betrachten und auf Zukünftiges zu extrapolieren. Das heißt, nicht nur die Analyse des gegenwärtigen Zustandes ist von Bedeutung, sondern vor allem die Betrachtung der Entwicklungscharakteristika. Menschen gehen intuitiv meist von einer linearen Beziehung zwischen zwei Größen aus, exponentielle Entwicklungen zu antizipieren, fällt sehr viel schwerer (siehe Kap. 3.7).

- **Intransparenz** der Situation bedeutet, dass nicht alle Variablen und ihre Vernetzungen dem Problemlöser bekannt sind. Die Situation ist für ihn also nicht vollständig durchschaubar. Dörner bezeichnet die Intransparenz als eine Quelle der Unbestimmtheit in Entscheidungssituationen. Eine Verringerung dieser Unbestimmtheit ließe sich durch entsprechende Informationsbeschaffung erreichen[22]. Doch selbst wenn der Entscheider sich der Intransparenz des Variablensystems bewusst ist (häufig ist dies nicht der Fall) – Informationsbeschaffung kostet Zeit. Und jene Zeit fehlt, wenn Entscheidungen unter Zeitdruck getroffen werden müssen. Die Verbindung von Zeitdruck und Intransparenz der Situation befördert das Empfinden von Stress und wird damit schnell zur emotionalen Belastung für den Problemlöser.

- Ein häufig anzutreffendes Merkmal bei komplexen Problemstellungen ist das der sogenannten **Polytelie (Vielzieligkeit).** Gemeint ist hiermit die Existenz von mehreren Zielen, die gleichzeitig anzustreben sind. Wenn in „Moroland" die Lebenssituation der Einwohner verbessert werden soll, müssen hinsichtlich verschiedener Kriterien Veränderungen vorgenommen werden. Dazu gehören zum Beispiel die Verbesserung der Wasserversorgung, aber auch die Bekämpfung von Krankheiten und die Erhöhung

---

[22] Dörner (2009) vertritt die Ansicht, dass eine vollständige Kenntnis einer komplexen Handlungssituation und ihrer Struktur unmöglich ist.

landwirtschaftlicher Erträge. Die Zielsituation muss also unterschiedlichen Kriterien entsprechen. Diese Kriterien können unterschiedlich gut miteinander vereinbar sein, sie können sich gegenseitig aber auch vollkommen ausschließen. Hier muss der Handelnde eine Entscheidung hinsichtlich der Gewichtung der Zielkriterien vornehmen.

Dörner und Funke weisen darauf hin, dass die Komplexität einer Handlungssituation in hohem Maße von der handelnden Person und ihrem Wissensstand abhängt. So ist für einen Fahranfänger die Situation des Autofahrens sehr viel komplexer als für einen geübten Fahrer. Während der Anfänger sein Augenmerk auf viele Merkmale gleichzeitig lenken muss, kann der geübte Fahrer auf seine Erfahrungen zurückgreifen. Eine Verkehrssituation besteht für ihn nicht aus vielen zu betrachtenden Einzelmerkmalen, sondern wird zu einer Gestalt, man könnte auch sagen, einem Schema oder Skript, das die Komplexität der Situation reduziert und damit die Informationsverarbeitungskapazität schont. Die empfundene Komplexität einer Anforderung wird auch beeinflusst von der (In)transparenz der Situation. Je weniger Informationen über die beteiligten Variablen und ihre Vernetzungen vorliegen (je intransparenter die Situation), desto weniger komplex erscheint sie. Je mehr Informationen aufgenommen, repräsentiert, zugeordnet, gewichtet werden, desto größer fällt die wahrgenommene Komplexität aus. Zudem hängt die Problemrepräsentation von der Motiv- und Bedürfnislage der Person ab. Wenn beispielsweise in der Innenstadt zu viele Autos rechtswidrig parken, würde sich diese Situation für den Stadtplaner vermutlich anders darstellen als für den Umweltschützer. So könnte das Problem als „Es gibt zu wenige Parkhäuser" repräsentiert werden oder auch umgekehrt als „Es gibt zu viele Autos". Beide Repräsentationen würden den Problemlöser völlig unterschiedliche Überlegungen anstellen und Maßnahmen treffen lassen.

### Gute und schlechte Problemlöser

Wie erging es nun den Moros mit ihren „Entwicklungshelfern"? Nun, obgleich diese die besten Absichten hatten, in einer Vielzahl der Fälle nicht besonders gut. Häufig wurden zunächst jede Menge Brunnen gebaut. Es konnte damit mehr Getreide angebaut und Weideflächen für das Vieh geschaffen werden. Nach einiger Zeit sank jedoch der Grundwasserspiegel dramatisch und das Wasser wurde knapp. Das Getreide verdorrte, das Vieh verdurstete und es brach für die Moros eine Hungersnot aus.

Insbesondere in Bezug auf die Frage, was eigentlich gute von schlechten Problemlösern unterscheidet, findet sich in der Literatur eine ganze Reihe von Befunden zur Rolle des Vorwissens für das problemlösende Verhalten in computersimulierten Szenarien (siehe Putz-Osterloh, 1987; Strohschneider & Schaub, 1991; Schaub & Strohschneider, 1992). Angenommen wird, dass Experten – im Vergleich zu Novizen – bei einer inhaltlichen Nähe des zu bearbeitenden Szenarios von ihrem Bereichswissen profitieren (z. B. Wirtschaftsexperten in wirtschaftsbezogenen Szenarien) in Verbindung mit einem ausgeprägteren Handlungswissen im Umgang mit der jeweiligen komplexen Anforderung. Ergebnisse verschiedener Untersuchungen bestätigen diese Annahme: Unterschiede zwischen beiden Gruppen zeigten sich vor allem bezüglich der Problem-Repräsentation (siehe auch Pretz et al., 2003; Pretz, 2008) und der Herangehensweise an die Problemstellung. Experten verfügten über reichere und effizientere Problem-Repräsentationen und waren besser in der Lage relevante Informationen zu komprimieren (chunking). Diese Fähigkeit, Informationen in übergeordneten Einheiten zusammenzufassen, entlastet die Arbeitsgedächtniskapazität und ermöglicht so, mehr neue Informationen aufzunehmen, auf ihre Relevanz zu prüfen und zu integrieren. Zudem konzentrierten sich Experten stärker als Novizen auf die Vernetztheit von Variablen, reflektierten ihre Entscheidungen stärker und planten systematischer ihr Vorgehen. Diese Vorteile verschwanden jedoch weitgehend, wenn dieselben Experten mit Problemstellungen anderer Wissensbereiche konfrontiert wurden. Expertise umfasst demnach Problemlösekompetenz, die jedoch insofern bereichsabhängig ist als zumindest eine strukturelle Ähnlichkeit zum Gebiet der Expertise gegeben sein muss. Ein Grund für die Schwierigkeit, Problemlösestrategien auf unbekannte Bereiche zu übertragen, könnte darin bestehen, dass Experten diese Strategien zum großen Teil unbewusst anwenden (tacit knowledge")[23].

**Was macht den Umgang mit komplexen Situationen schwierig?**
Bevor wir uns damit befassen, wie man sich komplexen Handlungssituationen nähern *sollte*, wollen wir uns der Frage zuwenden, was den Umgang mit komplexen Anforderungen so anspruchsvoll macht. Anhand solcher Szenarien wie „Moroland" lässt sich anschaulich zeigen, welche Schwierigkeiten sich im Umgang mit komplexen Problemstellungen ergeben. Einige dieser Schwierigkeiten sollen hier näher beleuchtet werden.

*Das Realitätsmodell des Problemlösers:* Die Gesamtheit der Annahmen über die Variablen eines komplexen Systems und ihre Zusammenhänge werden als

---

[23] Weiterführende Literatur zur Rolle des sog. „tacit knowledge" (intuitives, implizites Wissen) beim Problemlösen: Pretz & Totz, 2007; Pretz, 2008

Realitätsmodell des Problemlösers bezeichnet. Dieses Realitätsmodell bildet die Grundlage der Entscheidungen des Handelnden. Wie bereits erwähnt, ist es kaum möglich, Informationen über alle Variablen und ihre Zusammenhänge zu erfassen. Angemessen wäre also ein Realitätsmodell, wenn es die notwendigen Informationen und die wesentlichen Zusammenhänge enthält. Doch ein solches Modell der Realität ist in der Regel nicht nur unvollständig, sondern auch fehlerbehaftet. Dörner stellte fest, dass zu Beginn der Bearbeitung computersimulierter Szenarien die Orientierung im Vordergrund steht. Diese äußert sich darin, dass viele Fragen gestellt werden, die Situation reflektiert wird und Entscheidungen erwogen werden. Man könnte sagen, das Realitätsmodell entwickelt sich, wird angereichert mit Informationen über die Systemelemente und ihre Verbindungen. Allerdings änderte sich das Verhalten der Probanden bereits mit der zweiten Sitzung. Die Zeit, die auf die Situationsanalyse verwendet wurde, verringerte sich, dafür nahm die Anzahl der Entscheidungen zu. Die Versuchspersonen waren der Ansicht, dass sie über ausreichend Informationen über das System verfügten, ihr Realitätsmodell also angemessen sei. Die einmal gewählte Strategie wurde beibehalten, gleichgültig, zu welchen unvorhergesehenen und ungewollten Neben- und Fernwirkungen sie führte.

*Der Umgang mit Zielen:* Wie bereits erwähnt, sind Ziele häufig unklar formuliert. Das heißt, es existieren keine Kriterien, anhand derer entschieden werden kann, ob das Ziel erreicht wurde oder nicht. Es müssen also Zielkriterien entwickelt und Teil- bzw. Zwischenziele formuliert werden. Die Schwierigkeit besteht zum einen in der Konkretisierung von Oberzielen, zum anderen in der Abwägung bzw. Gewichtung der Teilziele. Da sich dadurch subjektiv die Komplexität erhöht, konzentriert man sich häufig nur auf ein Ziel. Dies führt dazu, dass Entscheidungen auch nur in Hinblick auf dieses Ziel getroffen werden. Die Vernachlässigung anderer wichtiger Ziele kann dann schnell zu Entwicklungen führen, die mit dem Oberziel nicht vereinbar sind. Man schafft also neue Probleme, wenn man sich der Annahme hingibt, man könne nur ein Ziel verfolgen oder ein Ziel nach dem anderen in Angriff nehmen. Das verbissene Festhalten am aktuellen Ziel bezeichnet Dörner als „Überbewertung des aktuellen Motivs". Er erklärt dieses Verhalten damit, dass sich Menschen nun einmal „um die Probleme...[kümmern], die sie haben, nicht um die, die sie (noch) nicht haben." (Dörner, 2009, S. 79).

*Der Umgang mit Zeit:* Komplexe Situationen sind häufig durch ihre Veränderung in der Zeit gekennzeichnet. Die ursprüngliche Situation verändert sich sowohl autonom als auch infolge externer Eingriffe in das System. Im Szenario Moroland schätzten viele Versuchspersonen diese Entwicklungsdynamik falsch ein. Ihnen war nicht klar, dass die Maßnahmen, die sie in bester Absicht getroffen hatten, längerfristig ins Gegenteil umschlagen würden.

Was macht nun die Abschätzung zeitlicher Entwicklungen so schwierig? Zum einen das Denken in einfachen Ursache-Wirkungszusammenhängen. Neben- und Fernwirkungen aufgrund vielfältiger Vernetzungen zu antizipieren, überfordert die menschliche Informationsverarbeitungskapazität. Erschwerend kommt hinzu, dass vielfach Effekte erst mit Zeitverzögerung auftreten. Der handelnden Person fehlt also die unmittelbare Rückmeldung über Ergebnisse ihrer Entscheidungen. Wenn Effekte der getroffenen Maßnahmen von anderen Einflussgrößen verzerrt werden, ist zudem nicht mehr erkennbar, welcher Anteil der Wirkung überhaupt auf die eigenen Maßnahmen zurückzuführen ist. Ein weiterer Aspekt betrifft die Prognose der Verlaufsgestalt von Entwicklungen. Menschen neigen dazu, sich vom momentanen Zustand leiten zu lassen (Dörner spricht hier von der Momentanextrapolation) und aufgrund des erkennbaren Trends Entwicklungen linear zu extrapolieren. Exponentielle Entwicklungen werden stark unterschätzt. Dörner stellte fest, dass dies sogar der Fall ist, wenn Versuchspersonen, die einen Entwicklungsverlauf abschätzen sollten, darauf hingewiesen wurden, dass es sich um eine exponentielle Entwicklung handelt.

*Auswirkungen von Zeitdruck:* Das Thema Zeit spielt auch in anderer Hinsicht eine Rolle beim Lösen komplexer Probleme: Häufig findet das Handeln in komplexen Situationen unter Zeitdruck statt. Und Zeitdruck bedeutet Handlungsdruck. Schnell müssen die richtigen Entscheidungen getroffen werden, um beispielsweise einen negativen Entwicklungsverlauf zu stoppen oder gar eine Katastrophe zu verhindern. Zeitdruck bedeutet damit: Die Informationssuche und die Systemanalyse müssen beschränkt werden, man hat keine Zeit, die Entwicklung des Systems zu beobachten. Auch die Zeit für Planung und Selbstreflexion ist stark begrenzt. Entscheidungen müssen damit unter Unsicherheit getroffen werden. Dies erzeugt schnell das Gefühl der Überforderung und Stress. In solchen Situationen kann es nach Dörner zu einer „kognitiven Notfallreaktion", einer Einengung im Denken und Handeln der betroffenen Person kommen („Tunnelblick"). Gekennzeichnet ist eine solche kognitive Notfallreaktion durch eine *Externalisierung des Handelns.* Das heißt, das Handeln erfolgt zunehmend reizgesteuert. Man konzentriert sich auf das Augenfällige. Planung und Zielorientierung geraten in den Hintergrund. Damit steigt auch die *Tendenz zu schnellem Handeln.* Man greift auf bekannte Handlungsschemata zurück ohne diese auf ihre Angemessenheit zu prüfen (Methodismus), man bevorzugt einfache Lösungen. Die Tendenz zu schnellem Handeln kann sich auch in einer erhöhten Risikobereitschaft oder in Fluchttendenzen äußern. Die *zunehmende Rigidität des Denkens* äußert sich in reduktionistischen, starren Denkmodellen und Stereotypisierungen.

Das Auftreten einer solchen kognitiven Notfallreaktion ist einfach zu erklären. In einer Situation der kognitiven und emotionalen Überforderung droht der Verlust der subjektiven Kontrolle über die Situation. Es treten Selbstschutzmechanismen in Kraft. Um das eigene Kompetenzgefühl zu schützen, werden Zweifel und widersprüchliche Informationen ausgeblendet, Hypothesen umgedeutet und das reduzierte Situationsmodell verteidigt. Wichtig ist die Erkenntnis, dass Entscheidungen unter Zeitdruck äußerst fehleranfällig sind.

**Wie geht man mit komplexen Handlungssituationen um? – Stufen eines (idealtypischen) Prozessmodells**

Das von Dörner entwickelte Prozessmodell des Planens und Handelns in komplexen Handlungssituationen entstand auf der Grundlage seiner Beobachtungen des Verhaltens von Probanden im Umgang mit komplexen Situationssimulationen und der Rückmeldungen dieser Probanden. Das Modell beschreibt eine idealtypische Abfolge der Stufen der Problembearbeitung. Jede dieser Phasen ist mit spezifischen Anforderungen an den Problemlöser verbunden. Abbildung 32 zeigt das Prozessmodell der Problembearbeitung von Dörner mit den entsprechenden Anforderungen an den Handelnden (kursiv).

Bevor Ziele erarbeitet werden, muss ein Problem selbstverständlich erst einmal als solches erkannt werden. Denn Probleme „offenbaren" sich uns nicht immer selbstverständlich. Getzels (1982) klassifiziert Probleme nach der Art der Problemfindung: Probleme, die präsent und offensichtlich sind, Probleme, die erst entdeckt werden müssen und Probleme, die geschaffen werden. Offensichtliche Probleme sind solche Probleme, die sich dem Handelnden direkt zeigen. Wenn man mit dem Auto von A nach B will und das Navigationssystem fällt aus, hat man – ganz offensichtlich – ein Problem, das gelöst werden muss. Ein zu entdeckendes Problem ist ein Problem, das erst erkannt werden muss. Das Problem existiert bereits, doch der Problemlöser kann es noch nicht erkennen oder spezifizieren. Solche Probleme können zum Beispiel Fehler in einem System sein, die sich nicht im Normalbetrieb, sondern erst unter Extrembelastung zeigen. Bei geschaffenen Problemen handelt es sich um solche Probleme, die durch den Handelnden erst entstehen. Getzels bezieht diese dritte Art von Problemen vor allem auf die Problemfindung im kreativen Sinne. Unter geschaffenen Problemen lassen sich aber auch solche Probleme fassen, die eine Person durch ihr Handeln erst initiiert hat. So kann

*Abbildung 32* Prozessmodell der Bearbeitung komplexer Probleme
(in Anlehnung an Dörner, 2009)

sich zum Beispiel als Ergebnis der getroffenen Maßnahmen innerhalb eines Problemlösungsprozesses ein neues Problem ergeben.

Wenn das Problem erkannt ist, kann eine Bearbeitung des Problems stattfinden: In der *Phase der Zielausarbeitung* werden anzustrebende Ziele definiert und präzisiert, Teil- und Zwischenziele gebildet und falls notwendig Kriterien der Zielerreichung festgelegt. Hier ist es vor allem wichtig, Widersprüche zwischen Zielen zu erkennen, Prioritäten zu setzen und ggf. Ziele auszubalancieren.

Die *Phase der Informationssammlung und Modellbildung* dient der Beschaffung, Gewichtung, Strukturierung von Informationen, die schließlich auf ihre Problemrelevanz geprüft werden. Dabei muss der Auflösungsgrad, d. h. der Grad der Differenziertheit von Informationen dem Problem angemessen sein. Ein zu hoher Auflösungsgrad kann schnell zur Informationsüberflutung und

„Verzettelung" führen. Ein zu geringer Auflösungsgrad kann hingegen dazu führen, dass wichtige Vernetzungen zwischen Variablen verborgen bleiben und das spätere Handeln zu unerwünschten Nebenwirkungen führt. Mit der Informationssammlung geht die Modellbildung einher, das heißt, Informationen stehen nicht zusammenhanglos nebeneinander, sondern fügen sich zu einem Gesamtbild der Situation zusammen. Dieses Modell muss der Problemsituation angemessen sein, denn es bildet die Grundlage für das weitere Handeln. Das heißt, bereits vorhandene Modelle (vermeintlich) ähnlicher Situationen dürfen nicht verabsolutiert und ungeprüft übernommen werden.

In engem Zusammenhang mit der Modellbildung ist die *Phase der Extrapolation und Hypothesenbildung* zu sehen, denn ein angemessenes Realitätsmodell sollte auch Hypothesen über Ursache-Wirkungszusammenhänge sowie die Antizipation zukünftiger Entwicklungen enthalten. Hier ist es vor allem wichtig, mehrere Möglichkeiten in Betracht zu ziehen.

Die folgende Phase gliedert sich in drei Schritte: *Handlungsplanung, Entscheidung und Umsetzung.* Zunächst sollten die angestrebten Maßnahmen auf ihre Realisierbarkeit geprüft werden, bevor die Handlungsschritte in ihrer Abfolge festgelegt werden. Diese Festlegungen müssen Raum für eine gewisse Flexibilität im Handeln lassen, da unter Umständen sich verändernde Randbedingungen berücksichtigt werden müssen. Da die Entwicklungen eines komplexen Systems nur annähernd genau prognostiziert werden können, müssen auch alternative Handlungswege bedacht werden. In Hinblick auf die Zeitplanung ist immer ein ausreichend großer Zeitpuffer einzuplanen: Das Unvorhersehbare zu erwarten (wie Dörner es formuliert) klingt paradox, bedeutet aber, der Erkenntnis zu folgen, dass ein Realitätsmodell niemals alle Variablen, ihre Vernetzungen und Dynamiken enthalten kann. In der Konsequenz bedeutet dies, mit Unwägbarkeiten, Widerständen (Friktionen) und Zeitverzögerungen zu rechnen. Nun kommt es darauf an, verbindliche Entscheidungen bezüglich vorhandener Handlungsalternativen zu treffen und diese auch umzusetzen.

Die Umsetzung der geplanten Maßnahmen muss verbunden sein mit einer *Effektkontrolle und ggf. einer Änderung der gewählten Strategie.* Wann und nach welchen Kriterien die Kontrolle der Maßnahmen erfolgen soll, muss vorher festgelegt werden. Wie bereits erwähnt, muss ein dynamisches System beobachtet werden. Kritisch muss überprüft werden, ob die Veränderungen tatsächlich auf die gesetzten Maßnahmen zurückzuführen sind und ob Maßnahmen zu unvorhergesehenen Wirkungen führen. Ist dies der Fall, oder führen die Maßnahmen nicht zu den gewünschten Veränderungen, muss eine Modifikation der Handlungsstrategie in Erwägung gezogen werden. Damit verbunden kann eine erneute Überprüfung der gewählten Ziele sein oder die Erkenntnis von Fehleinschätzungen und Informationsdefiziten. Besonders wichtig ist es in dieser Phase, nicht der Versuchung zu unterliegen, nur nach Gründen für den Erfolg, nicht aber nach Gründen für den Misserfolg zu suchen.

Die beschriebenen Phasen des Prozessmodells von Dörner sind nicht als dogmatische Abfolge von Problemlösungsschritten zu verstehen. Möglicherweise merkt man erst in der Phase der Informationssammlung, dass man seine Ziele nicht hinreichend klar formuliert und spezifiziert hat. Oder in der Phase der Handlungsplanung wird deutlich, dass hierfür nicht ausreichend Informationen vorliegen. Der tatsächliche Verlauf einer Problembearbeitung kann also mit einem mehrfachen Wechsel zwischen verschiedenen Phasen verbunden sein.

## 3.4    Algorithmen und Heuristiken

Beginnen wir mit einer Anekdote über einen Algorithmus, die Geschichte vom „kleinen Gauß": Der „kleine Gauß" ist eine arithmetische Summenformel, die Carl Friedrich Gauß (1777–1855) im Alter von 9 Jahren entwickelte. Der Lehrer hatte die Aufgabe gestellt, die Summe der Zahlen 1 bis 100 auszurechnen und war überzeugt, die Schüler wären nun eine Weile beschäftigt. Er war sich sicher, dass die Schüler dem Algorithmus $1 + 2 + 3 + ... + n$ folgen würden. Doch schon einen Moment später hatte Gauß die Lösung: 5050! Er hatte erkannt, dass sich die Zahlen sinnvoll paaren lassen: Die erste mit der letzten ($1 + 100 = 101$), die zweite mit der vorletzten ($2 + 99 = 101$) usw. Die Summe ist immer dieselbe: 101. Es gibt 50 dieser Paare, also musste er die Summe nur mit 50 malnehmen: $101 \times 50$. So kam er in wenigen Minuten auf die Lösung mithilfe der effizienten arithmetischen Summenformel: $\frac{1}{2} n (n + 1)$.

Ein Algorithmus bezeichnet eine aus einzelnen Verarbeitungsschritten zusammengesetzte Regel zur Lösung einer Aufgabe. Diese Regel ist eindeutig formuliert und führt bei korrekter Anwendung immer zur Lösung. Der Verfahrensablauf ist dabei zu jedem Zeitpunkt fest vorgeschrieben. Algorithmen sind beispielsweise mathematische Berechnungsvorschriften zum Addieren, Subtrahieren oder Multiplizieren wie im oben genannten Beispiel. Algorithmen lassen sich aber auch alltagssprachlich beschreiben. Die Handlungsanleitung in einem Kochrezept wäre ein Beispiel hierfür.

Kommen wir noch einmal zurück auf den „kleine Gauß". Eine wichtige Anforderung an Algorithmen ist die Effizienz. Ein Algorithmus zur Lösung

einer Aufgabe soll möglichst wenig Aufwand (z. B. möglichst wenig Rechen-
schritte) erfordern. Gauß ist dies auf hervorragende Weise gelungen, indem er
statt des erlernten Algorithmus einen sehr viel effizienteren zur Lösung der
gestellten Aufgabe anwendete. Dies ist aber nicht immer möglich. Oft sind
Algorithmen äußerst komplex, wie das folgende Beispiel „Problem des Handlungsreisenden" (engl. *Traveling Salesman Problem*, TSP) zeigt:

Ein Handlungsreisender muss verschiedene Orte bereisen und sucht nach
der kürzesten Route. Die Reisestrecke soll dabei so gewählt werden, dass jeder
Ort nur einmal besucht und anschließend der Ausgangsort wieder erreicht
wird. Das hört sich zunächst einmal nicht besonders schwierig an. Man berechnet die Weglängen aller möglichen Reiserouten und wählt dann diejenige
mit der kürzesten Wegstrecke. Für fünf zu bereisende Städte ist dies noch
machbar, doch mit jeder weiteren Stadt, die hinzu kommt, verdoppelt sich
die Laufzeit des Algorithmus. Die Rechenzeit steigt also exponentiell an. Bei
fünfzehn Städten gäbe es bereits mehr als 40 Milliarden Möglichkeiten! Da ein
Computer für die Lösung jahrelang rechnen müsste, gilt solch ein Algorithmus als undurchführbar.

Das Problem des Handlungsreisenden hat durchaus große praktische Relevanz, beispielsweise für Logistikunternehmen, die ihre Touren möglichst
effizient planen wollen. Wie löst man nun dieses Problem? Statt nach einer
exakten optimalen Lösung zu suchen, verwendet man Heuristiken, um dennoch möglichst schnell zu brauchbaren Lösungen zu kommen. Ziel ist es, in
einer vertretbaren Zeit eine Lösung zu generieren, die der optimalen Lösung
möglichst nahe kommt. Der Nachteil von Heuristiken besteht darin, dass die
Güte der Lösungen im Allgemeinen nicht beurteilt werden kann.

Die Ergebnisse verschiedener psychologischer Studien (z. B. Chronicle
et al., 2008; MacGregor & Chu, 2010) zeigen übrigens, dass menschliche heu-
ristische Lösungen des TSP häufig besser und effizienter waren als die – unter
Verwendung einer Heuristik – von einem Computer errechneten. Während die
Berechnungszeit des Computers pro Knoten (pro Stadt) als eine Funktion der
Anzahl von Knoten zunimmt, bleiben menschliche Lösungszeiten pro Knoten so gut wie unverändert. Mit anderen Worten, menschliche Lösungszeiten
nehmen linear im Verhältnis zur Anzahl von Knoten zu, computergestützte
Lösungszeiten nehmen exponentiell zu.

Was ist eigentlich eine Heuristik? Als Heuristik wird eine Methode bezeichnet, die nur mit einer gewissen Wahrscheinlichkeit, aber nicht mit Sicherheit zur richtigen Lösung führt. Menschen wenden Heuristiken in der Regel
unbewusst an. Im Gegensatz zum Algorithmus folgt eine Heuristik keiner

systematischen und geordneten Prozedur und ist daher nur deskriptiv (beschreibend) zu erfassen.

Die Frage danach, wann und wie Menschen Heuristiken verwenden, ist eng verbunden mit der Erforschung des Urteilens und Entscheidens von Menschen. Im Kapitel 3.3.2 haben Sie erfahren, dass Menschen ihre Entscheidungen häufig unter Unsicherheit treffen müssen. Die Wahrscheinlichkeit, ob ein bestimmtes Ereignis auftritt, berechnen wir im Alltagsleben nicht, wir schätzen sie und nutzen hierfür Erfahrungswerte, Heuristiken. Solche Heuristiken sind sehr nützlich und effizient, sie reduzieren Komplexität und geben Handlungssicherheit. Doch sie können auch zu systematischen Fehlern führen.

**„Heuristics and biases"**
„Heuristics and biases" bezeichnet ein in den siebziger Jahren von Kahneman und Tversky initiiertes bedeutendes Forschungskonzept zur Untersuchung des menschlichen Urteils- und Entscheidungsverhaltens. Die beiden Psychologen interessierten sich vor allem dafür, welche zeit- und kapazitätsschonenden Heuristiken Menschen verwenden und welche Fehler ihnen dabei unterlaufen. Drei der am häufigsten untersuchten Heuristiken sollen im Folgenden vorgestellt werden: die Repräsentativitätsheuristik, die Verfügbarkeitsheuristik und die Ankerheuristik.

*Die Repräsentativitätsheuristik:* Beginnen wir mit einem Beispiel von Kahneman & Tversky (1974): Eine Münze wird sechsmal hintereinander geworfen. Welches Ergebnis ist wahrscheinlicher (K steht für Kopf und Z für Zahl): die Reihenfolge KZKZZK oder KKKKKK? Die meisten Versuchspersonen hielten die erste Variante für wahrscheinlicher. Tatsächlich sind aber beide Wurffolgen gleich wahrscheinlich, denn die Gesamtwahrscheinlichkeit einer Sequenz ergibt sich aus der Multiplikation der Wahrscheinlichkeit für die Einzelereignisse. Und diese ist bei jedem Wurf gleich: 0,5. Die Wahrscheinlichkeit für eine beliebige Sequenz bei sechs Münzwürfen ist also 0,016. Warum aber halten die meisten Personen die erste Wurffolge für wahrscheinlicher? Der Grund liegt nach Kahneman und Tversky darin, dass wir zur Beurteilung solcher Ereignisse repräsentative, d. h. typische Beispiele aus unserem Gedächtnis abrufen. Typisch wäre für sechs Münzwürfe, dass Kopf und Zahl etwa gleich häufig auftreten und in der Abfolge zufällig wechseln. Bei einem zufälligen Prozess sollte, so die (Fehl-)Annahme, auch das Ergebnis zufällig aussehen. Je ähnlicher nun das tatsächliche Ergebnis dem aus unserem Gedächtnis abgerufenen typischen Beispiel ist, desto wahrscheinlicher erscheint es uns.

*Die Verfügbarkeitsheuristik:* In einem anderen Experiment von Tversky & Kahneman (1973) gab man den Versuchspersonen sieben Sekunden Zeit einzuschätzen, wie viele Länder ihnen innerhalb von zwei Minuten einfallen würden. Es zeigte sich, dass die Vorhersagen der Personen gut mit der anschließend geprüften Abrufleistung übereinstimmten. In einem weiteren Experiment sollten Personen den Anteil von Wörtern der englischen Sprache schätzen, die mit *k* beginnen im Vergleich zu Wörtern mit einem *k* an dritter Stelle. Die Probanden schätzten, dass es mehr Wörter gibt, die mit einem *k* beginnen als Wörter, bei denen das *k* an dritter Stelle steht. Hier lagen die Personen falsch. Es gibt sehr viel mehr Wörter mit einem *k* an dritter Stelle als Wörter mit einem *k* am Anfang.

In beiden Beispielen kommt die Verfügbarkeitsheuristik zum Tragen. Die Versuchspersonen riefen Beispiele aus ihrem Gedächtnis ab, um auf dieser Basis eine Schätzung abzugeben. Im Gegensatz zur Repräsentativitätsheuristik wird hier aber nur generell nach Beispielen gesucht, nicht nach typischen Beispielen.

Im ersten Beispiel führt die Anwendung der Verfügbarkeitsheuristik zum Erfolg. Die *Leichtigkeit,* mit der einer Person innerhalb von sieben Sekunden Länder einfallen, stellt sich bei dieser Aufgabe als guter Prädiktor heraus. Im zweiten Beispiel ist das nicht der Fall. Natürlich fällt es sehr viel leichter, sich Wörter ins Gedächtnis zu rufen, die mit einem *k* beginnen als Wörter mit einem *k* an dritter Position. Denn Wörter sind viel stärker mit ihrem Anfangsbuchstaben assoziiert als mit ihrem dritten Buchstaben (siehe Anderson, 2007).

Das Schätzurteil hängt aber nicht nur von der *Leichtigkeit* ab, mit der die Beispiele abgerufen werden können, sondern auch von der *Anschaulichkeit* und *Lebendigkeit* der verfügbaren Gedächtnisinhalte. Die Wahrscheinlichkeit, in einen Verkehrsunfall zu geraten, werden wir höher einschätzen, wenn wir gerade Augenzeuge eines Verkehrsunfalles wurden. Lesen wir aber eine Statistik über die Verkehrsunfälle pro Jahr, bleibt dieser Effekt aus (siehe Hussy, 1993).

*Ankerheuristik:* Auch den Einfluss der Ankerheuristik auf das Urteilsverhalten untersuchten Tversky und Kahneman (1973) in ihren Experimenten. Sie stellten ihren Probanden eine der folgenden Aufgaben mit der Bitte, innerhalb von fünf Sekunden das Ergebnis zu nennen.

(a)   $1 \times 2 \times 3 \times 4 \times 5 \times 6 \times 7 \times 8$

(b)   $8 \times 7 \times 6 \times 5 \times 4 \times 3 \times 2 \times 1$

Natürlich konnten die Personen innerhalb so kurzer Zeit das Ergebnis nur schätzen. Das mittlere Schätzurteil der Personen, die Aufgabe (a) erhielten, lag bei 512. Die zweite Gruppe (b) schätzte das Ergebnis sehr viel höher[24]: 2250. Diesen Effekt erklären Tversky & Kahneman folgendermaßen: Zunächst bildet die Person einen Ausgangswert (Anker), indem sie die ersten Zahlen bis zur Erreichung des Zeitlimits multipliziert. Das Ergebnis wird aufgrund dieses Ankers extrapoliert. Diese Korrektur des Ankers in Bezug auf die Aufgaben-stellung wird als *Anpassung* bezeichnet, weshalb die Ankerheuristik auch häu-fig Anpassungsheuristik genannt wird. Da der Anker bei Aufgabe (b) deutlich höher ist als bei Aufgabe (a), fällt auch Schätzung entsprechend höher aus. Wie weitere Untersuchungen von Tversky & Kahneman zeigten, kann der für eine Schätzung genutzte Anfangswert für die Aufgabe vollkommen irrelevant sein (z. B. eine zuvor vom Probanden gezogene Zufallszahl).

**„fast and frugal heuristics"**

Das Forschungsprogramm „fast and frugal heuristics" von Gigerenzer und Mitarbeitern wurde in den neunziger Jahren ins Leben gerufen und befasst sich, wie der Ansatz von Tversky & Kahneman, mit der Frage, in *welchen* Situationen Menschen *welche* Heuristiken *wie* nutzen. Im Gegensatz zum Konzept „Heuristics and biases" wird hier jedoch die begrenzte menschliche Rationalität[25] nicht in erster Linie als Beschränkung kognitiver Fähigkeiten aufgefasst, sondern vielmehr als Adaptationsleistung des Menschen an eine komplexe Umwelt (ökologische Rationalität). Kognitive Strategien müssen demnach immer im Zusammenhang mit der jeweiligen Umweltstruktur be-trachtet werden. Man muss „die Strukturen des jeweiligen Problems oder der natürlichen Umgebung analysieren ..., um zu verstehen, ob ein Urteil gut oder schlecht ist.", so Gigerenzer & Gaissmaier, 2006 (S. 336). Eine Heu-ristik kann also nur in Bezug auf eine bestimmte Umwelt angemessen oder unangemessen sein.

---

[24] Anmerkung: Selbst bei Aufgabe (b) reicht die Schätzung der Probanden jedoch nicht an-nähernd an die korrekte Lösung (= 40320) heran. Auch in verschiedenen anderen Experi-menten konnten Tversky & Kahneman zeigen, dass die vorgenommenen Anpassungen des Ankers häufig sehr gering (konservativ) ausfielen. Ein einmal gesetzter Anker führt dazu, dass Menschen in ihren Schätzurteilen nicht mehr stark davon abweichen.

[25] Den Begriff „bounded rationality" (begrenzte Rationalität) prägte der Wirtschaftswissen-schaftler Herbert Simon in den fünfziger Jahren (siehe Simon, 2000).

Heuristiken bezeichnen in diesem Sinne Anpassungsstrategien[26], zum
einen an die begrenzten Möglichkeiten der menschlichen Informationsspei-
cherung und -verarbeitung, zum anderen an die Gegebenheiten der Umwelt.
Solche Heuristiken sind einfach, schnell (*fast*) und sparsam (*frugal*). Einfach,
weil sie vorhandene Fähigkeiten des Menschen nutzen, schnell, weil sie rasche
Entscheidungen ermöglichen und sparsam in Bezug auf die benötigte Infor-
mationsmenge für eine Entscheidung. Zwei zentrale Modelle von Heuristiken
werden im Folgenden erläutert: die Rekognitionsheuristik und die Take the
best-Heuristik.

*Rekognitionsheuristik (Wiedererkennungsheuristik):* Beginnen wir mit einem
vielzitierten Beispiel von Goldstein & Gigerenzer (2002): Etwa ein Dutzend
Amerikaner und Deutsche wurden gefragt, welche die Stadt mit mehr Ein-
wohnern sei: San Diego oder San Antonio? Etwa zwei Drittel der Amerikaner
wussten die richtige Antwort: San Diego. Obgleich die befragten Deutschen
viel weniger über amerikanische Städte wussten, beantworteten alle Deutschen die Frage richtig. Wie ist das möglich? Die deutschen Probanden profitierten vom sog. *„Weniger ist mehr-Effekt",* der sich auf Situationen bezieht, in
denen weniger Wissen besser ist als mehr, um korrekte Schlussfolgerungen zu
ziehen. Von San Diego hatten alle deutschen Befragten schon einmal gehört,
von San Antonio sehr viel weniger. So kamen sie zum Schluss, San Diego
müsse also auch mehr Einwohner haben. Im Gegensatz zu den Amerikanern,
die beide Städte kannten, konnten die Deutschen die Rekognitionsheuristik
nutzen. Die Rekognitionsheuristik wird eingesetzt bei einer Wahl zwischen
zwei Alternativen in Hinblick auf die Ausprägung eines bestimmten Krite-
riums (im o. g. Beispiel die Einwohnerzahl), das unbekannt ist. Die Regel der
Rekognitionsheuristik lässt sich so formulieren: *Wenn von zwei Objekten eines
erkannt wird, das andere jedoch nicht, hat das erkannte Objekt den höheren Kriteriumswert. Also wähle das erkannte Objekt!* Diese Strategie lässt sich leicht im Alltag nachvollziehen. Haben Sie schon mal ein fremdes exotisches Land besucht
und Ihren ersten Hunger bei McDonalds gestillt? Dann haben Sie vermutlich
die Rekognitionsheuristik angewendet.

Die Rekognitionsheuristik ist dann von Nutzen, wenn es einen starken
positiven Zusammenhang gibt zwischen Wiedererkennung und Kriterium.
Dieser Zusammenhang kann über *Mediatoren* in der Umwelt vermittelt werden, Mediatoren, die den Betreffenden mit dem Objekt (oder dessen Namen)
konfrontieren. Solche Mediatoren können im o. g. Beispiel verschiedene Me-

---

[26] Das menschliche Repertoire solcher Anpassungsstrategien bezeichnen Gigerenzer et al.
(1999) als „adaptive toolbox".

dien, wie Fernsehen, Rundfunk und Zeitungen sein. Je häufiger eine Stadt hier erwähnt oder gezeigt wird, desto größer ist die Wahrscheinlichkeit der Wiedererkennung. Die Häufigkeit der Konfrontation muss natürlich mit dem Kriteriumswert im Zusammenhang stehen.

Die Rekognitionsheuristik lässt sich jedoch nur dann anwenden, wenn von zwei Alternativen eine bekannt, die andere unbekannt ist. Wenn nun beide Alternativen bekannt sind, bietet sich die „Take the best-Heuristik" an.

*Take the best-Heuristik:* Häufig müssen wir uns zwischen Alternativen entscheiden. Welche Wohnung sollten Sie mieten? Welchen Fernseher kaufen? Wo sollten Sie Ihr Geld anlegen? Wo Ihren nächsten Urlaub verbringen? Welche Schule sollten Ihre Kinder besuchen?

In Anlehnung an ein Beispiel von Gigerenzer (2008) nehmen wir an, Sie suchen ein Gymnasium für Ihren halbwüchsigen Sohn. Sie wollen, dass Ihr Kind dort bestmöglich gefördert wird durch engagierte Lehrer. Nun gibt es keine Statistik, der sie das Engagement der Lehrkräfte entnehmen können. Es gibt aber einige Informationen (Prädiktoren), die Anhaltspunkte für Ihr Kriterium „Engagement der Lehrer" bieten, z. B. die Anzahl an Arbeitsgemeinschaften, die Abschlussnoten, die Anzahl der Fehlstunden und die Klassengröße.

Folgen Sie der Take the best-Heuristik, werden Sie zunächst überlegen, welche Informationen über die Schulen am wichtigsten sind in Bezug auf Ihr Kriterium. Im besten Falle haben Sie sogar eine Rangfolge dieser Prädiktoren im Kopf. Diese könnte aussehen wie in Tabelle 13 dargestellt.

Da beide Schulen beim besten Prädiktor (guter Abschlussnotendurchschnitt) gleich abschneiden, werden die Werte des nächsten Prädiktors gesucht und verglichen. Der Prädiktor „viele Arbeitsgemeinschaften" diskriminiert zwischen beiden Alternativen. Die Suche wird beendet und die Entscheidung getroffen, dass Schule A die Schule mit den engagierteren Lehrern ist.

*Tabelle 13*    Entscheidung mit der Take the best-Heuristik

| Prädiktoren | Schule A | Schule B |
|---|---|---|
| guter Abschlussnoten-Durchschnitt | ja | ja |
| viele Arbeitsgemeinschaften | ja | nein |
| wenige Fehlstunden | | |
| kleine Klassengrößen | | |
| **WÄHLE** | **Schule A** | **Schule B** |

Die Regeln der Take the best-Heuristik lassen sich wie folgt verallgemeinern:

1. *Suchregel:* Abfrage der gewählten Prädiktoren in der Reihenfolge ihrer subjektiven Vorhersagekraft.
2. *Stoppregel:* Abbrechen der Suche, wenn eine Alternative einen positiven Prädiktorwert hat, die andere(n) aber nicht. Dann Übergang zu Schritt 3, ansonsten Rückkehr zu Schritt 1.
3. *Entscheidungsregel:* Vorhersage, dass der Prädiktor mit Alleinstellungsmerkmal den höheren Kriteriumswert besitzt.

Es genügt also ein einziger guter Prädiktor, um eine Entscheidung zu fällen. Damit wird die Suche nach Informationen erheblich eingegrenzt. Verschiedene Untersuchungen zeigen, dass die Take the best-Heuristik in vielen Fällen zu besseren Vorhersagen gelangt als komplexe Optimierungsstrategien oder statistische Verfahren (siehe z. B. Czerlinski et al., 1999; Gigerenzer et al., 1999; Gigerenzer & Brighton, 2009).

Einen guten Überblick über die dargestellten und weitere „fast and frugal heuristics" bieten Marsh, Todd & Gigerenzer (2004) sowie Todd & Gigerenzer (2007). Sehr anschaulich beschreiben Marewski, Gaissmaier & Gigerenzer (2010) unter welchen Bedingungen welche Heuristiken sinnvoll einsetzbar (und damit ökologisch rational) sind.

## 3.5   Denken und Kreativität

Kreativität wird häufig im Zusammenhang mit dem Lösen komplexer Probleme betrachtet. Dies ist insofern nicht verwunderlich, als das Lösen von komplexen Problemen mit Prozessen in Verbindung gebracht wird, die auch innerhalb des kreativen Denkens eine wichtige Rolle spielen. Gemeint ist die Schaffung von etwas Neuem (lat: creare = etwas neu schöpfen), das über den bisherigen Wissensstand hinausgeht. Assoziiert wird der Begriff „Kreativität" häufig auch mit „außergewöhnlich", „genial", „originell", „Einfallsreichtum", „Ideen", Phantasie", „Erfindung" etc.

Uneinigkeit herrscht in der Forschung darüber, inwieweit Kreativität das Kriterium der Nützlichkeit oder Angemessenheit erfüllen muss. Zum einen mag es sinnvoll erscheinen, zwischen kreativen und unsinnigen Ideen zu unterscheiden. Es lässt sich jedoch einwenden, dass viele Erfindungen und kreative Ideen sich erst nach langer Zeit als nutzbringend erwiesen haben, sich ihre Bewertung im Laufe der Zeit also verändert hat. Damit wird die Frage nach einem sinnvollen Maßstab für die Beurteilung der Nützlichkeit oder Anwendbarkeit aufgeworfen. Auch erscheint dieses Kriterium in Hinblick auf künstlerische Leistungen schwer anwendbar[27]. Andererseits umfasst der kreative Prozess auch die Beurteilung der gefundenen Lösung (siehe Stufen des kreativen Prozesses). Dabei wird das Ergebnis in Bezug gesetzt zu einem Zielkriterium, das in der Regel Merkmale wie Angemessenheit oder Nützlichkeit enthalten wird.

Wodurch wird kreatives Denken bestimmt? Kreativität als Forschungsgegenstand bezieht sich vor allem auf drei Aspekte: die kreative Persönlichkeit, den kreativen Prozess und das kreative Produkt. Neben diesen wichtigen Determinanten der Kreativität sind weitere Einflussfaktoren zu berücksichtigen wie das zu lösende Problem selbst (denn davon hängt maßgeblich das Vorgehen, der kreative Prozess ab) sowie die sozialen und gesellschaftlichen Umweltbedingungen (z. B. Familie und Beruf, kulturelle und politische Gegebenheiten). All diese Faktoren wirken – miteinander interagierend – gemeinsam in Bezug auf das kreative Produkt. Urban (2004) beschreibt das Interaktionsgefüge zwischen Problem – Person – Prozess – Produkt – Umwelt in seinem 4P-U-Modell (siehe Abb. 33).

Umweltbedingungen beeinflussen beispielsweise die Persönlichkeit in ihrer intellektuellen und kreativen Entwicklung. Die Person mit ihren spezifischen Fähigkeiten und Merkmalen bestimmt den kreativen Prozess. Rückwirkend beeinflusst dieser wiederum die Persönlichkeit (wirkt zum Beispiel ermutigend oder frustrierend, erhöht oder verringert die Anstrengungsbereitschaft der Person). Und das Produkt selbst (zum Beispiel gesellschaftlich relevanter Erkenntnisgewinn) nimmt Einfluss auf den Problembereich, die Umwelt und die Person. Im Folgenden sollen vor allem die personen- und prozessbezogenen Aspekte näher betrachtet werden.

---

[27] Funke (2005) vertritt die Ansicht, dass das Kriterium der Nützlichkeit auch in Bezug auf künstlerische Aktivität angewendet werden kann, wenn man das ästhetische Bedürfnis von Menschen als zu lösendes Problem betrachtet.

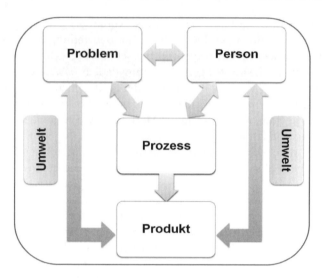

*Abbildung 33*    Das 4P-U-Modell von Urban (2004; vereinfachte Darstellung)

### 3.5.1  Die kreative Persönlichkeit

Was zeichnet eine Person aus, die kreative Leistungen vollbringt? Hier befasst sich die Forschung vor allem mit der Frage, über welche Fähigkeiten
und Eigenschaften eine Person verfügen muss, um kreativ sein zu können[28].
Dies betrifft zum Beispiel intellektuelle Voraussetzungen und das Wissen der
Person. Sternberg (1998) hat den Begriff der Erfolgsintelligenz geprägt. Vereinfacht ausgedrückt ist die Fähigkeit gemeint, mit den alltäglichen Herausforderungen erfolgreich umzugehen. Dazu bedarf es nach Sternberg sowohl
einer analytischen (problemlösungsbezogenen) Intelligenz, als auch einer
praktischen (anwendungsbezogenen) sowie kreativen Intelligenz, die sich in
der Problemsensitivität (Probleme erkennen), Ideenreichtum und der Fähigkeit zum divergenten Denken äußert.

---

[28] Nicht zu verwechseln ist Kreativität mit dem Konzept der „Begabung". Begabung bezeichnet das Potenzial, in einem bestimmten Gebiet überdurchschnittliche Leistungen hervorzu-
bringen. Im Gegensatz zur Begabung ist Kreativität aber nicht an einen Leistungsmaßstab
gebunden. Insofern besitzt jeder Mensch kreatives Potenzial – der eine mehr, der andere
weniger.

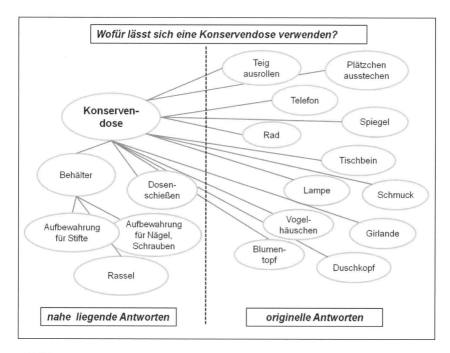

*Abbildung 34*   Beispiele nahe liegender und entfernter Assoziationen zu den
Verwendungsmöglichkeiten einer Konservendose

Bereits Guilford unterscheidet in seinem Intelligenzmodell (1967) zwischen
konvergentem und divergentem Denken. Konvergentes Denken bezeichnet
streng logische Denkoperationen, die auf eine vollständig definierte bzw. vorgegebene Lösung hinstreben (z. B. Turm von Hanoi, bei dem es nur eine korrekte Lösung gibt). Der Fokus beim konvergenten Denken liegt nach Cropley
(2006a) vor allem auf der Informationssammlung und der Anwendung bereits
bekannter Denkmuster. Divergentes Denken hingegen bildet einen zentralen
Bereich der Kreativität ab. Beim divergenten Denken geht es darum, eine Vielzahl von angemessenen Lösungen zu einem Problem zu finden (z. B. möglichst
viele Verwendungsmöglichkeiten für einen bestimmten Gegenstand zu benennen[29], siehe Abbildung 34).

---

[29] adaptiertes Beispiel aus dem „Torrance Test of Creative Thinking" (TTCT), einem Test
zur Erfassung divergenten Denkens (Torrance, 1974); Auswertungskategorien: Flexibilität,
Flüssigkeit der Ideenproduktion, Originalität (Seltenheit) der Antwort

Im Fokus steht die Erweiterung, Veränderung von Informationen, die Fähigkeit, *neue* Verbindungen zwischen Wissenselementen herzustellen. Divergentes Denken zeichnet sich nach Guilford (1967) aus durch:

- *Originalität*: die Ungewöhnlichkeit (Seltenheit) der Lösungsvorschläge, Schaffung von Ergebnissen, die vom Konventionellen abweichen,
- *Flexibilität*: in Bezug auf die angewandten Denkschemata, Wechsel der Bezugssysteme, der Problemperspektive,
- *Flüssigkeit*: die Anzahl unterschiedlicher Ideen,
- *Elaboration*: die Fähigkeit zur Ausgestaltung einer Lösung/Idee, umfasst auch Planung von Handlungsschritten und den Ziel-Ergebnis-Vergleich,
- *Sensitivität*: die Fähigkeit, Probleme, Fehler, Mängel und Potenziale zu erkennen,
- *Redefinition*: die Fähigkeit, ein Objekt oder einen Sachverhalt neu zu interpretieren, in einen neuen Kontext zu setzen.

In Tests zum divergenten Denken geht es häufig um die Verbindung von weit auseinander liegenden Assoziationen (z. B. der Remote Associates Test von Mednick). Mednick (1962) geht davon aus, dass kreativere Menschen über flachere Assoziationshierarchien verfügen. Während weniger kreative Menschen eine Tendenz zu nahe liegenden Assoziationen aufweisen, bilden kreative Menschen eher Assoziationen zu weiter entfernten Begriffen. Dieser Ansatz lässt sich in Zusammenhang bringen mit den Ergebnissen der EEG-Studien von Martindale (1999). Hier wurde festgestellt, dass das Auffinden von vielfältigen und ungewöhnlichen Lösungen für ein entsprechendes Problem mit einer eher schwachen und diffusen Aktivität verschiedener Hirnareale einhergeht (low arousal). Dies spricht für eine defokussierte, also breite Aufmerksamkeitsverteilung, die schon Mendelsohn (1976) als förderlich für die Entwicklung kreativer Strategien ansah. Carson und Mitarbeiter (2003) gehen davon aus, dass die sog. latente Inhibition[30] bei kreativen Menschen schwächer ausgeprägt ist. Das heißt, sowohl innere als auch äußere Reize werden weniger stark gefiltert. Dies führt dazu, dass auch (scheinbar) irrelevante Konzepte aufgerufen werden und in den Informationsverarbeitungsprozess integriert werden. Davon profitiert auch die Fähigkeit zur Analogie- und Metaphern-

---

[30] Die latente Inhibition bezeichnet einen Hemmungsmechanismus, der dafür sorgt, dass die für eine Aufgabenbearbeitung irrelevanten Reize gehemmt werden. Damit ermöglicht er eine effiziente Informationsverarbeitung und zielgerichtetes Handeln.

bildung, eine Fähigkeit, die ebenfalls als wichtiger Bestandteil kreativen Denkens angesehen wird (z. B. Ward et al., 1999).

Die Fähigkeit zum divergenten Denken scheint auch mit hirnanatomischen Besonderheiten verbunden zu sein. Jung et al. (2010) verwendeten für ihre Untersuchungen die strukturelle Magnetresonanztomographie, die es ermöglicht, die anatomischen Strukturen des Gehirns zu vermessen und Struktur-Funktions-Beziehungen zu analysieren. Zwei Hirnregionen konnten die Forscher identifizieren, deren kortikale Dicke mit der kreativen Kapazität einer Person assoziiert zu sein scheint: das Cingulum und die Parietallappen. Kreativere Personen[31] wiesen in diesen Regionen eine höhere Dicke auf als weniger kreative. Übrigens: Als man das Gehirn Albert Einsteins untersuchte, um seinem Genie auf die Spur zu kommen, stellte man eine überdurchschnittliche kortikale Dicke im Bereich der Parietallappen fest. Allerdings kann von solchen festgestellten Zusammenhängen nicht auf eine Ursache-Wirkungsbeziehung oder gar deren Richtung geschlossen werden.

Betrachtet man Kreativität als eigenständiges (von der Intelligenz abgegrenztes) Konstrukt, stellt sich die Frage nach dem Zusammenhang zwischen Kreativität und Intelligenz. Verschiedene Untersuchungen belegen, dass hohe Intelligenz nicht zwangsläufig mit einem hohen Maß an Kreativität einhergeht. Aber hohe kreative Leistungen setzen ein zumindest mittleres Intelligenzniveau voraus (siehe Guilford, 1967; Sternberg, 1995). Das heißt, bei geringer Intelligenz ist auch das kreative Potenzial gering. Hochintelligente Menschen hingegen können kreativ sein oder auch nicht.

Dass auch das bereits vorhandene Wissen eine wichtige Rolle für die Entwicklung von kreativen Produkten spielt, ist einleuchtend. Bereichsspezifisches Wissen ermöglicht erst, ein Problem in diesem Bereich zu entdecken und das Problem zu verstehen. Doch Wissen kann die Kreativität auch behindern. Umgangssprachlich wird die Tendenz, routinemäßige Verfahren anzuwenden statt neue, bereichsübergreifende Verbindungen herzustellen oder aufzugreifen, auch Betriebsblindheit genannt. Sich von den eigenen Denkschemata, Erwartungen und Einstellungen leiten zu lassen, ist durchaus im Sinne der kognitiven Ökonomie, denn die Komplexität eines Problems wird reduziert und damit auch der Problemraum. Doch um kreative Leistungen zu vollbringen, müssen bisher genutzte Denkschemata durchbrochen werden, der Suchraum muss erweitert werden. Dies gelingt u. U. einem „Quereinsteiger", der sich einem Fachgebiet aus einer anderen Perspektive nähert, eher

---

[31] Die Kreativität wurde u. a. mit Hilfe von Tests zum divergenten Denken und einem Fragebogen zur Erfassung kreativer Leistungen registriert.

als einem Experten. Ein berühmtes Beispiel hierfür ist die Formulierung des Energieerhaltungssatzes (genauer: des Ersten Hauptsatzes der Thermodynamik) 1842 durch Julius Robert von Mayer. Er war eigentlich Arzt, doch interessierten ihn die physikalischen Phänomene in der Natur, insbesondere das der Wärme. Er setzte sich mit den Physikern seiner Zeit auseinander und, obgleich ihm als Außenseiter lange Zeit die Anerkennung verwehrt blieb, fuhr er in seiner Forschungstätigkeit auf diesem Gebiet unbeirrt fort. Dieses Beispiel zeigt zweierlei: Zum einen, dass sich auch ein Quereinsteiger entsprechendes Fachwissen aneignen muss und zum anderen, dass nicht nur intellektuelle Fähigkeiten, sondern auch bestimmte Persönlichkeitsmerkmale kreatives Denken befördern. Urban (2004) formuliert folgende personale Komponenten der Kreativität:

- *Fokussierung*: die Fähigkeit, sich auf ein Problem, einen Gegenstandsbereich zu konzentrieren.
- *Motivation*: die Antriebskraft, kognitive Ressourcen für die Schaffung eines kreativen Produkts/einer Problemlösung aufzuwenden. Hier spielt insbesondere die intrinsische Motivation eine große Rolle, bei der der Anreiz in der Tätigkeit selbst liegt. Wissensdurst und Neugier sind typische intrinsische motivationale Faktoren.
- *Offenheit* für Anregungen und neue Erfahrungen, die oft auch mit einer gewissen Risikobereitschaft (z. B. zu scheitern) verbunden ist.
- *Ambiguitäts- und Frustrationstoleranz*: Ambiguitätstoleranz bezeichnet die Fähigkeit, mit Widersprüchlichkeiten, Mehrdeutigkeit und Unsicherheit konstruktiv umzugehen (z. B. diese als Herausforderung zu betrachten). Frustrationstoleranz bedeutet, in der Lage zu sein, mit Enttäuschungen umzugehen, sich also von Rückschlägen, Misserfolgen oder versagter Anerkennung nicht entmutigen zu lassen.

Urban betont, dass im kreativen Prozess kognitive und personale Komponenten als funktionales System zusammenwirken (siehe Abbildung 35), in Abhängigkeit von der Art des Problems, der Art der angestrebten Lösung sowie den gegebenen förderlichen oder hinderlichen Umweltbedingungen.

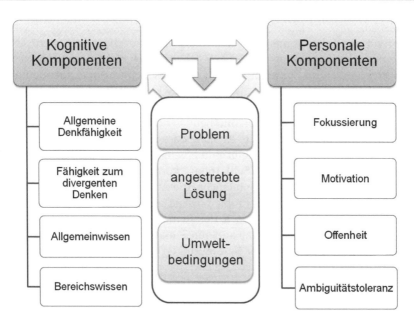

*Abbildung 35*    Komponenten der Kreativität (modifiziert nach Urban, 2004)

### 3.5.2 Der kreative Prozess

Was tun Menschen, die kreativ denken? Auch wenn in der Zwischenzeit von Autoren einige Prozessstufen hinzugefügt oder umformuliert wurden, bleibt es doch im Kern bei den vier Stufen des kreativen Prozesses, wie sie Wallas bereits 1926 formuliert hat:

*Vorbereitung (Präparation):*
In dieser Phase wird das Problem als solches bewusst und formuliert. Man gelangt zu einem Verständnis des Problems und unternimmt erste (erfolglose) Lösungsversuche. Welchen Zeitraum die Vorbereitungsphase in Anspruch nimmt, hängt unter anderem vom Problemgegenstand ab, aber auch davon, wie weit man den Rahmen der Vorbereitung spannt. Die Vorgeschichte zur Lösung eines wissenschaftlichen Problems kann mit dem Erwerb der Expertise (durch die wissenschaftliche Ausbildung) oder der Zuwendung zu einem bestimmten Wissensbereich beginnen oder aber auch mit dem ersten entwickelten Interesse in der Kindheit.

*Inkubation:*
Während der Inkubationsphase wird das Problem „liegengelassen", eine „schöpferische Pause" eingelegt. Man beschäftigt sich nicht mehr bewusst mit dem Problem. Diese Phase hilft, Ermüdungserscheinungen abzubauen und Fixierungen (zum Beispiel auf eine bestimmte Strategie oder den bisher definierten Problemraum) zu lösen. Möglicherweise hilft die Unterbrechung auch, das Material umzustrukturieren und neue Verknüpfungen zu generieren.

Einige Forscher vertreten die Ansicht, dass diese Phase an den Schlafzustand gebunden ist. Tatsächlich gibt es überlieferte Berichte von Entdeckungen, denen unmittelbar zuvor eine Schlafphase vorausging. Die Forschergruppe um Mednick (Cai et al., 2009) untersuchte die Auswirkung des REM-Schlafes auf den kreativen Prozess des Problemlösens. Als Messinstrument der kreativen Leistung verwendeten sie u. a. den Remote Associates Test (RAT)[32]. Sie stellten fest, dass im Vergleich zu anderen Schlaf- und Ruhephasen, der REM-Schlaf die Bildung assoziativer Verbindungen und die Integration weit entfernter Assoziationen unterstützt. Sie erklären diesen Effekt damit, dass von den zuvor präsentierten (und nun im Gedächtnis repräsentierten) Begriffen (z. B. Herz – sechzehn – Plätzchen) eine Aktivierungsausbreitung (sog. „spreading activation") ausgeht und auf diese Weise entferntere Begriffsknoten angeregt werden (im genannten Beispiel „süß").

Über die spezielle Wirkung der Inkubationsphase herrscht allerdings derzeit noch Uneinigkeit. Eine umfangreiche Metaanalyse von Sio & Ormerod (2009) stützt jedoch Annahmen der Aktivierungsausbreitung und des Restrukturierens von Informationen während der Inkubation. Die Studie zeigt auch, dass Personen nur dann von der Inkubationszeit profitierten, wenn die Anforderung eine kreative Lösung notwendig machte. Waren Aufgaben zu bewältigen, bei denen lediglich Kenntnisse abzurufen waren, hatte die Inkubationszeit keine positive Wirkung. Außerdem zeigte sich, dass die Stärke der Inkubationseffekte von der Art des zu lösenden Problems abhing.

*Einsicht/Erleuchtung (Illumination):*
In dieser Phase kommt es zur „zündenden Idee" („Aha-Effekt"). Etwas weniger dramatisch formuliert, gelangt man in dieser Phase zur Einsicht in das

---

[32] Bei dem von Mednick 1962 entwickelten Remote Associates Test handelt es sich um einen Wort-Assoziations-Test, bei dem vorgegebene Wörter mit geringer Assoziationsstärke (z. B. Hand – Tanz – Spiel) über ein zu findendes Wort miteinander verbunden werden sollen (Hand – Tanz – Spiel verbindet das Wort ‚Ball'). Mednick nahm an, dass kreative Personen eher Assoziationen zwischen weit auseinander liegenden Begriffen herstellen können als weniger kreative Personen.

Problem bzw. zur Lösung des Problems. Häufig können sich Personen die plötzliche Erkenntnis nicht erklären und erleben sie als ich-fern („Lösung kam aus dem Nichts, ohne eigenes Zutun"). Die Beschreibung der vorangehenden Phasen macht jedoch deutlich, dass eine entsprechende intensive Vorbereitung und eingehende Beschäftigung mit dem Problemgegenstand Einsicht erst ermöglicht. Der Naturwissenschaftler Louis Pasteur drückte es so aus: „Der Zufall trifft nur einen vorbereiteten Geist".

Vor allem Jung-Beeman und Mitarbeiter (2004; Subramaniam et al., 2009)[33] haben sich intensiv mit dieser Phase des kreativen Prozesses befasst. Dabei galt ihr Interesse vor allem der Frage, inwieweit sich der Moment der plötzlichen Einsicht als neuronale Aktivität im Gehirn widerspiegelt. Die Forscher gingen davon aus, dass sich Unterschiede zwischen Problemlösungen mit plötzlicher Einsicht und „normalen" Problemlösungen (mit schrittweiser Erkenntnis) in entsprechend unterschiedlichen Aktivierungsmustern im Gehirn zeigen sollten. Sie nutzten zur Untersuchung u. a. das in Kapitel 3.1 beschriebene Verfahren der funktionellen Magnetresonanztomographie. Es zeigte sich, dass ein „Aha-Erleben" mit einer erhöhten Aktivierung am oberen Rand des Temporallappens der rechten Hirnhälfte einherging, beim Problemlösen ohne „Aha-Erleben" war die Aktivierung in diesem Bereich deutlich geringer ausgeprägt. Die Autoren vermuten, dass dieses Hirnareal eine spezifische integrative Funktion für den Sprachverstehensprozess besitzt, genauer für die Integration neuer oder weit entfernter semantischer Informationen.

*Bewertung (Verifikation):*
In dieser Phase wird das Ergebnis bzw. die Lösung kritisch geprüft und bewertet (z. B. eine Problemlösung in Hinblick auf ihre Anwendbarkeit). Es muss überprüft werden, ob die gefundene Lösung das anfangs formulierte Problem auch tatsächlich behebt. Die Geschichte kennt viele Anekdoten, die davon berichten, wie kreative Lösungen entstanden, die weit entfernt waren von der anfänglichen Zielstellung[34]. Anfang des 18. Jahrhunderts wurde der Alchemist Johann Friedrich Böttger von August dem Starken mit der Herstellung von

---

[33] Jung-Beeman und Mitarbeiter verwendeten eine Adaptation des Remote Associates Test: Die vorgegebenen Wörter sollen durch das gesuchte Wort sinnvolle zusammengesetzte Wörter ergeben (z. B. crab – pine – sauce; das verbindendes Wort „apple" ergibt crabapple, pineapple, applesauce). Der Vorteil dieser „compound-remote-associates"-Aufgaben besteht in einer kürzeren Bearbeitungszeit, die insbesondere bei neurophysiologischen Messungen (die eine große Anzahl von Versuchsdurchgängen erfordern) notwendig ist.
[34] Solche zufälligen Entdeckungen werden auch mit dem Begriff „Serendipity" umschrieben.

Gold beauftragt. Nach zahlreichen Experimenten entstand zwar kein Gold, dafür aber das erste europäische Porzellan, das noch heute als Meißener Porzellan berühmt ist. Es gibt viele Anekdoten solcher zufälligen Entdeckungen oder Erfindungen, die nicht das ursprünglich formulierte Problem lösten. Der Abgleich mit der ursprünglichen Problemsituation am Ende eines kreativen Prozesses ist unerlässlich. Nicht immer bewährt sich eine gefundene Lösung in der Praxis und nur in den seltensten Fällen entsteht als Nebenprodukt ein spektakulärer Geniestreich.

Als fünfte Phase lässt sich die *Phase der Ausarbeitung (Elaboration)* hinzufügen. Gemeint ist die Phase, in der die Lösung eine weitere Ausarbeitung erfährt, denn nicht immer bedeutet die gefundene Lösung eine vollständige Lösung des Problems. In dieser Phase wird die gefundene Lösung an den anfangs gesetzten Maßstäben (z. B. der Qualität, des Nutzens, der Praktikabilität) gemessen, sie ist damit auch der Beurteilung anderer ausgesetzt. Möglicherweise ist eine Modifikation oder Erweiterung der gefundenen Lösung notwendig. Vielfach wird diese Phase jedoch nicht mehr zum „eigentlichen" kreativen Prozess hinzugezählt. Der Grund liegt vor allem darin, dass sich der Prozess der Verifikation (der Überprüfung und Bewertung des Ergebnisses) kaum von der Elaboration (einer weiteren Prüfung in Bezug auf die Umsetzung der Lösung) trennen lässt.

Fraglich ist, ob sich jeder kreative Prozess durch die dargestellte lineare Phasenabfolge kennzeichnen lässt. Csikszentmihalyi & Sawyer (1995) weisen darauf hin, dass kreative Lösungen auch in einem schrittweise voranschreitenden Erkenntnisprozess entstehen können. Solch ein Prozess wäre dann eher durch viele „kleine" Einsichten gekennzeichnet, die immer wieder überprüft werden und unter Umständen mit einem Rückgriff auf frühere Phasen, wie erneuter Vorbereitung, verbunden sind. Kreative Produkte sind häufig auch nicht auf die Leistung eines Einzelnen zurückzuführen, sondern entstehen im kommunikativen Austausch. Das Modell von Wallas räumt diesem Aspekt lediglich eine Bewertungsfunktion am Ende des kreativen Prozesses ein.

Betrachtet man das Phasenmodell jedoch weniger rigide und räumt ein, dass in Abhängigkeit vom Problemgegenstand und persönlichen Faktoren Phasen mehr oder weniger stark ausgeprägt sein können und sich in Wiederholungsschleifen vollziehen können, so ist es möglich, kreative Prozesse zu analysieren und damit zu einem besseren Verständnis für dieses komplexe Phänomen zu gelangen. Es handelt sich um einen dynamischen Interaktionsprozess, der sowohl divergentes als auch konvergentes Denken erforderlich macht, der sowohl personale als auch kognitive Fähigkeiten voraussetzt, diese aber auch in einem gewissen Umfang verändert. Und nicht zuletzt ist dieser

Prozess abhängig von Umweltbedingungen, die sich förderlich oder hinderlich auswirken.

### 3.6 Emotionen – ein Feind des klaren Gedankens?

*Emotionen* sind aktuelle psychische Zustände, die als Reaktion auf persönlich bedeutsame Situationen auftreten und sich in ihrer Qualität unterscheiden. Nach Ekman und Friesen (1975) lassen sich sechs Basisemotionen identifizieren: Wut, Furcht, Freude, Überraschung, Trauer und Ekel. Emotionen sind damit objektbezogen (z. B. Furcht vor Prüfungen), wobei das Objekt der Emotion nicht real vorhanden sein muss, u. U. genügt die Vorstellung davon (z. B. bei Phobien). Emotionen schließen das subjektive Erleben, kognitive Prozesse, expressives und instrumentelles Verhalten sowie physiologische Veränderungen mit ein (siehe Abbildung 36). Emotionen haben eine entscheidungs- und handlungssteuernde Funktion insofern als sie eine bedürfnisorientierte und situationsangepasste Verhaltensauswahl ermöglichen (z. B. Wut – Kampf, Furcht – Flucht). Dieser Aspekt hebt die vermittelnde Funktion von Emotionen zwischen wechselnden Umweltsituationen und Individuum hervor.

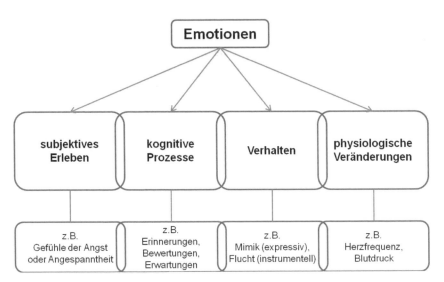

*Abbildung 36*  Die unterschiedlichen Aspekte von Emotionen

In Hinblick auf die Intensität und die Dauer unterscheiden sich Emotionen von Stimmungen. *Stimmungen* bezeichnen die momentane subjektive Befindlichkeit eines Individuums. Stimmungen halten länger an als Emotionen, sind jedoch weniger intensiv und nicht an ein Objekt oder an ein Ziel gebunden. Sie sind also eher unspezifischer Natur (z. B. gedrückte oder gehobene Stimmung), ihr Ursprung kann häufig nicht ausgemacht werden. Der Übergang zwischen Emotionen und Stimmungen ist jedoch fließend. Da in theoretischen Ansätzen in der Regel keine Differenzierung zwischen beiden Begriffen getroffen wird, werden im Folgenden beide Begriffe synonym verwendet bzw. in Anlehnung an Clore & Palmer (2009) Stimmungen und Emotionen unter der übergreifenden Bezeichnung „affektive Zustände" subsummiert.

Bereits bei der Betrachtung der Definition von „Emotionen" wird deutlich, dass Emotion und Kognition untrennbar miteinander und mit dem menschlichen Handeln verbunden sind. Es gibt keine emotionalen Prozesse ohne dass kognitive Funktionen beteiligt wären und umgekehrt. Der folgende Abschnitt befasst sich vor allem damit, inwieweit Emotionen unser Denken beeinflussen.

### 3.6.1 Emotionen und Entscheidungen

Emotionen können sich sowohl positiv als auch negativ auf das Denken auswirken. Sie beeinflussen Urteils- und Entscheidungsprozesse und damit die daraus folgenden Handlungen. LeDoux (2006) beschreibt die Koppelung von emotionalen und kognitiven Funktionen über unterschiedliche Stufen der Informationsverarbeitung. Wenn schnell und effizient auf eine Situation reagiert werden muss (z. B. bei Gefahr), greifen automatisierte Prozesse (Fluchttendenz), denn ein Nachdenken und Abwägen von Handlungsalternativen würde zusätzlich Zeit kosten. Im Nachhinein jedoch nutzen wir die Möglichkeit, die Situation/das Problem zu analysieren, indem wir unser erworbenes Wissen heranziehen und beispielsweise die Situation mit ähnlichen Situationen, die wir erlebt oder erfahren haben, vergleichen. Auf diese Weise können wir die Kosten gegen den Nutzen abwägen und entscheiden, welche Handlungen im Folgenden situationsangemessen sind, unser Handeln also bewusst planen, steuern und optimieren.

Interessant ist es, den Aspekt der Entscheidungsfindung näher zu beleuchten. Folgen wir dem Kant'schen Vernunftprinzip, sollten wir – vollkommen emotionslos – alle möglichen Entscheidungsalternativen einer Kosten-Nutzen-Analyse unterziehen, um zu einer optimalen Entscheidung zu gelangen. Dass dies nicht nur unmöglich ist, sondern in vielen Fällen auch nicht sinnvoll ist, zeigen eine Reihe von Forschungsansätzen (u. a. Damasio, 2007; Gigerenzer, 2008). Der amerikanische Neurologe Antonio Damasio beschreibt, wie sich Emotionen auf Prozesse der Entscheidungsfindung auswirken, indem Handlungsalternativen durch sog. somatische Marker gewichtet werden. Hatten Sie schon einmal den Eindruck, eine Entscheidung *fühlt* sich richtig an? Dann sind Sie vermutlich einem somatischen Marker gefolgt. Somatische Marker sind Empfindungen angenehmer oder unangenehmer Natur, die sich bei der Vorstellung einer Entscheidungsoption einstellen. Solche Marker legen jedoch lediglich eine Handlungstendenz nahe. Auf der Basis der durch die somatischen Marker antizipierten emotionalen Konsequenzen von Handlungsalternativen erfolgt der rationale Selektionsprozess. Im Laufe des Lebens erlernen wir Verbindungen von Handlungen mit ihren somatischen Markern. Ähnelt eine Entscheidungssituation einer bereits erlebten, werden deren somatische Marker aktiviert und beeinflussen unser Verhalten in der aktuellen Situation.

Damasio führte klinische Studien mit hirngeschädigten Patienten durch. Er stellte fest, dass bei Schädigungen im ventromedialen präfrontalen Cortex das emotionale Empfindungsvermögen beeinträchtigt war. Dies führte praktisch zu einer vollkommenen Entscheidungsunfähigkeit der Patienten, obgleich die intellektuelle Leistungsfähigkeit nicht betroffen war. Somatische Marker, so Damasio, prüfen auf der Basis früherer Erfahrungen die Relevanz von Informationen und lenken die Aufmerksamkeit. Dies führt bei gesunden Personen dazu, dass in Entscheidungssituationen eine bereits selektierte und ‚vorbewertete' Auswahl an Alternativen vorliegt. Ist dieser Mechanismus defekt, erscheinen alle Alternativen gleichwertig. Das heißt, über einen langwierigen Denkprozess müssen alle gegebenen Alternativen gewichtet und gegeneinander abgewogen werden, wozu in vielen Situationen schlicht die Informationsverarbeitungskapazität unseres Gehirns nicht ausreicht. Davon abgesehen, gibt es vor allem in sozialen Situationen viele Entscheidungen, bei denen wir nicht allein rationalen Erwägungen folgen. Ob wir moralisch handeln oder nicht, hängt eben nicht allein davon ab, ob unmoralisches Handeln strafrechtliche Konsequenzen nach sich ziehen würde, sondern auch von verinnerlichten Werten, die sehr stark an Emotionen gekoppelt sind. Emotionen haben zudem eine wichtige motivationale Bedeutung. Wenn wir nicht entscheiden können, was wichtig ist, sind wir auch nicht in der Lage, Ziele und Präferenzen zu verfolgen, insbesondere dann, wenn sie langfristiges strategisches Verhalten erfordern. Würde Ihnen die Emotionalität fehlen, würden Sie vermutlich nicht dieses Buch lesen. Denn Sie hätten kein Interesse daran, zu neuen Erkenntnissen zu gelangen, sie wären nicht neugierig und Sie empfänden keine emotionale Befriedigung, etwas zu verstehen.

Die Rolle von Emotionen beim Treffen von Entscheidungen betont auch Gigerenzer (2008), der ein ganzes Buch den sog. „Bauchentscheidungen" gewidmet hat. Er stellte fest, dass wir insbesondere in komplexen Entscheidungssituationen dazu neigen, uns auf unsere Intuition zu verlassen. Dabei nutzen wir – häufig unbewusst – Strategien, die diese Komplexität reduzieren und uns damit die Entscheidung erleichtern. Solche Strategien werden als Heuristiken bezeichnet. Die verschiedenen Arten von Heuristiken sind im Kapitel 3.4 ausführlich beschrieben.

### 3.6.2 Emotionen und Erinnerung

Wie sich Emotionen auf die Verfügbarkeit von Informationen auswirken, beschreibt Bower (1981) anhand des sog. *mood congruent recall (stimmungskongruentes Erinnern)*: Informationen, die zu unserer aktuellen Stimmung passen, werden eher und leichter abgerufen als zu unserer Stimmung inkongruente Inhalte. Sie können dies leicht nachvollziehen: Denken Sie an Ihren letzten Ärger über eine Person. Hätte man Sie im Zustand dieses Ärgers danach gefragt, an wie viele positive und negative Erlebnisse Sie sich mit dieser Person erinnern, wäre die Liste der negativen Beispiele ganz sicher länger gewesen als die der erinnerten positiven Ereignisse. Diesen Effekt erklärt Bower wie folgt: Unsere momentane Stimmung ist mit Gedächtnisinhalten assoziiert, die eine ähnliche Stimmung hervorrufen. Diese Inhalte sind also voraktiviert und können dadurch leichter abgerufen werden. Veranschaulichen lässt sich diese Annahme mit Hilfe eines Netzwerkmodells (siehe Abbildung 37). Innerhalb dieses assoziativen Netzwerkes sind Emotionen und Begriffe miteinander verbunden. Die ‚Emotionsknoten' sind mit den entsprechenden Gedächtnisinhalten assoziativ verknüpft. Gleichzeitig werden Inhalte, die nicht stimmungskongruent sind, gehemmt. Diese Hemmung wird als Inhibition bezeichnet. Erleben wir eine bestimmte Emotion (z. B. Freude) wird ein ‚Emotionsknoten' aktiviert und mit ihm die zugehörigen Gedächtnisinhalte (z. B. angenehme Erlebnisse im Urlaub). Gleichzeitig werden andere Inhalte inhibiert. Die Aktivierung eines bestimmten ‚Emotionsknotens' erhöht also die Wahrscheinlichkeit, dass uns Informationen in den Sinn kommen, die mit dieser Stimmung verbunden sind.

In engem Zusammenhang mit dem Phänomen des *mood congruent recall* steht der Effekt des *state dependent recall (zustandsabhängiges Erinnern)*: Informationen werden besser erinnert, wenn die Stimmung während des Abrufs der Information mit der Stimmung übereinstimmt, die herrschte, als die Informa-

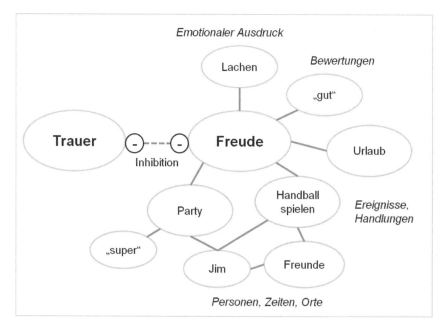

*Abbildung 37*   Beispielhafter Ausschnitt aus einem assoziativen Netzwerk
in Anlehnung an Bower (1981)

tion erworben wurde. Dieser Effekt findet jedoch nur vereinzelt bestätigende
Befunde, insbesondere deshalb, weil es hier zu einer erheblichen Konfundie-
rung mit anderen Kontexteffekten kommt.

Der Effekt des *mood congruent recall* konnte vor allem für autobiografische
Erinnerungen experimentell bestätigt werden. Versuchspersonen in gehobener Stimmung erinnerten sich eher an positive Ereignisse in ihrem Leben als
Versuchspersonen in gedrückter Stimmung und umgekehrt. Allerdings existieren auch Befunde, die nahelegen, dass es in negativer Stimmung lediglich
schwerer fällt, positive Ereignisse abzurufen, der Abruf negativer Ereignisse
jedoch nicht zwangsläufig begünstigt wird. Erklären lässt sich dieser Befund
mit Hilfe der sog. *mood repair hypothesis.* Geht man davon aus, dass der Mensch
generell nach positivem emotionalen Erleben strebt (z. B. Isen, 1984), sollte eine
gedrückte Stimmung zu Strategien führen, diese zu verbessern. Um weitere
negative Gedanken zu vermeiden, wird die Ablenkung vom negativen Erleben
angestrebt, indem man ganz bewusst nach positiven Gedankeninhalten oder
zumindest stimmungsunabhängigen Inhalten sucht. Für den stimmungskon-

gruenten Einfluss positiver Stimmungen auf positiv besetzte Gedächtnisinhalte sind die Effekte jedoch sehr stabil.

Wenn Stimmungen zu selektiven Erinnerungen führen, also unsere Informationsauswahl beeinflussen, liegt die Annahme nahe, dass die emotionale Verfassung eines Menschen auch auf Prozesse der Bewertung (z. B. die Beurteilung vergangener und zukünftiger Ereignisse) wirkt. Es ist plausibel anzunehmen, dass in gehobener Stimmung positivere Urteile gefällt werden als in gedrückter Stimmung. Dieser Effekt ist auch vielfach empirisch bestätigt worden. So berichten Personen in positiver Stimmung eine höhere Lebenszufriedenheit als Personen in negativer Stimmung (Schwarz & Clore, 1983) und auch die Beurteilung von anderen Personen fällt unter positivem Stimmungseinfluss besser aus als unter negativem (Clore et. al. 1983).

Der ‚feelings-as-information'-Ansatz von Schwarz und Mitarbeitern begründet den Einfluss von Stimmungen auf die Urteilsbildung (z. B. Forgas & Bower, 1987; Schwarz & Clore, 1983; Schwarz, 2001; Clore & Palmer, 2009; Schwarz, in press). Stimmungen haben danach für den Urteilsprozess selbst eine informative Funktion. Wenn Sie zum Beispiel einschätzen sollen, ob eine Person Ihnen sympathisch ist, werden Sie vermutlich nicht erst lange Informationen über die Person zusammentragen und diese gewichten, um anschließend Ihr Urteil zu fällen. Sie werden höchstwahrscheinlich Ihr Urteil ganz spontan treffen können – auf der Basis Ihres aktuellen Empfindens. Mit Hilfe einer solchen Heuristik lässt sich der Urteilsprozess stark vereinfachen und verkürzen.

Allerdings kann die Anwendung einer solchen Urteilsheuristik zu Fehlinterpretationen führen. Das ist dann der Fall, wenn die emotionale Reaktion (zum Beispiel auf die zu beurteilende Person) nicht getrennt werden kann von der momentanen Stimmung. Das heißt, u. U. wird eine Person deshalb positiv beurteilt, weil dies der aktuellen Stimmung entspricht und nicht deshalb, weil die Person eine positive emotionale Reaktion auslöst. Eine solche fehlerhafte Ursachenzuschreibung wird auch als Fehlattribution bezeichnet.

### 3.6.3 Emotionen und Informationsverarbeitung

Stimmungen besitzen aber nicht nur einen informativen Wert für die Urteilsbildung, sondern beeinflussen auch die Art der Informationsverarbeitung, des Denkens selbst. Wie in Kapitel 3.1 beschrieben, besitzt das Denken eine wichtige handlungsregulierende Funktion. Und hier zeigt sich der enge Zusammenhang zwischen Emotionen und Denken: Die Stimmungsvalenz signalisiert, ob in der derzeitigen Situation ein Handlungsbedarf besteht oder nicht. Da der

Mensch, wie oben beschrieben, nach positivem emotionalen Erleben strebt, signalisiert eine negative Stimmung, dass die derzeitige Situation verändert werden sollte (negativer affektiver Hinweisreiz: „Situation problematisch"). Auf diese Weise führt eine negative Stimmung zu einer erhöhten Anstrengungs- und Handlungsbereitschaft. Eine positive Stimmung hingegen signalisiert keinen Handlungsbedarf, da die Situation als wünschenswert empfunden wird (positiver affektiver Hinweisreiz: „Situation unproblematisch"). Insofern üben die unterschiedlichen Stimmungen eine starke motivationale Wirkung aus. Und auf diese Weise fördern Stimmungen unterschiedliche Strategien, die gegebenen Informationen zu verarbeiten.

Diesen Annahmen entsprechend sollten Personen in positiver Stimmung eher dazu neigen, den kognitiven Aufwand zur Analyse der Situation zu minimieren, also vereinfachte Verarbeitungsstrategien zu nutzen. Solche vereinfachte Strategien bestehen beispielsweise darin, sich stärker von seiner Intuition leiten zu lassen und globale Heuristiken zur Entscheidungsfindung zu nutzen. Eine positive Stimmung vermittelt zudem Sicherheit in der gegebenen Situation. Diese Sicherheit sollte einerseits die Kreativität im Denken fördern (siehe Subramaniam et al., 2009), andererseits aber die Tendenz verstärken, sich auf das eigene Wissen (auch in Form von Stereotypen) zu verlassen (siehe Fiedler, 1988; Bless et al. 1996). Eine negative Stimmung hingegen sollte eher zu einer kognitiv aufwendigeren Informationsverarbeitung führen. Um einen unerwünschten Zustand zu verändern, ist es sinnvoll, zunächst die Situation detailliert und systematisch zu analysieren, um ein adäquates Handeln zu ermöglichen. Ursache-Wirkungsbeziehungen müssen antizipiert werden, Handlungsalternativen abgewogen und auf ihre möglichen Konsequenzen hin überprüft werden.

Bless und Mitarbeiter (1990) konnten feststellen, dass sich im Zusammenhang mit der Stimmung auch die Beeinflussbarkeit einer Person ändert. Sie konfrontierten Studierende mit einer einstellungskonträren Botschaft – es ging um die Erhöhung von Studentenwerksbeiträgen – und verwendeten dabei entweder qualitativ starke oder schwache Argumente. Die Versuchspersonen wurden zuvor in positive oder negative Stimmung versetzt, indem man sie über ein positives oder negatives Lebensereignis berichten ließ. Ziel war es, den Einfluss der Stimmung auf die bevorzugte Verarbeitungsstrategie der Informationen zu untersuchen. Abbildung 38 zeigt das Ergebnis: Personen in negativer Stimmung ließen sich nur dann überzeugen, wenn die Argumente stichhaltig waren, nicht aber bei schwachen Argumenten. Personen in positiver Stimmung ließen sich in jedem Fall beeinflussen.

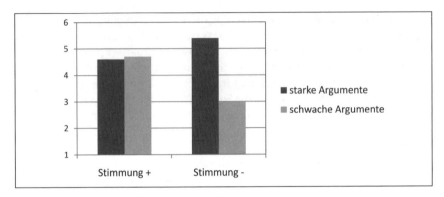

*Abbildung 38*   Beeinflussbarkeit[35] in Abhängigkeit von der Argumentquali-
tät und der Stimmung ( in Anlehnung an Bless et al, 1992)

Allem Anschein nach dachten Personen in guter Stimmung weniger über die Inhalte nach, d. h. sie elaborierten die Botschaft in geringerem Ausmaß als negativ gestimmte Personen. Die Forschergruppe überprüfte diese Annahme, indem sie in einem zweiten Experiment die Probanden zusätzlich eine Ablenkungsaufgabe (Rechenaufgaben) lösen ließen, die eine tiefergehende Verarbeitung der Information behindern sollte. Die Ablenkung sollte sich also vor allem auf das Urteil negativ gestimmter Personen auswirken. Die Ergebnisse bestätigten diese Annahme. Der Einfluss von starken Argumenten bei Versuchspersonen in schlechter Stimmung wurde durch die Ablenkungsaufgabe aufgehoben. Bei positiv gestimmten Personen hatte die Ablenkung keine Wirkung.

Ein ebenfalls gut belegter Stimmungseffekt bezieht sich auf die lokale vs. globale Informationsverarbeitung. Während eine negative Stimmung dazu beiträgt, sich auf Details zu konzentrieren, Informationen also lokal zu verarbeiten, bewirkt eine positive Stimmungslage eine eher globale Verarbeitungsstrategie. Fredrickson bezeichnet diese Strategie in ihrer *„broaden-and-build theory"* als erweiterndes Denken. Ein Experiment, dass von verschiedenen Forschern (u. a. Gasper und Clore, 2002; Fredrickson, 2001) in diesem Zusammenhang durchgeführt wurde, soll kurz dargestellt werden:

Personen, die zuvor in positive oder negative Stimmung versetzt wurden (z. B. durch das Anschauen von fröhlichen oder Angst hervorrufenden Fil-

---

[35] Die Zustimmung zur Beitragserhöhung wurde mittels einer Skala von 1 (= absolute Ablehnung) bis 9 (= vollkommene Zustimmung) erfasst.

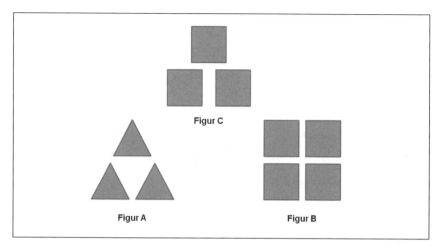

*Abbildung 39*    Beispiel einer „global-local"-Aufgabe (in Anlehnung
an Fredrickson & Branigan, 2005)

men), legte man drei geometrische Figuren vor (siehe Abbildung 39). Sie sollten einschätzen, welche der unteren Figuren (A oder B) der oberen Figur (C)
stärker ähnelt. Es ist ersichtlich, dass es keine richtige oder falsche Lösung gibt.
A und C gleichen sich im Umriss, B und C gleichen sich im Detail.

Positiv gestimmte Probanden nahmen signifikant häufiger den Gesamtein-
druck wahr, sie orientierten sich an der Gestalt (A gleicht C stärker), während
negativ Gestimmte die zweite Lösung bevorzugten (B gleicht C stärker), also
stärker auf die Einzelheiten fokussierten.

Die dargestellten Forschungsergebnisse zeigen, wie unterschiedlich sich
Stimmungen auf die Bewältigung von Aufgaben auswirken können. Eine
positive Stimmungslage sollte sich vor allem dann als vorteilhaft erweisen,
wenn kreative Lösungen gefragt sind (siehe Isen et al., 1987) und kognitive
Flexibilität (siehe Hirt et al., 2008). Ist jedoch eine substanzielle Verarbeitung
der gegebenen Informationen gefragt, sollte sich eine gedrückte Stimmung
positiv auf das zu erzielende Ergebnis auswirken. Die lange gehegte Annahme, dass eine gehobene Stimmung generell zu verbesserten Problemlösungen
führt, wurde durch verschiedene experimentelle Studien widerlegt. Fiedler
(2001) geht davon aus, dass positive und negative Stimmungen zwar zu unterschiedlichen Verarbeitungsstrategien beim Problemlösen führen, beide
jedoch innerhalb der Aufgabenbearbeitung von Vorteil sein können. Experimentelle Belege hierfür fanden beispielsweise Spering et al. (2005) in ihren Un-

tersuchungen mit Hilfe computersimulierter Szenarien. Sie kommen zu dem Schluss, dass die Unterscheidung zwischen positiven und negativen Emotionen nicht zwangsläufig zu einer Klassifikation erfolgreicher und erfolgloser Problemlöser führt.

Die Heterogenität der Befundlage zum affektiven Einfluss auf das Denken zeigt, dass es noch erheblichen Forschungsbedarf gibt. Dieser richtet sich beispielsweise auf die Klärung, inwieweit die Affekt-Intensität und -Qualität eine Rolle spielt. So können sich zum Beispiel Verarbeitungsstrategien von Personen in gedrückter Stimmung von denen depressiver oder ängstlicher Personen erheblich unterscheiden. Möglicherweise gibt es auch Unterschiede innerhalb einer emotionalen Valenzorientierung. Eine positive Stimmung kann mit mehr oder weniger ‚innerer Spannung' verbunden sein (z. B. ausgelassene Freude vs. entspannte Zufriedenheit), die sich wiederum auf die Strategie der Informationsverarbeitung auswirken kann. Gleiches gilt natürlich für negative affektive Zustände.

Einen wichtigen Beitrag zur weiteren Aufklärung von Stimmungseinflüssen auf kognitive Prozesse kann auch die neuropsychologische Forschung leisten. Diese konzentriert sich überwiegend auf den präfrontalen Cortex. Mit Hilfe von EEG- und fMRT-Studien konnte gezeigt werden, dass negative Affekte verbunden sind mit einer relativen Zunahme der rechtseitigen präfrontalen Aktivierung, während positive Affekte zu einer erhöhten Aktivierung der linken Seite führen (Davidson et al., 1990). Sehr gut nachweisen ließen sich auch individuelle Unterschiede im Baseline-Niveau der Aktivierung, die mit dem dispositionalen affektiven Stil verbunden sind. Personen mit positivem „Affektstil" zeigen im Ruhezustand eine höhere linksseitige Aktivierung, ein negativer „Affektstil" ist mit einer stärkeren rechtseitigen präfrontalen Aktivierung verbunden (Davidson, 1992). Weitere Studien ergaben, dass eine stärkere linksseitige Aktivierung assoziiert ist mit einer höheren Reagibilität auf emotionale Stimuli mit positiver Valenz (Tomarken et al., 1990). In Bezug auf den Zusammenhang zwischen Emotionen und der Informationsverarbeitung stellte Shallice (2006) fest, dass das Produzieren spontaner Strategien eher mit einer Aktivierung des linken präfrontalen Kortex' einhergeht, während Fehlerentdeckung und überprüfende Prozesse in Zusammenhang mit rechtsseitiger präfrontaler Aktivierung stehen. Diese Effekte wurden sowohl in Studien mit gesunden Personen als auch in Verletzungsstudien (Patienten mit Verletzungen der entsprechenden Hirnareale) gefunden.

Bisher jedoch, so kritisiert Huppert (2006), konzentriert sich die Forschung meist entweder auf die Untersuchung von Emotionen oder Kognitionen. Die

Aufgabe zukünftiger Forschung wird es sein, der engen Verschränkung beider Prozesse gerecht zu werden.

## 3.7   Denkfehler

In einigen der letzten Kapitel haben Sie bereits Denkfehler von Menschen kennen gelernt. Menschen machen Fehler beim logischen Denken (siehe Kap. 3.2.1), es fällt ihnen schwer, in Wahrscheinlichkeiten zu denken und sie haben Schwierigkeiten, wenn ihr Handeln in komplexen Umwelten gefordert ist (siehe Kap. 3.3.2).

### 3.7.1  Die klassischen Fehlerfallen – Logik und Wahrscheinlichkeit

In Bezug auf kognitive Täuschungen und Verzerrungen (*biases*) bezweifelt Gigerenzer, ob man überhaupt von Denkfehlern sprechen kann, wenn das menschliche Denken nicht der (formalen) Logik folgt. Er konnte zeigen, dass eine Reihe dieser Fehler ihren Charakter als „Fehler" verlieren, wenn man Strategien der Urteilsbildung nicht unter künstlichen Laborbedingungen betrachtet sondern innerhalb der natürlichen Umwelt. Viele dieser Strategien erweisen sich dann nämlich als ausgesprochen sinnvolle Anpassungsstrategien an die gegebenen Bedingungen (ökologische Rationalität). So ist es nicht verwunderlich, dass Menschen das *Abschätzen von Wahrscheinlichkeiten* Schwierigkeiten bereitet, denn Wahrscheinlichkeiten sind nicht vorstellbar, Häufigkeiten schon. Gigerenzer stellte fest, dass sich die Schätzungen von Probanden deutlich verbesserten, wenn man bei einer gestellten Aufgabe statt bedingter Wahrscheinlichkeiten natürliche Häufigkeiten einsetzte (Gigerenzer, 2002). Auf diese Weise verschwindet der sog. *Basisraten-Fehler*, die Vernachlässigung der Grundrate eines Merkmals oder Ereignisses.

Ein weiterer Denkfehler, den die Forschergruppe genauer unter die Lupe nahm, ist der *Konjunktionsfehler*, bei dem Menschen eine Kombination von Merkmalen für wahrscheinlicher halten als das Auftreten eines der Merkmale allein (siehe Hertwig & Gigerenzer, 1999). Legt man den Maßstab der Wahrscheinlichkeitstheorie an, ist dies natürlich nicht möglich. Zur Veranschaulichung ein Beispiel: Tversky & Kahneman (1983) gaben ihren Probanden eine Personenbeschreibung von Linda. Diese wurde als junge Frau beschrieben, die Philosophie studiert hatte und sich aktiv für Umweltschutz und Gleichberechtigung einsetzte. Nun sollten die Probanden zwei Aussagen in Hinblick darauf beurteilen, welche von beiden wahrscheinlicher sei: (a) „Linda ist Bankangestellte." oder (b) „Linda ist Bankangestellte und aktiv in der Frauenbewegung.". Die meisten Probanden meinten, Variante (b) sei wahrscheinlicher – nach den Wahrscheinlichkeitsregeln unmöglich. Doch Gigerenzer erklärt dieses Phänomen auf einfache Weise. Intelligentes Verhalten ist ein den Umweltbedingungen angepasstes Verhalten. Wenn vor der Aufgabenstellung eine Personenbeschreibung vorgelesen wird, nehmen wir – unter Rückgriff auf unsere Erfahrungen in sozialen Kommunikationssituationen – an, dass diese eine Bedeutung für die Aufgabe besitzen müsse. Wir gehen automatisch vom sog. Relevanzprinzip aus (siehe auch: Maxime der Kommunikation in Kap. 2.2.5). Die Einbeziehung dessen, was unter den gegebenen Bedingungen plausibel erscheint, spricht nach Gigerenzer für eine „intelligente Intuition".

In diesen Zusammenhang lässt sich auch das Phänomen des *Framing* einbetten. Framing bezeichnet die Tendenz von Menschen, sich in ihren Entscheidungen von der Darstellung der Situation leiten zu lassen. Das heißt, bei äquivalenten, aber unterschiedlich formulierten Informationen zu einem Sachverhalt, entscheiden Menschen in Abhängigkeit von der Formulierung. So macht es einen Unterschied, ob eine Person, die sich für oder gegen eine Operation entscheiden soll, die Information erhält: a) es bestehe eine 90-prozentige Überlebenswahrscheinlichkeit oder b) die Wahrscheinlichkeit zu sterben, beträgt 10 Prozent. Im ersten Fall wird sich die Person eher für, im zweiten Fall eher gegen die Operation entscheiden. Auch in diesem Fall, so Gigerenzer, entscheidet der Mensch *ökologisch rational*, wenn er dem Kontext/der Formulierung der Information eine Rolle zuschreibt. Wenn der Arzt die positive Formulierung (a) verwendet, signalisiert er dem Patienten, dass eine Operation die beste Entscheidung wäre. Im zweiten Fall (b) ist dies nicht der Fall.

Um Missverständnissen vorzubeugen: Der Ansatz Gigerenzers und seiner Kollegen besteht nicht darin, zu erklären, dass Menschen keine Fehler in ihrem Denken unterlaufen. Ihre Kritik gilt vor allem der Forschung, die die Logik als beherrschenden Maßstab zur Beurteilung menschlichen Denkens heranzieht. Gigerenzer warnt davor, die „falschen Fragen zu stellen und die interessanten, psychologischen zu vernachlässigen" und schreibt sehr treffend: „Es geht nicht darum, ob unsere Intuitionen den Gesetzen der Logik folgen und sie danach zu bewerten, sondern welche unbewussten Faustregeln[36] den Intuitionen zugrunde liegen." (Gigerenzer, 2008, S. 106f.). Wenn Menschen sich auf Heuristiken verlassen, impliziert dies bereits, dass die daraus resul-

---

[36] Gemeint sind schnelle und sparsame Heuristiken (siehe Kap. 3.4).

tierenden Schlussfolgerungen und Entscheidungen nicht in jedem Fall korrekt sind. Von Denkfehlern im engeren Sinne lässt sich nur dann sprechen, wenn jene Strategien innerhalb einer bestimmten Umwelt nicht angemessen sind und damit ihre Anpassungsfunktion an situative Bedingungen verlieren. Eine umfassende Auseinandersetzung mit der Frage, wie unterschiedliche Arten von Fehlern aus evolutionstheoretischer Sicht in ihrer Anpassungsfunktion zu beurteilen sind, findet sich bei Haselton et al. (2009).

### 3.7.2 *Fehler im Umgang mit Komplexität*

Analysiert man Denkfehler von Menschen in komplexen Situationen, wird vor allem eines deutlich: kognitive, motivationale und emotionale Faktoren bedingen sich gegenseitig. Wenn ein zu bewältigendes Problem nicht nur hochkomplex ist, sondern zudem ein hohes Maß an Unbestimmtheit und Unvertrautheit aufweist, geraten wir schnell an unsere Grenzen. Denn es ist in solchen Situationen nicht nur schwierig, diese Komplexität kognitiv zu bewältigen (begrenzte Informationsverarbeitungskapazität). Damit einher geht häufig das Gefühl der Überforderung und Unsicherheit. Die Unsicherheit verbindet sich mit dem Empfinden von Kontrollverlust und untergräbt damit unser Kompetenz- und Selbstwertgefühl, das uns lähmen und vollkommen handlungsunfähig machen kann. Fühlen wir uns nicht mehr Herr der Lage, leidet die Motivation und schnell wird Verantwortung delegiert oder aber die gesamte Situation selbstwertdienlich uminterpretiert.

Welche Schwierigkeiten sich aus den Anforderungen komplexer Problemkonstellationen für Menschen ergeben, wurde bereits in Kapitel 3.3.2 beschrieben. An dieser Stelle sollen einige, aus diesen Schwierigkeiten resultierende Fehler zusammengefasst werden. Wir orientieren uns dabei an den von Dörner beschriebenen Prozessphasen der Problembearbeitung (siehe Kap. 3.3.2), wobei verschiedene Fehlertendenzen in unterschiedlichen Phasen auftreten oder im Zusammenhang stehen können.

**Fehler bei der Zielausarbeitung:**

- *Unspezifische Zieldefinition:* Ausgangs- und/oder Zielzustand werden nicht ausreichend definiert, präzisiert und priorisiert.
- *Zu starre Zieldefinition (mangelnde Zielflexibilität),* die eine spätere Anpassung an veränderliche Situationen verhindert.

- *Fehler in der Zielauswahl:* Auswahl nach Erfolgswahrscheinlichkeit oder nach Sinnfälligkeit statt nach Wichtigkeit und Dringlichkeit.
- *Fehler in der Schwerpunktsetzung* (keine, zu wenige, zu viele, die falschen) aufgrund mangelnder Einsicht in die Struktur des Systems: In der Folge können Ziele nicht priorisiert und ggf. ausbalanciert werden, Widersprüche zwischen Teilzielen bleiben unerkannt.

**Fehler bei der Informationssammlung und Modellbildung:**

- *Einseitige Informationssammlung* (hängt häufig mit zu starrer Zieldefinition zusammen): nur hypothesenbestätigende Informationen sammeln, Ausblenden und oder Uminterpretieren „unpassender" Informationen.
- *Übertragung von Vorwissen ohne Prüfung der Angemessenheit* für die spezifische Problemsituation, Übergeneralisierung von Erfahrungen ohne Berücksichtigung der (neuen) Systemstruktur.
- *Unangemessene Modellbildung:* Verwendung eines Modells, das der vernetzten Struktur des Problems nicht gerecht wird und Wechselwirkungen unbeachtet lässt. Ein Spezialfall unangemessener Modellbildung stellt die *Zentralreduktion* dar, bei der alle Prozesse auf eine zentrale Variable zurückgeführt werden.

**Fehler bei der Extrapolation und Hypothesenbildung**

- *Unangemessene Hypothesen:* reduktive oder falsche Hypothesen aufgrund eines vereinfachten oder falschen Modells.
- *Wunschdenken* (hängt häufig mit einer einseitigen Informationssammlung zusammen): Antizipation zukünftiger Entwicklungen mit ausschließlicher Orientierung am gewünschten Zielzustand ohne Berücksichtigung weiterer Einflussfaktoren. Damit verbunden sind Fehleinschätzungen der Wahrscheinlichkeit von Erfolg (Überschätzung) und Misserfolg (Unterschätzung).
- *Nichtberücksichtigung der Dynamik des Systems:* falsche Entwicklungsprognosen (z. B. linear statt exponentiell), Momentanextrapolation (augenblicklicher Trend ausschlaggebend für Prognose).
- *Unterstellung einfacher Ursache-Wirkungsbeziehungen* (Ignorieren der Vernetztheit des Systems, das vielfache Wechselwirkungen bedingt).

**Fehler bei der Handlungsplanung, Entscheidung und Umsetzung von Maßnahmen:**

- *Unter- und Überplanung:* Unterplanung führt häufig zum sog. „Durchwursteln" (nur die aktuellen, sinnfälligen Aspekte eines Problems werden – ohne Blick auf Zusammenhänge oder wichtigere Aspekte – bearbeitet, Überplanung kann verhindern, dass überhaupt die Handlungsphase erreicht wird).
- *Planung mit Scheuklappen:* keine Berücksichtigung von Neben- und Fernwirkungen.
- *Unangemessener Planungsoptimismus:* Annahme der günstigsten Entwicklung, Ausblendung von Friktionen, Unwägbarkeiten und Zeitverzögerungen.
- *Irrationales, rigides Festhalten am einmal gefassten Plan* ohne Berücksichtigung von Systemveränderungen.
- *Übertragung von bekannten (vertrauten) Lösungsstrategien* auf das zu lösende Problem ohne diese auf ihre Angemessenheit zu prüfen (Methodismus).
- *Tendenz, vernetzte Variablen unabhängig voneinander zu betrachten und zu bearbeiten:* Sequentielle Bearbeitung von Teilproblemen ohne Berücksichtigung ihrer Wechselwirkungen.
- *Flucht- und Ausweichverhalten:* Bei absehbaren oder bereits eingetretenen Misserfolgen Flucht in phantasierte Erfolge oder Rückzug in einen Teilbereich des Problems, der beherrschbar erscheint (Einkapselung) oder Ausweichverhalten (z. B. Beschäftigung mit zweitrangigen Themen), um der Konfrontation mit Misserfolgen zu entgehen.
- *Aktionismus, „thematisches Vagabundieren" und Reparaturdienstverhalten:* sprunghafte, planlose Aktivitäten in verschiedenen Bereichen, Aktivität um ihrer selbst willen, beruht häufig auf unzureichender Modell- und Hypothesenbildung und/oder Fehlern in der Zieldefinition (z. B. mangelhafte Prioritätensetzung).
- *Ballistisches Entscheiden:* Entscheidungen werden getroffen und „abgehakt", die Wirkung der Entscheidung (kurz- und langfristig) wird nicht kontrolliert/verfolgt.

**Fehler im Rahmen der Effektkontrolle**

- *Keine oder eingeschränkte Effektkontrolle:* Entweder, weil im Rahmen vorheriger Planung keine Kriterien zur Prüfung der Maßnahmenwirkungen festgelegt wurden oder aufgrund von Erfolg (Effektkontrolle wird nicht für notwendig erachtet) oder Misserfolg (zum Schutz des eigenen Kompetenzempfindens).

- *Mangelnde Selbstreflexion:* kritisches Hinterfragen des eigenen Vorgehens wird vermieden.
- *Vorzeitiger Abbruch der Ursachenanalyse* nachdem man eine plausible Erklärung gefunden hat.
- *Fehl-Attribuierungen:* Erfolge werden sich selbst, Misserfolge der Situation oder anderen Beteiligten (Sündenbock-Politik, Verschwörungstheorien) zugeschrieben.
- *Ausschließliche Kontrolle der Zielindikatoren,* fehlende Überprüfung von Nebenwirkungen und eigendynamischen Entwicklungen des Systems.
- *Nichtberücksichtigung von zeitverzögerten Wirkungen.*

Die Ursachen solcher Fehler sind vielfältig, doch lassen sie sich nach Dörner (2009) auf vier grundlegende interagierende Faktoren zurückführen:

*Ökonomiestrategien:* Da Menschen nur begrenzt neue Informationen aufnehmen und verarbeiten können, greifen sie zu Strategien, die ihre kognitiven Ressourcen schonen. So werden Informationen verdichtet, generalisiert und in bereits vorhandene Wissensstrukturen eingeordnet. Solche Strategien führen zur Komplexitätsreduktion und ermöglichen damit überhaupt erst den Umgang mit komplexen Strukturen. Andererseits können Ökonomiestrategien zu unangemessenen Vereinfachungen komplexer Systeme führen, die sich beispielsweise in einer zu stark vereinfachten Modellbildung (Zentralreduktion), reduktiven Hypothesen, der Annahme einfacher Ursache- Wirkungsbeziehungen oder Momentanextrapolationen äußern.

*Vergessen:* Der zweite Faktor hängt eng mit der Verwendung von Ökonomiestrategien zusammen und betrifft das Verblassen, Selektieren, Modifizieren und Vergessen von Informationen mit der Zeit. Woran wir uns erinnern, hängt zudem davon ab, mit welchen Emotionen bestimmte Ereignisse verknüpft sind.

*Dominanz des aktuellen Motivs:* Unser Handeln in komplexen Situationen ist häufig davon geprägt, welche Motive gerade im Vordergrund stehen. Was beispielsweise im Augenblick Angst erzeugt, motiviert uns zum Handeln. Deutlich sichtbar wird die Dominanz des aktuellen Motivs beim Ausbruch von Krisen oder Katastrophen. Selbst wenn diese absehbar sind, steigt die Handlungsmotivation erst dann, wenn Menschen mit den negativen Konsequenzen unmittelbar konfrontiert werden. Dies äußert sich nicht selten in blindem Aktionismus oder Reparaturdienstverhalten.

*Schutz des eigenen Kompetenzempfindens:* Das Gefühl der eigenen Kompetenz ist ausschlaggebend für unsere Handlungsfähigkeit. Aktionismus, Reparaturdienstverhalten, Einkapselung und viele Fehler im Rahmen der Effektkontrolle dienen letztlich dem Schutz des eigenen Kompetenzempfindens. Mit Aktionismus sollen die eigene Handlungsfähigkeit und die Fähigkeit, Kontrolle auszuüben unter Beweis gestellt werden. Wenn im Rahmen der Effektkontrolle die Ursachen für Misserfolge nicht oder nur halbherzig analysiert werden, liegt dies häufig daran, dass Misserfolge das Kompetenzempfinden schmälern.

### 3.7.3  Denkfehler und psychische Störungen

Im Kapitel 3.1.1 wurde das Denken als ein Aspekt der Willensfreiheit bezeichnet, da der Denkende selbst über die Wahl des ‚Denkobjekts' entscheidet. Ist eine Person dauerhaft nicht imstande, diese Wahl selbst zu treffen, sprechen wir von Denkzwängen. Solche Denkzwänge, aber auch Denkfehler im Sinne von verzerrtem Denken treten zum Beispiel als Symptome von psychischen Störungen auf, z. B. Angststörungen (Panikstörung, Phobien, Zwangsstörung) und Affektiven Störungen (verschiedene Formen depressiver Störungen). Zu den massiveren Denkstörungen, wie sie im Verlauf von psychotischen Störungen (z. B. Schizophrenie, schizoaffektive und wahnhafte Störung) auftreten, gehören formale (u. a. Ideenflucht) und inhaltliche Denkstörungen (Wahnerleben), auf die in diesem Rahmen nicht näher eingegangen werden kann. Beispielhaft werden im Folgenden dysfunktionale Denkmuster bei affektiven Störungen, Zwangsstörungen und der Panikstörung beschrieben.

**Denkfehler depressiver Personen:**
Dysfunktionale Kognitionen depressiver Patienten beruhen nach Beck et al. (1992) auf einer negativen und verzerrten Sicht auf sich selbst, auf die Umstände und auf die Zukunft (nach Beck die „Kognitive Triade") und äußern sich in charakteristischen systematischen Denkfehlern. Zu diesen Denkfehlern gehören beispielsweise:
*Übergeneralisierung:* Aus einzelnen negativen Erlebnissen wird eine allgemeine Regel abgeleitet („Ich habe eine schlechte Note geschrieben. Ich werde in allen Prüfungen versagen.").
*Minimierung und Maximierung:* Positive Ereignisse (z. B. Belobigungen) werden unterbewertet, negative werden überbewertet (z. B. Kritik).

*selektive Verallgemeinerung:* Einseitige Interpretation von Ereignissen, ausschließliche Konzentration auf negative Aspekte der Situation, positive werden ausgeblendet.

*Personalisierung:* Ohne nachvollziehbare Grundlage bezieht der Patient alle Ereignisse aus der Umwelt in negativer Weise auf sich selbst (unangemessene Verantwortungsübernahme).

*dichotomes Denken:* Denken in Extremkategorien („Wenn ich einen Fehler mache, bin ich ein Versager.")

Solche Denkfehler führen wiederum zu einer selektiven Aufnahme von negativen Informationen, stabilisieren auf diese Weise die negative Selbstsicht und verfestigen damit die Depression. Becks Ansatz der kognitiven Therapie beinhaltet Methoden zur Veränderung der dysfunktionalen Denkschemata. Diese Denkschemata beinhalten automatisierte Gedanken, die in einer negativen Bewertung der eigenen Person münden und vom Patienten für unwiderlegbar wahr gehalten werden. Ein erster Schritt zur „kognitiven Umstrukturierung" ist das Registrieren der negativen Gedanken, um sie anschließend einer rationalen Analyse zu unterziehen (Hinterfragen der automatisierten Gedanken). Ziel ist die Distanzierung des Patienten von seinem dysfunktionalen Denken. In der Folge werden mit Hilfe des Therapeuten Umbewertungen bisher katastrophierter Situationen vorgenommen und Alternativen entwickelt.

**Denkfehler bei Personen mit Zwangsstörungen:**

Zwangsstörungen sind laut DSM IV (Saß et al., 1996) gekennzeichnet durch Zwangsgedanken oder Zwangshandlungen. Zwangsgedanken können im o. g. Sinne als Denkfehler bezeichnet werden. Unter Zwangsgedanken sind anhaltende und wiederkehrende Gedanken, Impulse oder Vorstellungen zu verstehen, die vom Betroffenen als unangenehm, aufdringlich und unangemessen empfunden werden. Der Betroffene hat das Gefühl, diese Gedanken gehören nicht zu ihm (sind ich-dyston), aber lassen sich nicht kontrollieren oder unterdrücken. Gleichzeitig weiß der Betroffene aber, dass er diese Gedanken selbst produziert und auch, dass diese Gedanken übertrieben oder unbegründet sind. Der Inhalt von Zwangsgedanken kann ganz unterschiedlicher Natur sein. So kann es sich um Befürchtungen handeln (bspw. sich zu kontaminieren durch Händeschütteln oder das Berühren von Gegenständen) oder Zweifel, ob man etwas Bestimmtes getan hat (z. B. die Tür abgeschlossen, den Herd ausgestellt). Zwangsgedanken können sich auch auf das Bedürfnis nach einer ganz bestimmten Ordnung beziehen (z. B. symmetrische Anordnungen) oder aggressive Impulse oder sexuelle Vorstellungen. Die mit den Zwangsgedanken verbundene Angst und Anspannung erfährt meist kurzzeitige Linderung durch entsprechende Zwangshandlungen (z. B. Händewaschen oder wiederholter Prüfung, ob die Tür abgeschlossen ist).

Zwangsstörungen werden meist verhaltenstherapeutisch mittels Konfrontation und Reaktionsverhinderung (in vivo-Exposition) behandelt, bei der der Patient die Erfahrung macht, dass die von ihm befürchteten Konsequenzen (z. B. sich durch das Berühren von Türklinken zu infizieren) nicht eintreten und die verspürte Anspannung auch ohne Zwangshandlung wieder abfällt. Die Behandlung ausschließlich von Zwangsgedanken gestaltet sich schwieriger. Hier haben sich kognitive Therapieansätze bewährt, bei denen sich der Patient mit Hilfe des Therapeuten der Funktion seiner Zwangsgedanken bewusst wird, seine Einstellung zu diesen reflektiert und ihre dysfunktionale Bewertung verändert.

**Denkfehler bei Personen mit Panikstörung:**
Eine Panikstörung ist durch wiederholt und unerwartet auftretende Panikattacken gekennzeichnet. Panikattacken sind zeitlich begrenzte Angstanfälle, die meist mit somatischen und kognitiven Symptomen einhergehen (z. B. Schwitzen, Zittern, Herzrasen, Angst vor Kontrollverlust, Todesangst). Eine Panikstörung ist verbunden mit anhaltender Sorge, weitere Attacken zu erleiden und Befürchtungen hinsichtlich der Begleiterscheinungen und Konsequenzen (siehe Saß et al., DSM IV, 1996). Befürchtungen können sich beispielsweise auf lebensbedrohliche Krankheiten (z. B. Herzinfarkt) beziehen. Im Gegensatz zu spezifischen Phobien gibt es bei der Panikstörung keine situativen Auslöser für eine Attacke. Wie auch bei anderen Angststörungen neigen Personen mit Panikstörung zu einer erhöhten Selbstaufmerksamkeit. So kann die Beobachtung der eigenen Atmung oder des Herzschlags zum inneren Auslöser einer Panikattacke werden. Die beobachteten körperlichen Veränderungen werden als gefährlich interpretiert, wodurch die Angst, z. B. einen Herzinfarkt zu erleiden, ansteigt und zu einer Verstärkung der Symptome führt, worauf sich die Befürchtungen intensivieren. Dieser Aufschaukelungsprozess zwischen Wahrnehmung, körperlichen Veränderungen und negativen Gedanken (Interpretation der Körpersignale) wird auch als Teufelskreis der Angst bezeichnet (siehe Abb. 40).

Dysfunktionales Denken bei einer Panikstörung bezieht sich nach Beck et al. (1985) sowohl auf die Fehlinterpretation körperlicher Signale und die Erwartung negativer Folgen („Ich werde verrückt"), als auch auf die Generalisierung von Misserfolgen und externale Kontrollüberzeugungen („Ich kann nichts dagegen tun. Ich bin hilflos."). Kognitiv-verhaltenstherapeutische

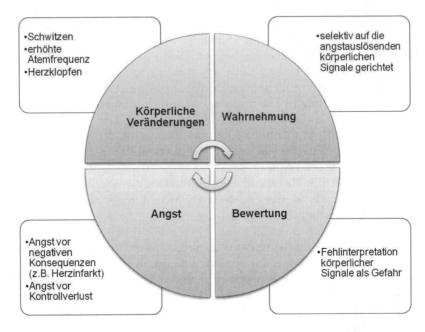

*Abbildung 40*    Teufelskreis der Angst (in Anlehnung an Margraf &
Schneider, 1990)

Programme (z. B. Margraf & Schneider, 1990) setzen neben Informationsver-
mittlung über die Dynamik der Angst und Konfrontation mit den inneren
Auslösern auf die Identifikation und Modifikation dysfunktionaler Gedanken.
Auf diese Weise gelangt der Patient zu neuen Bewertungen seiner Körpersignale, die die Angst reduzieren. Damit wird seine Bewältigungskompetenz
gestärkt und interne Kontrollüberzeugungen aufgebaut.

# 4 Sprache, Denken und weitere Geschwister – ein Fazit

Sie haben sicher beim Lesen der beiden großen Kapitel Sprache und Denken bemerkt, dass viele angesprochene Themen aus den beiden Bereichen sehr eng zusammenhängen, auch wenn wir nicht immer ausdrücklich darauf hingewiesen haben. Denken wir nur an die erläuterten fünf Komponenten von Sprache zurück: Phoneme und Grapheme, lexikalische, syntaktische, semantische und pragmatische Verarbeitung. Die Synthese von aufgenommenen Phonemen zu Worten, die Identifikation syntaktischer Strukturen in Sätzen und Texten oder die Zuordnung von Merkmalssätzen zu Begriffen und deren Belegung mit einer Wortmarke oder die Auswahl einer im sozialen Kontext zielführenden Äußerung – alle diese Leistungen beim Sprachverstehen sind gleichzeitig Beispiele für wichtige Typen von Denkprozessen. Sie lassen sich gut mit den im Teil „Denken" ausführlich erläuterten klassischen Denkformen induktives, deduktives und analoges Schließen und weiteren kognitiven Prozessen in Verbindung bringen. Lassen wir umgekehrt die vielen Beispiele zur Erläuterung der Schluss- und Problemlösungsprozesse und auch zu den Fehlern beim Denken Revue passieren, so fällt schon auf den ersten Blick auf, dass in den meisten Experimenten mit sprachlichem oder leicht in Sprache zu transformierendem Material gearbeitet wird. Dies allein ist schon ein Signal dafür, dass die meisten Denkoperationen an die Sprache als Medium gebunden sein dürften. Wie eingangs des Buches erwähnt, sind nicht wenige Autoren der Meinung, dass Sprache das Denken erst möglich macht oder die Sprache die Art unseres Denkens ganz wesentlich bestimmt. Fragt man noch einmal ausdrücklich nach dem Verhältnis von Sprache und Denken, so ergeben sich zunächst wenigstens drei mögliche Varianten (Harley, 2008; Beller & Bender, 2010):

- Denken und Sprache sind voneinander unabhängig,
- Denken und Sprache sind identisch und fest miteinander verknüpft,
- Denken und Sprache stehen in Wechselwirkung miteinander.

Nach allem, was Sie bisher in diesem Buch gelesen haben, sind die beiden ersten extremen Varianten als Universalprinzip eher als unwahrscheinlich zu bewerten. Bei der Wechselwirkung von Sprache und Denken sind erneut mehrere Varianten einzukalkulieren. Im Einleitungskapitel hatten wir bereits erwähnt, dass Sapir (1921/1972) und vor allem Whorf (1956/1963) der Meinung waren, dass die Art unserer Sprache und unseres Sprechens maßgeblich die Art unseres Denkens bestimmt. Dieser sog. „Linguistische Determinismus" ist in seiner strengen Form sicher nicht zu halten. Ähnliches gilt für das andere Extrem, wenn man wie Piaget davon ausgeht, dass die kognitive Entwicklung (also unser Denkvermögen) unsere Sprachentwicklung und Sprache entscheidend bestimmt (Piaget, 1980). Beller und Bender (2010) und andere Autoren sehen den Kompromiss darin, das Primat einer Einflussrichtung davon abhängig zu machen, inwiefern sprachliche Kodierungen oder Denkleistungen im betreffenden Kontext relevant sind. Bei dem Verhältnis von Denken und Sprechen kommt es also darauf an, in welcher Situation, Entwicklungsphase wir uns befinden oder mit welcher Aufgabe wir konfrontiert werden. Wenn man diese Konstellation weiter durchdenkt, wird schnell klar, dass Denken und Sprache allein nicht ausreichen, die besprochenen Phänomene befriedigend zu erklären. Zahlreiche weitere psychische Leistungen und Prozesse kommen hinzu: Wahrnehmung, Lernen und Gedächtnis, unsere Emotionen und Motive, Persönlichkeitseigenschaften und individuelle Entwicklungsverläufe und nicht zuletzt die Einbindung in soziale Netzwerke in Familie, Ausbildung und Beruf. Die von uns im Text einbezogenen Beispiele haben das in vielerlei Hinsicht schon gezeigt, zum Beispiel bei der Prüfung des Einflusses von Emotionen und Motiven auf das Denken. Bei der wissenschaftlichen Untersuchung von Sprache und Denken haben wir es also ganz offensichtlich mit einem komplexen Problem zu tun. Sie erinnern sich, bei komplexen Problemen geht es um die Beherrschung von vielen miteinander vernetzten Variablen, die Identifikation von dynamischen Entwicklungen, die Aufklärung von Intransparenzen und die Beachtung ganz unterschiedlicher Zielstellungen. Es geht somit bei der Untersuchung von Sprache und Denken um ein sehr schwer lösbares Problem. Wir hoffen, Sie ein wenig für dieses Problem und vielleicht sogar für die Beteiligung an dessen Lösung interessiert zu haben.

# Literatur Sprache

Abdel Rahman, R. & Melinger, A. (2009). Semantic context effects in language production: A swinging lexical network proposal and a review. Language and Cognitive Processes, 24(5), 713–734.

Abdel Rahman, R. van Turennout, M. & Levelt, W. J. M. (2003). Phonological encoding is not contingent on semantic feature retrieval: An electrophysiological study on object naming. Journal of Experimental Psychology: Learning, Memory, and Cognition, 29, 850–860.

Allwinn, S. (1988). Verbale Informationssuche. Der Einfluß von Wissensorganisation und sozialem Kontext auf das Fragen nach Informationen. Frankfurt/M: Lang.

Amstad, T. (1978): Wie verständlich sind unsere Zeitungen? Dissertation, Universität Zürich.

Atkinson, R. L., Atkinson, R. C., Smith, E. E., Bem, D. J. & Nolen-Hoeksema, S. (2001). Hilgards Einführung in die Psychologie. Heidelberg: Spektrum.

Austin, J. L. (1962). How to do things with words. Cambridge: Cambridge University Press (Dt.: Austin, J. L. (1972): Zur Theorie der Sprechakte. Stuttgart: Reclam.)

Ballstaedt, St.-P., Mandl, H., Schnotz, W. & Tergan, S.-O. (1981). Texte verstehen, Texte gestalten. München: Urban & Schwarzenberg.

Beller, S. & Bender, A. (2010). Allgemeine Psychologie und Sprache. Göttingen: Hogrefe.

Berk, L. E. (2005). Entwicklungspsychologie. München: Pearson.

Beyer, R. (1987). Psychologische Untersuchungen zur Textverarbeitung unter besonderer Berücksichtigung des Modells von Kintsch und v. Dijk. Zeitschrift für Psychologie, Supplementband 8, 1–80.

Beyer, R. (2003). Verstehen von Diskursen. In G. Rickheit, T. Herrmann & W. Deutsch (Hrsg.), Psycholinguistik/Psycholinguistics. Ein internationales Handbuch/ An international Handbook, (S. 532 – 544). Berlin, New York: De Gruyter.

Beyer, R., Artz, E. & Guthke, T. (1990). Zur Differenzierung des kognitiven Aufwandes bei der Anregung von Vorwissen. Zeitschrift für Psychologie, 198, 1, 9–33.

Beyer, R., Guthke, Th. & H. Ankert (1994): Readers' knowledge and text comprehension. In: De Jong, F. P. C. M. & Van Hout-Wolters, B. H. A. M.: Process-Oriented Instruction and Learning from Text. 127–138, VU University Press, Amsterdam.

Beyer, R. (1997). Nutzung experimenteller Methoden zur Prüfung diagnostischer Fragestellungen unter Verwendung von Sprachverstehensanforderungen. In

Krause, B. & Metzler, P: Empirische Evaluationsmethoden, Bd. 2, 45–70, Zentrum für empirische Evaluationsforschung, Berlin.

Beyer, R., Gerlach, R., van der Meer, E. (2006). Differenzierung minimalistischer und maximalistischer Inferenzansätze beim Sprachverstehen. In B. Krause, & P. Metzler (Hrsg.), Empirische Evaluationsmethoden, Band 10, 21–32.

Bölte, J., Goldrick, M., Zwitserlood, P. (2009). Sublexical, lexical and supralexical information in speaking: Current insights and directions in language production research. Language and Cognitive Processes, 24 (5), 625–630.

Bölte, J., Jorschick, A., & Zwitserlood, P. (2003). Reading yellow speeds up naming a picture of a banana: Facilitation and Inhibition in Picture-Word Interference. Proceedings of the European Cognitive Science Conference, Germany, pp. 55–60. Mawah, NJ: LEA.

Bölte, J. & Zwitserlood (2006). Laut- und Wortwahrnehmung. in: Funke, J. & Frensch, P. (Hrsg.). Handbuch der Allgemeinen Psychologie – Kognition. 584–591. Göttingen: Hogrefe.

Bransford, J. D., Barclay, J. R., & Franks, J. J. (1972). Sentence memory: A constructive versus interpretative approach. Cognitive Psychology, 3, 193–209.

Briest, W. (1974). Kann man Verständlichkeit messen? Zeitschrift für Phonetik, Sprachwissenschaft und Kommunikationsforschung 27, 543–563.

Bühler, K. (1934). Sprachtheorie. Jena: Fischer.

Chomsky, N. (1957). Syntactic Structures. Den Haag: Mouton. (Dt. Chomsky, C. (1973). Strukturen der Syntax. Den Haag, Paris: Mouton.)

Chomsky, N. (1977). Reflexionen über die Sprache. Frankfurt a. M.: Suhrkamp.

Cholin, J., Dell, G. S. & Levelt, W. J. M. (2011). Planning and articulation in incremental word production: Syllable-frequency effects in English. Journal of Experimental Psychology: Learning, Memory, and Cognition, 37(1), 109–122.

Collins, A. M. & Loftus, E. F. (1975). A spreading activation theory of semantic processing. Psychological Review 82, 407–428.

Dennis, S. & Kintsch, W. (2007). The text mapping and inference generation problems in text comprehension: Evaluating a memory-based account. In C. A. Perfetti & F. Schmalhofer (Eds.), Higher level language processes in the brain: Inference and comprehension processes.

Dickes, P. & Steiwer, L. (1977). Ausarbeitung von Lesbarkeitsformeln für die deutsche Sprache. Zeitschrift für Entwicklungspsychologie und Pädagogische Psychologie, 9, 20–28.

Dijkstra, T. & Kempen G. (1993). Einführung in die Psycholinguistik. Bern, Göttingen: Verlag Hans Huber.

Engelkamp, J. (1974). Psycholinguistik. München: Fink.

Feldmann, H., Goldin-Meadow, S. & Gleitman, L. R. (1978). Beyond Herodotos: The creation of language by linguistically deprived children. In a. Lock (Hrsg.), Action, Gesture, and symbol: The emergence of language. London: Academic Press.

Fillmore, C. J. (1968). The case for case. In: Bach, E. & Harms, R. T. Hg.): Universals in linguistic theory. New York: Holt, Rinehart & Winston, 1–68. (dt.: Plädoyer für Kasus. In: Abraham, W. (Hg., 1977)): Kasustheorie. 1–118. Frankfurt: Athenäum.

Flesch, R. (1948). A new readability yardstick. Journal of Applied Psychology, 32, 221–233.

Fodor, J. A. & Beaver, T. G. (1965). The psychological reactions of the linguistic segments. Journal of Verbal Learning and Verbal Behavior, 4, 414–420.

Fodor, J. A., Bever, T. G. & Garret, M. F. (1974). The psychology of language. New York: McGraw-Hill.

Frauenfelder, U. H. & Floccia, C. (1999). Das Erkennen gesprochener Wörter. In Friederici, A. D. (Hrsg.) Sprachrezeption. Enzyklopädie der Psychologie, Themenbereich C, Serie III, Band 2 , 1–48. Göttingen: Hogrefe.

Friederici, A. D. (Hrsg., 1999). Sprachrezeption. Enzyklopädie der Psychologie, Themenbereich C, Serie III, Band 2 , Göttingen: Hogrefe.

Friederici, A. D. (2009). The brain differentiates hierarchical and probabilistic grammars In: Piattelli-Palmarini, M., Uriagereka, J., Salaburu, P. (Eds.): Of minds and language: A Dialogue with Noam Chomsky in the Basque country. New York, NY, US: Oxford University Press. pp. 184–194.

Gerlach, R. (2010). Differenzierung des Zugriffs auf Vorwissen beim Sprachverstehen. Münster: Waxmann.

Gerlach, R., Beyer, R., van der Meer, E. (2007). Identifikation und Nutzung von semantischen Relationen beim Sprachverstehen. In B. Krause, & P. Metzler (Hrsg.), Empirische Evaluationsmethoden, Band 11, 7–22.

Gerlach, R., Beyer, R., van der Meer, E. (2008). Evaluation von Begriffshierarchien bezüglich ihrer Anschaulichkeit und ihrer Merkmalscharakteristik. In B. Krause (Hrsg.), Empirische Evaluationsmethoden, Band 12, 17–26.

Gernsbacher, M. A., Robertson, R. R. W., Palladino, P., Werner, N. K. (2004). Managing mental representations during narrative comprehension. Discourse Processes, 37, 145–164.

Greenfield, P. M. & Savage-Rumbaugh, S. (1990). Grammatical combination in Pan Paniscus: Processes of learning and invention in the evolution and development of language. In Parker, S. & Gibson, K. (Hrsg.), „Language" and intelligence in monkeys and aps: Comparative developmental perspectives (540–578). New York: Cambridge University Press.

Grice, H. P. (1975). Logic and Conversation. In P.Cole & J. L. Morgan (Hrsg): Syntax und Semantics (Vol.3): Speech Acts. 41–58. New York: Academic Press. (Dt. Grice, H. P. (1979). Logik und Konversation. In G. Meggle (Hrsg.): Handlung, Kommunikation, Bedeutung. 243–265. Frankfurt a. M.: Suhrkamp).

Grimm, H. (2000). Sprachentwicklung. Enzyklopädie der Psychologie/Themenbereich C: Theorie und Forschung/Sprache. Göttingen: Hogrefe.

Groeben, N. (1981). Verständlichkeitsforschung unter Integrationsperspektive. In: Mandl, H. (Hrsg.): Zur Psychologie der Textverarbeitung. 367–385.

Groeben, N. (2006). Historische Entwicklung. In: Funke, J. & Frensch, P. (Hrsg.): Handbuch der Allgemeinen Psychologie – Kognition. (575–583). Göttingen: Hogrefe.

Harley, T. A. (2008). The psychology of language: From data to theory. Hove: Psychology Press.

Herrmann Th. & Grabowski, J. (1994). Sprechen, Psychologie der Sprachproduktion. Spektrum, Heidelberg.

Herrmann, T. & Grabowski, J. (Hrsg.) (2003). Sprachproduktion. Enzyklopädie der Psychologie; Bereich C, Serie III, Bd. 1. Göttingen: Hogrefe.

Hockett, C. F. (1960). The Origin of Speech. Scientific American, 203, 89–96.

Hoffmann, J. (1986). Die Welt der Begriffe. Psychologische Untersuchungen zur Organisation des menschlichen Wissens. Berlin: VEB Deutscher Verlag der Wissenschaften.

Hoffmann, J. (1993). Vorhersage und Erkenntnis. Göttingen: Hogrefe Verlag für Psychologie.

Hoffmann, J. & Ziessler, M. (1981). Components of perceptual classification. Zeitschrift für Psychologie, 189, 11, 14–24.

Katz, J. J. & Fodor, J. A. (1964). The structure of semantic theory. Language, 40, 479–518.

Kempe & Beyer (1990–2010). Sprachpsychologie. Vorlesung an der Humboldt Universität zu Berlin (unveröffentlicht).

Kempe, V. (1991). Ausgewählte Aspekte der Interaktion von semantischer und syntaktischer Analyse im Sprachverstehen. Zeitschrift für Psychologie, 199–206.

Kempe, V. (1992). Untersuchungen zur Interaktion von semantischer und syntaktischer Analyse im menschlichen Sprachverstehen. Diss. Humboldt Universität Berlin.

Kintsch, W. (1988). The role of knowledge in discourse comprehension: A construction-integration model. Psychological Review, 95, 2, 163–182.

Kintsch, W. (1998). Comprehension. A paradigm for cognition. Cambridge: Cambridge University Press.

Kintsch, W. (2007). Meaning in context. In Landauer, T. K, McNamara, D., Dennis, S. & Kintsch, W. (Eds.) Handbook of Latent Semantic Analysis. Mahwah, NJ: Erlbaum.

Kintsch, W. & van Dijk, T. A. (1978). Toward a model of text comprehension and production. Psychological Review, 85(5), 363–394.

Kintsch. W., Welsch, D., Schmalhofer, F., Zimny, S. (1990). Sentence memory: A theoretical analysis. Journal of Memory and language 29, 133–159.

Kintsch, W., McNamara, D., Dennis, S., Landauer, T. (2007). LSA and meaning: In theory and application. In T. Landauer, D. McNamara, S. Dennis & W. Kintsch Eds. Handbook of Latent Semantic Analysis. Erlbaum.

Klix, F. (1984). Gedächtnis, Wissen, Wissensnutzung. Berlin: Deutscher Verlag der Wissenschaften.

Klix, F. (1992). Die Natur des Verstandes. Göttingen: Hogrefe.

Klix, F. (1998). Begriffliches Wissen – episodisches Wissen. In Klix, F.& Spada, H. (Hrsg): Enzyklopädie der Psychologie, Themenbereich C, Serie II, Band 6 Wissen, 167–212. Göttingen: Hogrefe.

Lakoff, G. & Johnson, M. (1980): Metaphors We Live By. Chicago: University of Chicago Press.

Lakoff, G. (1989). A suggestion for a linguistics with connectionist foundations. In: Touretzky, D., Hinton, G. E., Sejnowski, T. (Eds.); Proceedings of the 1988 Connectionist Models Summer School. 301–314. San Mateo: Morgan Kaufmann.

Langer, I., Schulz v. Thun, W. & Tausch, R. (1974). Verständlichkeit in Schule, Verwaltung, Politik und Wissenschaft. Reinhardt: München.

Levelt, W. J. M. (1992). Accessing Words in Speech Production: Stages, Processes and Representations. Cognition, 42, 1–22.

Levelt, W. J. M., Roelofs, A., & Meyer, A. S. (1999). A theory of lexical access in speech production. Behavioral and Brain Sciences, 22, 1–38.

Mandler, J. M. (1982). An Analysis of Story Grammars. In Klix, F./Hoffmann, J./van der Meer, E. (Eds.): Cognitive Research in Psychology, 129–138. Berlin: Verlag der Wissenschaften.

Marslen-Wilson, W. D. & Welsh, A. (1978). Processing interactions and lexical access during word recognition in continuous speech. Cognitive Psychology, 10, 29–63.

Marslen-Wilson, W. D. (1987). Functional parallelism in spoken word recognition. Cognition, 25, 71–102.

McClelland, J. L. & Elman, J. L. (1986). The TRACE model of speech perception. Cognitive Psychology, 18, 1–86.

Mehler, J., Dommergues, J. Y., Frauenfelder, U. H. & Seguie, J. (1981). The syllable's role in speech segmentation. Journal of Verbal Learning and Verbal Behaviour, 20, 298–305.

Miller, G. A., McKean, K. E. & Slobin, D. I. (1962). The Explorations of Transformations in Sentence Matching, American Psychologist, 17, 292–303.

Oerter, R. & Montada , L. (2008). Entwicklungspsychologie. Weinheim: Beltz.

Paivio (1986). Mental representations: A dual coding approach. New York: Oxford University Press.

Patterson, F. G. & Linden, E. (1981). The Education of Koko. New York: Holt, Rinehart & Winston.

Piaget, J. (1976). Die Äquilibration der kognitiven Strukturen. Stuttgart: Klett.

Pinker, St. (1998). Der Sprachinstinkt. Wie der Geist die Sprache bildet. München: Knaur.

Pinker, St. (1998). Wie das Denken im Kopf entsteht. München: Kindler.

Premack, D. (1971). Language in chimpanzees? Science, 172, 808–822.

Premack, D. (1985). „Gavagi!" Or the future history of the animal language controversy. Cognition, 19, 207–296.

Radeau, M., Morais, J. & Segui, J. (1995). Phonological priming between monosyllabic spoken words. Journal of Experimental Psychology: Human Perception and Performance, 21, 1297–1311.

Radeau, M., Mousty, P. & Bertelson, P. (1989). The effect oft he uniqueness point in spoken word recognition. Psychology Research, 51, 123–128.

Rapp, D. N. & van den Broek, P. (2005). Dynamic text comprehension. Current Directions in Psychological Science, 14(5), 276–279.

Rickheit, G. & Strohner, H. (1999). Textverarbeitung. Von der Proposition zur Situation. In A. D. Friederici (Hrsg.). Sprachrezeption (pp. 271–306). Göttingen: Hogrefe.

Rosch, E. (1975). Cognitive Representations of Semantic Categories. Journal of Experimental Psychology: General 104/3: 192–233.

Rosch, E. (1978). Principles of Categorization. In: Rosch, E., Lloyd, B. B.: Cognition an Categorization. Hillsdale: 27–48.

Rummer, R. & Engelkamp, J. (2006). Wortwissen und mentales Lexikon. in: Funke, J. & Frensch, P. (Hrsg.): Handbuch der Allgemeinen Psychologie – Kognition. 592–600. Göttingen: Hogrefe.

Sapir, E. (1921). Language. New York: Harcourt, Brace, and World. Dt.: Sapir, E. (1972, bearbeitet von C. P. Homberger): Die Sprache. München: Max Hueber.

Saussure, F. de (1931). Grundfragen der allgemeinen Sprachwissenschaft. Berlin: De Gruyter.

Searle, J. R. (1971). The Philosophy of Language. New York: Oxford University Press.

Steinberg, D. D. (1970). Analyticity, amphigory, and the semantic interpretation of sentences. Journal of Verbal Learning and Verbal Behavior, 9, 37–51.

Thorndyke, P. W. (1977). Cognitive structures in comprehension and memory of narrative discourse. Cognitive Psychology, 9, 77–110.

Till, R. E., Mross, E. F., Kintsch, W. (1988). Time course of priming for associate and inference words in a discourse context. Memory and Cognition, 16, 4, 283–298.

Van den Broek, P., Kendeou, P., White, M. J. (2009). Cognitive Processes During Reading. Implications for the Use of Multimedia to Foster Reading Comprehension. In A. G. Bus & S. B. Neuman (Eds.), Multimedia and Literacy Development. Improving Achievment for Young Learners. NY: Routledge.

Van der Meer, E. (1995). Gedächtnis und Inferenzen. In D. Dörner & E. van der Meer (Hrsg.), Gedächtnis. Probleme – Trends – Perspektiven (S. 341–380). Göttingen: Hogrefe.

Van der Meer, E. (1998). Inferenzen in Wissenskörpern. In F. Klix & H. Spada (Hrsg), Enzyklopädie der Psychologie, Themenbereich C: Theorie und Forschung, Serie II: Kognition, Band G: Wissenspsychologie (Kap. VII: S. 213–247). Göttingen: Hogrefe.

Van der Meer, E. (2003). Verstehen von Kausalitätszusammenhängen. In W. Deutsch, Th. Herrmann & G. Rickheit (Hrsg.), Psycholinguistik. Psycholinguistics. Handbuch der Psycholinguistik (Kap. 56). Berlin: de Gruyter.

Van der Meer, E., Beyer, R., Heinze, B., Badel, I. (2002). Temporal Order Relations in Language Comprehension. Journal of Experimental Psychology: Learning, Memory, and Cognition, 28, 4, 770–779.

Van Dijk, T. & Kintsch, W. (1983). Strategies of discourse comprehension. New York: Academic Press.

Watson, J. B. (1925). Behaviorism. New York Norton. (Dt.Watson, J. B. (1972): Behaviorismus. Köln: Kiepenheuer u. Witsch).

Whorf, B. L. (1956). Language, Thougt, and Reality: Selcted Writings of Benjamin Lee Whorf Hrsg. von J. B. Caroll. Cambridge: MIT Press. Dt.: Sprache-Denken-Wirklichkeit. Beiträge zur Metalinguistik und Sprachphilosophie. (Hrsg. P. Krausser (1963). Reinbek: Rowohlt.

Zimbardo, P. G. & Gerrig, R. J. (2004). Psychologie. München: Pearson.

# Literatur Denken

Aebli, H. (1981). Denken: das Ordnen des Tuns. Bd. 2: Denkprozesse. Stuttgart: Klett-Cotta.

Aebli. H. (1988). Begriffliches Denken. In H. Mandl & H. Spada (Hrsg.), Wissenspsychologie. München: Psychologie Verlags Union, 227–246.

Anderson, J. R. (2007). Kognitive Psychologie. Heidelberg: Spektrum Akademischer Verlag.

Anderson, J. R., Albert, M. V. & Fincham, J. M. (2005) Tracing Problem Solving in Real Time: fMRI Analysis of the Subject-Paced Tower of Hanoi. Journal of Cognitive Neuroscience, 17 1261–1274

Anderson, J. R. & Lebiere, C. (1998). The atomic components of thought. Mahwah, NJ: Erlbaum.

Beck, A. T., Emery, G. & Greenberg, R. L. (1985). Anxiety disorders and phobias: A cognitive perspective. New York: Basic Books.

Beck, A. T., Rush, A. J., Shaw, B. F. & Emery, G. (1992). Kognitive Therapie der Depression. Weinheim: Psychologie Verlags Union.

Begg, I. & Denny, J. (1969). Empirical reconciliation of atmosphere and conversion interpretations of syllogistic reasoning. Quarterly Journal of Experimental Psychology, 81, 351–354.

Beyer, R. (2006). Pupillometrie. In: Funke, J. & Frensch, P.: Handbuch der Allgemeinen Psychologie: Kognition (Reihe Handbuch der Psychologie). 712–716. Göttingen: Hogrefe.

Blanchette, I., & Dunbar, K. (2000). How analogies are generated: The roles of structural and superficial similarity. Memory & Cognition, 28, 108–124.

Bless, H., Bohner, G. & Schwarz, N. (1992) Gut gelaunt und leicht beeinflussbar? Stimmungseinflüsse auf die Verarbeitung persuasiver Kommunikation. Psychologische Rundschau, 43, pp. 1–17

Bless, H., Bohner, G., Schwarz, N. & Strack, F. (1990). Mood and persuasion: a cognitive response analysis. Personality and Social Psychology Bulletin, 16(2), pp. 331–345

Bless, H., Clore, G. L., Schwarz, N., Golisano, V., Rabe, C., & Wölk, M. (1996). Mood and the use of scripts: Does a happy mood really lead to mindlessness? Journal of Personality and Social Psychology, 71, 665–679.

Blanchette, I., Dunbar, K., (2000). How analogies are generated: the roles of structural and superficial similarity. Memory & Cognition 28, 108–124.

Blanchette, I., & Dunbar, K. (2002). Representational change and analogy: How analogical inferences alter representations. Journal of Experimental Psychology: Learning, Memory & Cognition, 28, 672–685.

Bower, G. H. (1981). Mood and memory. American Psychologist, 36, 129–148.

Cai, D. J., Mednick, S. A., Harrison, E. M., Kanady, J. C. & Mednick, S. C. (2009). REM, not incubation, improves creativity by priming associative networks. Proceedings of the National Academy of Sciences, vol. 106, issue 25, pp. 10130–10134

Carson, S. H., Peterson, J. B. & Higgins, D. M. (2003). Decreased latent inhibition is associated with increased creative achievement in high-functioning individuals. Journal of Personality and Social Psychology, 85(3), 499–506.

Cattell, R. B. (1963). Theory of fluid and crystallized intelligence: a critical experiment. Journal of Educational Psychology, 54, 1–22.

Chater, N., Heit, E., & Oaksford, M. (2005). Reasoning. In K. Lamberts & R. Goldstone (Eds.), The Handbook of Cognition (pp. 297–320). London: Sage Publications.

Cheng, P. W., & Holyoak, K. J. (1985). Pragmatic reasoning schemas. Cognitive Psychology, 17, 391–416.

Chronicle, E. P., MacGregor, J. N., Lee, M., Ormerod, T. C., & Hughes, P. (2008). Individual differences in optimization problem solving: Reconciling conflicting results. Journal of Problem Solving, 2(1), 41–49.

Clement, C. A., Mawby, R. & Giles, D. E. (1994). The effects of manifest relational similarity on analog retrieval. Journal of Memory and Language, 33, 396–420.

Clore, G.L., Schwarz , N. & Kirsch, J. (1983). Generalized mood effects on evaluative judgments. Paper presented at the meeting of the Midwestern Psychological Association, Chicago.

Clore, G. L. (2009). Affect as Information. In D. Sander & K. Scherer (Eds). The Oxford Companion to Emotion and the Affective Sciences. Oxford: Oxford University Press.

Clore, G. L. & Palmer, J. E. (2009). Affective guidance of intelligent agents: How emotion controls cognition. Cognitive Systems Research, 10, 22–30.

Coley, J. D., Medin, D. L., Profitt, J. B., Lynch, E., & Atran, S. (1999). Inductive reasoning in folkbiological thought. In D. L. Medin, & S. Atran (Eds.), Folkbiology (pp. 205–232). Cambridge, MA: Bradford.

Cropley, A. (2006a). In praise of convergent thinking. Creativity Research Journal, 18, 391–404

Cropley, A. (2006b). Creativity: A Social Approach. Roeper Review, Vol. 28. Issue 3, pp.125–130.

Csikszentmihalyi, M & Sawyer, K. (1995). Creative insight: The social dimension of a solitary moment. In R. Steinberg and J. Davidson (Eds.) The Nature of Insight. Cambridge: MIT Press. pp. 329–361.

Czerlinski, J., Gigerenzer, G. & Goldstein, D. (1999). How good are simple heuristics? In G. Gigerenzer, P. M. Todd & the ABC Research Group (Eds.), Simple heuristics that make us smart (S. 97–119). New York: Oxford University Press.

Damasio, A. R. (2007). Descartes' Irrtum – Fühlen, Denken und das menschliche Gehirn (5. Auflage). Berlin: List.

Davidson, R. J. (1992). Emotion and affective style: Hemispheric substrates. Psychological Science, 3, 39–43.

Davidson, R. J., Chapman, J. P., Chapman, L. P. and Henriques, J. B. (1990) Asymmetrical brain electrical activity discriminates between psychometrically-matched verbal and spatial cognitive tasks. Psychophysiology, 27, 238–543.

Dörner, D. (1979). Problemlösen als Informationsverarbeitung. Stuttgart, Berlin, Köln, Mainz: Kohlhammer.

Dörner, D. (1995). Problemlösen und Gedächtnis. In D. Dörner & E. van der Meer (Eds.), Das Gedächtnis. Probleme-Trends-Perspektiven. Göttingen: Hogrefe, S. 295–320

Dörner, D. (1999). Bauplan für eine Seele. Reinbek: Rowohlt Verlag.

Dörner, D. (2006). Sprache und Denken. In J. Funke (Ed.), Denken und Problemlösen. Enzyklopädie der Psychologie, Themenbereich C: Theorie und Forschung, Serie II: Kognition, Band 8. pp. 619–646. Göttingen: Hogrefe.

Dörner, D. (2009). Die Logik des Mißlingens (8. Auflage). Strategisches Denken in komplexen Situationen. Reinbek b. H.: Rowohlt.

Dörner, D. & Reither, F. (1978). Über das Problemlösen in sehr komplexen Realitätsbereichen. Zeitschrift für experimentelle und angewandte Psychologie, 25(4), 527–551.

Dörner, D., Kreuzig, H. W., Reither, F. & Stäudel, T. (Hrsg.). (1983). Lohhausen. Vom Umgang mit Unbestimmtheit und Komplexität. Bern: Huber.

Dunbar, K. (2001). The analogical paradox: Why analogy is so easy in naturalistic settings, yet so difficult in the psychology laboratory. In D. Gentner, K. J. Holyoak, & B. Kokinov, Analogy: Perspectives from cognitive science (pp. 313–334). Cambridge, MA: MIT press.

Duncker, K. (1935). Zur Psychologie des produktiven Denkens. Berlin: Springer Verlag.

Duncker, K. (1945). On problem solving. Psychological Monographs 58, No. 5. (Whole No. 270.) Washington, DC: American Psychological Association.

Ekman, P., & Friesen, W. V. (1975). Unmasking the face: A guide to recognizing emotions from facial clues. Englewood Cliffs: Prentice-Hall.

Ericsson, K. A. & Simon, H. A. (1993). Protocol analysis: Verbal reports as data (2nd ed.). Cambridge, MA: MIT Press.

Feeney, A. (2007). How many processes underlie category-based induction? Effects of conclusion specificity and cognitive ability. Memory and Cognition 35(7): 1830–1839.

Fiedler, K. (1988). Emotional mood, cognitive style, and behavior regulation. In K. Fiedler & J. P. Forgas (Eds.), Affect, cognition, and social behavior (pp. 100–119). Göttingen: Hogrefe.

Fiedler, K. (2001). Affective states trigger processes of assimilation and accomodation. In L. L. Martin & G. L. Clore (Eds.), Theories of mood and cognition: A user's guidebook (pp. 85–98). Mahwah, NJ: Erlbaum.

Forgas, J. P., & Bower, G. H. (1987). Mood effects on person perception judgements. Journal of Personality and Social Psychology, 53, 53 – 60.

Fredrickson, B. L. (2001). The Role of Positive Emotions in Positive Psychology: The Broaden-and-Built Theory of Positive Emotions. American Psychologist 56, S. 218 – 226.

Fredrickson, B. L. (2005). The broaden-and-build theory of positive emotions. In F. A. Huppert, N. Baylis, & B. Keverne (Eds.) The Science of Well-Being (pp. 217–240). Oxford: Oxford University Press.

Fredrickson, B. L., & Branigan, C. (2005). Positive emotions broaden the scope of attention and thought-action repertoires. Cognition and Emotion, 19, 313–332.

Frensch, P. A. & Funke, J. (Eds.). (1995). Complex problem solving: The European Perspective. Hillsdale, NJ: Lawrence Erlbaum Associates.

Funke, J. (2005). Denken und Sprache. In A. Schütz, H. Selg & S. Lautenbacher (Hrsg.), Psychologie. Einführung in ihre Grundlagen und Anwendungsfelder (3. Auflage) (pp. 131–148). Stuttgart: Kohlhammer.

Funke, J. (Hrsg.). (2006). Denken und Problemlösen (Enzyklopädie der Psychologie, Themenbereich C: Theorie und Forschung, Serie II: Kognition, Band 8). Göttingen: Hogrefe.

Funke (2008). Das Kreuz der Entscheidung im Lichte von Denk- und Urteilsfehlern. In: Joas, H. & Jung, M. (Hrsg.) Über das anthropologische Kreuz der Entscheidung. Baden-Baden: Nomos.

Funke, J. (2010). Complex problem solving: a case for complex cognition? Cognitive Processing, 11(2), 133–142.

Funke, J. & Zumbach, J. (2006). Problemlösen. In H. Mandl & F. Friedrich (Hrsg.), Handbuch Lernstrategien (S. 206–220). Göttingen: Hogrefe.

Gasper, K. & Clore, G. L. (2002). Attending to the big picture: Mood and global versus local processing of visual information. Psychological Science, 13, 34–40.

Gentner, D. (1983). Structure-mapping: A theoretical framework for analogy. Cognitive Science, 7, 155–170.

Gentner, D. (2003). Why we're so smart. In D. Gentner, & S. Goldin (Eds.), Language in mind (pp. 195–235). Cambridge, MA: MIT Press.

Gentner, D., Loewenstein, J., Thompson, L., & Forbus, K. D. (2009). Reviving inert knowledge: Analogical abstraction supports relational retrieval of past events. Cognitive Science, 33, 1343–1382.

Gentner, D., & Markman, A. B. (1997). Structure mapping in analogy and similarity. American Psychologist, 52, 45–56.

Gentner, D., Ratterman, M. J. & Forbus, K. (1993). The roles of similarity in transfer: Separating retrievability from inferential soundness. Cognitive Psychology, 25, 524–575.

Getzels, J. W. (1982). The problem of the problem. In Hogarth, H. (Ed.), New direction in the methodology of social and behavioral science: Question framing and response consistency. No 11. San Francisco: Jossey Bass, 37–49.

Gick, M. L., & Holyoak, K. J. (1980). Analogical problem solving. Cognitive Psychology, 12, 306–355.

Gick, M. L., & Holyoak, K. J. (1983). Schema induction and analogical transfer. Cognitive Psychology, 15, 1–38.

Gigerenzer, G. (2002). Das Einmaleins der Skepsis: Über den richtigen Umgang mit Zahlen und Risiken. Berlin: Berlin Verlag.

Gigerenzer, G. (2008). Bauchentscheidungen. Die Intelligenz des Unbewussten und die Macht der Intuition. München: Goldmann.

Gigerenzer, G., & Brighton, H. (2009). Homo heuristicus: Why biased minds make better inferences. Topics in Cognitive Science, 1, 107–143.

Gigerenzer, G. & Gaissmaier, W. (2006). Denken und Urteilen unter Unsicherheit: Kognitive Heuristiken. In J. Funke (Ed.), Enzyklopädie der Psychologie: Vol. C, II, 8. Denken und Problemlösen (pp. 329–374). Göttingen: Hogrefe.

Gigerenzer, G., Todd, P. M., & the ABC Research Group (1999). Simple heuristics that make us smart. New York: Oxford University Press.

Goldstein, D. G., & Gigerenzer, G. (2002). Models of ecological rationality: The recognition heuristic. Psychological Review, 109, 75–90.

Granholm, E., Asarnow, R. F., Sarkin, A. J., Dykes, K. L. (1996). Pupillary responses index cognitive resource limitations. Psychophysiology. 33. 457–461.

Graumann, C. F. (Ed.). (1965a). Denken. Köln: Kiepenheuer & Witsch.

Graumann, C. F. (1965b). Denken und Denkpsychologie. In C. F. Graumann (Ed.), Denken (pp. 13–43). Köln: Kiepenheuer & Witsch.

Grice, H. Paul (1975). Logic and Conversation. In P. Cole & J. L. Morgan (Eds.), Syntax and Semantics, 3, (pp. 41–58). New York. Academic Press.

Griggs, R. A., & Cox, J. R. (1982). The elusive thematic-materials effect in Wason's selection task. British Journal of Psychology, 73, 407–420.

Groeben, N. & Hurrelmann, B. (2006). Empirische Unterrichtsforschung in der Literatur- und Lesedidaktik. Ein Weiterbildungsprogramm. Weinheim: Juventa.

Guilford, J. P. (1967). The nature of human intelligence, New York: McGraw-Hill.

Haselton, M. G., Bryant, G. A., Wilke, A., Frederick, D. A., Galperin, A., Frankenhuis, W. E., & Moore, T. (2009). Adaptive rationality: An evolutionary perspective on cognitive bias. Social Cognition, 27, 733–763.

Heit, E. (2000). Properties of inductive reasoning. Psychological Bulletin & Review, 7, 569–592.

Heit, E. (2007). What is induction and why study it? In A. Feeney & E. Heit (Eds.), Inductive reasoning (pp. 1–24). Cambridge, UK: Cambridge University Press.

Heit, E. & Feeney, A. (2005). Relations between premise similarity and inductive strength. Psychonomic Bulletin & Review, 12(2), 340–344.

Hertwig, R. & Gigerenzer, G. (1999). The „conjunction fallacy" revisited: How intelligent inferences look like reasoning errors. Journal of Behavioral Decision Making, 12, 275–305.

Hirt, E. R., Devers, E. E., & McCrea, S. M. (2008). I want to be creative: Exploring the role of hedonic contingency theory in the positive mood–cognitive flexibility link. Journal of Personality and Social Psychology, 94, 214–230.

Holyoak, K. J., & Koh, K. (1987). Surface and structural similarity in analogical transfer. Memory & Cognition, 15, 332–340.

Holyoak, K. J. & Thagard, P. (1997). The analogical mind. American Psychologist 52, 35–44.

Huppert, F. A. (2006) Positive emotions and cognition: developmental, neuroscience and health perspectives. In: Joseph P. Forgas (Ed.) Affect in Social Thinking and Behavior (Ch.13, pp.235–252). Psychology Press, New York.

Hussy, W. (1984). Denkpsychologie: Ein Lehrbuch. Bd. 1. Geschichte, Begriffs- und Problemlöseforschung, Intelligenz. Stuttgart: Kohlhammer.

Hussy, W. (1986). Denkpsychologie: Ein Lehrbuch. Bd. 2. Schlussfolgern, Urteilen, Kreativität, Sprache, Entwicklung, Aufmerksamkeit. Stuttgart: Kohlhammer.

Hussy, W. (1993). Denken und Problemlösen. Stuttgart: Kohlhammer.

Isen, A. M. (1984). Toward understanding the role of affect in cognition. In R. S. Wyer & T. S. Srull (Eds.), Handbook of social cognition (Vol. 3, pp. 179–236). Hillsdale, NJ: Erlbaum.

Isen, A. M., Daubman, K. A., & Nowicki, G. P. (1987). Positive affect facilitates creative problem solving. Journal of Personality and Social Psychology, 52, 1122–1131.

Jung, R. E., Segall, J. M., Bockholt, J. H., Flores, R. A., Smith, S. M., Chavez, R. S. & Haier, R. J. (2010). Neuroanatomy of creativity. Hum Brain Mapp 31(3): 398–409.

Jung-Beeman, M., Bowden, E. M., Haberman, J., Frymiare, J. L., Arambel-Liu, S., Greenblatt, R., Reber, P. J. & Kounios, J. (2004) Neural activity when people solve verbal problems with insight. Public Library of Science Biology, 2, E97.

Kahneman, D. & Tversky, A. (1974). Judgment Under Uncertainty: Heuristics and Biases. Science, 185, 1124–1131.

Kershaw, T. C., & Ohlsson, S. (2001). Training for insight: The case of the nine-dot problem. In J. D. Moore & K. Stenning (Eds.), Proceedings of the Twenty-third Annual Conference of the Cognitive Science Society (pp. 489–493). Mahwah, NJ: Lawrence Erlbaum Associates.

Kershaw, T. C., & Ohlsson, S. (2004). Multiple causes of difficulty in insight: The case of the nine-dot problem. Journal of Experimental Psychology: Learning, Memory, and Cognition, 30(1), 3–13.

Klix, F. (1992). Die Natur des Verstandes. Göttingen: Hogrefe.

Knoblich, G. (2002). Problemlösen und logisches Schließen. In J. Müsseler & W. Prinz (Eds.), Allgemeine Psychologie (pp. 644–699). Heidelberg: Spektrum.

Knoblich, G. & Öllinger, M. (2008). Problemlösen und logisches Schließen. In J. Müsseler (Ed.), Allgemeine Psychologie (2. Aufl., pp. 553–598). Heidelberg: Spektrum Akademischer Verlag.

Knoblich, G., Ohlsson, S., Haider, H. & Rhenius, D. (1999). Constraint relaxation and chunk decomposition in insight problem solving. Journal of Experimental Psychology: Learning, Memory & Cognition, 25, 1534–1555.

Krüger, F. (2000). Coding of temporal relations in semantic memory: Cognitive load and task-evoked pupillary response. Berlin: Waxmann.

LeDoux, J. E. (2006). Das Netz der Gefühle – Wie Emotionen entstehen. München: Deutscher Taschenbuch Verlag.

Liepmann, D., Beauducel, A., Brocke, B. & Amthauer, R. (2007). Intelligenz-Struktur-Test 2000 R (2. Auflage). Göttingen: Hogrefe.

Loewenstein, J. (2010). How One's Hook Is Baited Matters for Catching an Analogy. Psychology of Learning and Motivation, Volume 53, pp. 149–182.

MacGregor, J. N. & Chu, Y. (2010). Human Performance on the Traveling Salesman and Related Problems: A Review. Journal of Problem Solving, 3(2), 1–29.

Marewski, J. N., Gaissmaier, W., & Gigerenzer, G. (2010). Good judgments do not require complex cognition. Cognitive Processing, 11, 103–121.

Margraf, J. & Schneider, S. (1990). Panik. Angstanfälle und ihre Behandlung. Berlin: Springer.

Markman, A. B. & Gentner, D . (1993). Structural alignment during similarity comparisons. Cognitive Psychology, 25, 431–467.

Marsh, B., Todd, P. M., & Gigerenzer, G. (2004). Cognitive heuristics: Reasoning the fast and frugal way. In J. P. Leighton & R. J. Sternberg (Eds.), The nature of reasoning (pp. 273–287). Cambridge: Cambridge University Press.

Martindale, C. (1999). Biological bases of creativity. In R. Sternberg (Ed.), Handbook of creativity (pp. 137–152). Cambridge, U.K.: Cambridge University Press.

Manktelow, K. I., & Evans, J. St. B. T. (1979). Facilitation of reasoning by realism: effect or not-effect? British Journal of Psychology, 70, 477–488.

Mayer, R. E. (1992). Thinking, problem solving, cognition. Second edition. New York: W. H. Freeman and Company.

Mayer, R. E. (1996). Thinking, problem solving, cognition (2 ed.). New York: Freeman.

Medin, D. L., Coley, J. D., Storms, G., Hayes, B. K. (2003). A relevance theory of induction. Psychonomic Bulletin & Review, 10,517–532.

Mednick, S. A. (1962). The associative basis of the creative process. Psychological Review, 69, 220–232.

Mendelsohn, G.A. (1976). Associative and attentional processes in creative performance. Journal of Personality 44, 341–369.

Metcalfe, J., & Wiebe, D. (1987). Intuition in insight and noninsight problem solving. Memory & Cognition, 15(3), 238–246.

Murphy, G. L., & Medin, D. L. (1985). The role of theories in conceptual coherence. Psychological Review, 92, 289–316.

Newell, A. & Simon, H. A. (1972). Human information processing. Englewood Cliffs, NJ: Prentice-Hall.

Nisbett, R. E., Krantz, D. H., Jepson, D., & Kunda, Z. (1983). The use of statistical heuristics in everyday reasoning. Psychological Review, 90, 339–363.

Novick, L. R. (1988). Analogical transfer, problem similarity, and expertise. Journal of Experimental Psychology: Learning, Memory, and Cognition, 14, 510 – 520.

Nuthmann, A. & van der Meer, E. (2005). Time's arrow and pupillary response. Psychophysiology, 42(3), 306–317.

Oden, D., Thompson, R. & Premack, D. (2001). Can an ape reason analogically? Comprehension and production of analogical problems by Sarah, a chimpanzee (Pan troglodytes). In D. Gentner, K. J. Holyoak, and B. N. Kokinov (Eds.),

The analogical mind: Perspectives from cognitive science (pp . 471–498). Cambridge, MA: MIT Press.

Ohlsson, S. (1992). Information-processing explanations of insight and related phenomena. In M. T. Keane and K. J. Gilhooly (Eds.), Advances in the psychology of thinking, (Vol. 1, pp. 1–44). London: Harvester Wheatsheaf.

Osherson, D., Smith, E., Wilkie, O. , Lòpez, A. & Shafir, E. (1990). Category based induction. Psychological Review, 97(2),185–200.

Peirce, C.S (1976). Schriften zum Pragmatismus und Pragmatizismus. Frankfurt am Main: Suhrkamp.

Posner, M. I. (2005). Timing the brain: Mental chronometry as a tool in neuroscience. PLoS Biology, 3, 204–206.

Pretz, J. E. (2008). Intuition versus analysis: Strategy and experience in complex everyday problem solving. Memory and Cognition, 36(3), 554–566.

Pretz, J. E., Naples, A. J., & Sternberg, R. J. (2003). Recognizing, defining, and representing problems. In J. E. Davidson & R. J. Sternberg (Eds.), The psychology of problem solving, (pp. 3–30). New York: Cambridge University Press.

Pretz, J. E., & Totz, K. S. (2007). Measuring individual differences in affective, heuristic, and holistic intuition. Personality and Individual Differences, 43(5), 1247–1257.

Preusse, F., van der Meer, E., Ullwer, D., Brucks, M., Krueger, F. & Wartenburger, I. (2010). Long-term characteristics of analogical processing in high-school students with high fluid intelligence: an fMRI study. ZDM, 42(6), 635–647

Proffitt, J. B., Coley, J. D. & Medin, D. L. (2000). Expertise and category-based induction. Journal of Experimental Psychology: Learning, Memory and Cognition, 26(4), 811–828.

Putz-Osterloh, W. (1987). Gibt es Experten für komplexe Probleme? Zeitschrift für Psychologie, 195, 63–84.

Rips, L . J . (1989) . Similarity, typicality, and categorization . In S. Vosniadou & A. Ortony (Eds.), Similarity and analogical reasoning (pp. 21–59). New York: Cambridge University Press.

Rips, L. J., Shoben, E. J. & Smith, E. E. (1973). Semantic distance and the verification of semantic relations. Journal of Verbal Learning and Verbal Behavior, 12, 1–20.

Saß, H., Wittchen, H.-U. & Zaudig, M. (1996). Diagnostisches und Statistisches Manual Psychischer Störungen DSM-IV. Göttingen: Hogrefe.

Schaub, H. (2001). Persönlichkeit und Problemlösen: Persönlichkeitsfaktoren als Parameter eines informationsverarbeitenden Systems. Weinheim: Psychologie Verlags Union.

Schaub, H. (2006). Störungen und Fehler beim Denken und Problemlösen. In J. Funke (Ed.), Denken und Problemlösen. Enzyklopädie der Psychologie, Themenbereich C: Theorie und Forschung, Serie II: Kognition, Band 8) (pp. 447–482. Göttingen: Hogrefe.

Schaub, H.; Strohschneider, S. (1992). Die Auswirkung unterschiedlicher Problemlöseerfahrung auf den Umgang mit einem unbekannten komplexen Problem. In: Zeitschrift für Arbeits- und Organisationspsychologie, S. 117–126.

Schwarz, N. (2001). Feelings as information. In L. L. Martin & G. L. Clore (eds)., Theories of mood and cognition: A user's guidebook (pp. 159–176). Mahwah, NJ: Erlbaum.

Schwarz, N. (in press). Feelings-as-Information Theory. In P. Van Lange, A. Kruglanski & E. T. Higgins (eds.), Handbook of theories of social psychology. London: Sage Publications.

Schwarz , N., & Clore, G. L. (1983). Mood, misattributions, and judgements of well-being: Informat ive and directive functions of affective states. Journal of Personality and Social Psychology, 45, 513–523.

Shallice, T. (2006). Contrasting domains in the control of action: The routine and the non-routine. In Y. Munakata & M. H. Johnson (Eds.), Processes of change in brain and cognitive development (pp.3–29). Oxford, UK: Oxford University Press.

Simmons, W. K., Hamann, S. B., Harenski, C. N., Hu, X. P. & Barsalou, L. W. (2008). fMRI evidence for word association and situated simulation in conceptual processing. Journal of Physiology, 102, 106–119.

Simon, H. A. (2000). Bounded Rationality in Social Science: Today and Tomorrow. Mind & Society, 1, 25–39.

Sio, U. N. & Ormerod, T. C. (2009). Does incubation enhance problem solving? A meta-analytic review. Psychological Bulletin, 135(1), 94–120.

Sloman, S. A. (1993). Feature-based induction. Cognitive Psychology, 25, 231–280.

Sloman, S. A., & Lagnado, D. A. (2005). The problem of induction. In R. Morrison and K. Holyoak (Eds.). Cambridge Handbook of Thinking & Reasoning, New York: Cambridge University Press, pp. 95–116.

Spering, M., Wagener, D., & Funke, J. (2005). The role of emotions in complex problem-solving. Cognition and Emotion, 19, 1252–1261.

Stemberg, R. J. (1977). Intelligence, information processing, and analogical reasoning: The componential analysis of human abilities. Hillsdale, NJ: Erlbaum.

Sternberg, R. J. (1995). In search of the human mind. Ft. Worth, TX: Harcourt Brace.

Sternberg, R. J. (1998). Erfolgsintelligenz. Warum wir mehr brauchen als EQ+IQ. München: Lichtenberg.

Strohschneider, S. & Schaub, S. (1991). Können Manager wirklich so gut managen? Über die Effekte unterschiedlichen heuristischen Wissens beim Umgang mit komplexen Problemen. Zeitschrift für Psychologie, Supplement 11, 325–340.

Strohschneider, S. & von der Weth, R. (Eds.). (1993). Ja, mach nur einen Plan. Pannen und Fehlschläge – Ursachen, Beispiele, Lösungen. Bern: Hans Huber.

Strube, G., Becker, B., Freska, C., Hahn, U., Opwis, K. & Palm, G. (1996). Wörterbuch der Kognitionswissenschaft. Stuttgart: Klett-Cotta.

Subramaniam, K., Kounios, J., Parrish, T. B., & Jung-Beeman, M. (2009). A brain mechanism for facilitation of insight by positive affect. Journal of Cognitive Neuroscience, 21, 415–432.

Terman, L. M. (1950). Concept Mastery Test. New York: Psychological Corporation.

Thompson, R., Oden, D. (1998). Why Monkeys and Pigeons, Unlike Certain Apes, Cannot Reason Analogically. In K. Holyoak, D. Gentner, & B. Kokinov. Advances in Analogy Research: Integration of Theory and Data from the Cognitive, Computational, and Neural Sciences. New Bulgarian University, Sofia, pp. 269–273.

Thompson, R. & Oden, D. (2000). Categorical perception and conceptual judgments by nonhuman primates: the paleological monkey and the analogical ape. Cognitive Science, 24(3), 363–398.

Todd, P. M., & Gigerenzer, G. (2007). Mechanisms of ecological rationality: Heuristics and environments that make us smart. In R. I. M. Dunbar & L. Barrett (Eds.), The Oxford handbook of evolutionary psychology (pp. 197–210). Oxford: Oxford University Press.

Tomarken, A. J., Davidson, R. J., & Henriques, J. B. (1990). Resting frontal brain asymmetry predicts affective responses to films. Journal of Personality and Social Psychology, 59, 791–801.

Torrance, E. P. (1974). Torrance Tests of Creative Thinking: Norms-technical manual. Lexington, MA: Ginn.

Tversky, A., & Kahneman, D. (1973). Availability: A heuristic for judging frequency and probability. Cognitive Psychology, 5, 202–232.

Tversky, A., & Kahneman, D. (1983). Extensional versus intuitive reasoning: The conjunction fallacy in probability judgment. Psychological Review, 90, 293–315.

Urban, K. K. (2004). Kreativität. Herausforderung für Schule, Wissenschaft und Gesellschaft. Münster: LIT Verlag.

Urban, K. K. (2003). Towards a componential model of creativity. In D. Ambrose. L. M. Cohen & A. J. Tannenbaum (Eds.). Creative intelligence: Toward theoretic integration (pp. 81–112). Cresskill, NJ: Hampton.

Ut Na Sio, U. N. & Ormerod, T. C. (2009). Does Incubation Enhance Problem Solving? A Meta-Analytic Review. Psychological Bulletin, Vol. 135, No. 1, 94–120

Van der Meer, E. (1995). Gedächtnis und Inferenzen. In D. Dörner & E. van der Meer (Hrsg.). Das Gedächtnis. Göttingen: Hogrefe, 341–380.

Van der Meer, E., Beyer, R., Horn, J., Foth, M., Bornemann, B., Ries, J., Kramer, J., Warmuth, E., Heekeren, H. R. & Wartenburger, I. (2010). Resource allocation and fluid intelligence: Insights from pupillometry. Psychophysiology 47(1), 158–169.

Wallas, G. (1926). The art of thought. London, England: J. Cape

Ward, T. B., Smith, S. M., & Finke, R. A. (1999). Creative Cognition. In R. J. Sternberg (Ed.). Handbook of Creativity (pp. 189–212). Cambridge University Press.

Wason, P. C. (1966). Reasoning. In B. M. Foss (Ed.), New horizons in psychology (Vol. 1, pp. 131–151). Harmondsworth, U.K.: Penguin.

Wason, P. & Johnson-Laird, P. (1972). Psychology of Reasoning: Structure and Content. Cambridge, MA: Harvard University Press.

Weisberg, R. W. & Alba, J. W. (1981). An examination of the alleged role of „fixation" in the solution of several „insight" problems. Journal of Experimental Psychology: General, 110, 169–192.

# Basiswissen Psychologie

Herausgegeben von Jürgen Kriz

Ralf Brand
**Sportpsychologie**
2010. 155 S. Br. EUR 12,95
ISBN 978-3-531-16699-5

Mark Helle
**Psychotherapie und Beratung**
2010. ca. 120 S. Br. ca. EUR 12,95
ISBN 978-3-531-16709-1

Margarete Imhof
**Psychologie für Lehramtsstudierende**
2010. 152 S. Br. EUR 12,95
ISBN 978-3-531-16705-3

Thomas Kessler / Immo Fritsche
**Sozialpsychologie**
2010. ca. 120 S. Br. ca. EUR 12,95
ISBN 978-3-531-17126-5

Bernd Marcus
**Einführung in die Arbeits- und Organisationspsychologie**
2010. ca. 120 S. Br. ca. EUR 12,95
ISBN 978-3-531-16724-4

Klaus Rothermund / Andreas Eder
**Motivation und Emotion**
2010. ca. 120 S. Br. ca. EUR 14,95
ISBN 978-3-531-16698-8

Karl-Heinz Renner / Gerhard Ströhlein / Timo Heydasch
**Forschungsmethoden der Psychologie**
Von der Fragestellung zur Präsentation
2010. ca. 120 S. Br. ca. EUR 12,95
ISBN 978-3-531-16729-9

Erich Schröger
**Biologische Psychologie**
2010. ca. 142 S. Br. ca. EUR 12,95
ISBN 978-3-531-16706-0

Thomas Schäfer
**Statistik I**
Deskriptive und Explorative Datenanalyse
2010. 134 S. Br. EUR 14,95
ISBN 978-3-531-16939-2

Dirk Wentura / Christian Frings
**Kognitive Psychologie**
2010. ca. 120 S. Br. ca. EUR 12,95
ISBN 978-3-531-16697-1

Matthias Ziegler / Markus Bühner
**Grundlagen der Psychologischen Diagnostik**
2010. ca. 120 S. Br. ca. EUR 14,95
ISBN 978-3-531-16710-7

Erhältlich im Buchhandel oder beim Verlag.
Änderungen vorbehalten. Stand: Juli 2010.

**www.vs-verlag.de**

**VS VERLAG**

Abraham-Lincoln-Straße 46
65189 Wiesbaden
Tel. 0611.7878-722
Fax 0611.7878-400

# Methoden

Christian Geiser

**Datenanalyse mit Mplus**
Eine anwendungsorientierte Einführung
2010. 291 S. mit CD-Rom. Br. EUR 34,95
ISBN 978-3-531-16393-2

Das Analyseprogramm Mplus erfreut sich als eines der aktuellsten, flexibelsten und anwenderfreundlichsten Statistikprogramme zunehmender Beliebtheit. Praxisnah, mit zahlreichen Beispielen, Probedatensätzen und Abbildungen führt der Autor Schritt für Schritt in die Grundlagen der Handhabung von Mplus ein und beschreibt die Anwendung grundlegender Analyseverfahren.

Franz Breuer

**Reflexive Grounded Theory**
Eine Einführung für die Forschungspraxis
Unter Mitarbeit von Barbara Dieris und Antje Lettau
2009. 182 S. Br. EUR 19,90
ISBN 978-3-531-16919-4

Die Grounded Theory-Methodik (GTM) ist eines der meistverwendeten Verfahren der qualitativen Sozialforschung. In diesem Buch werden die Vorgehensschritte der GTM in einer praxisorientierten Weise dargestellt und die GTM in einem methodologischen Rahmen neu interpretiert, bei dem der reflexive Umgang mit der Subjektivität des/der Forschenden zu einer Erkenntnisquelle eigener Art ausgearbeitet wird.

Günter Mey / Katja Mruck (Hrsg.)

**Handbuch**
**Qualitative Forschung**
**in der Psychologie**
2010. ca. 1000 S. Geb. ca. EUR 59,90
ISBN 978-3-531-16726-8

Namhafte Experten setzen Psychologie und Qualitative Forschung in Beziehung, beschreiben ihre Methoden und Herangehensweisen und liefern so einen lückenlosen Überblick über den Stand der qualitativen psychologischen Forschung im deutschsprachigen Raum.

Karl-Heinz Renner / Gerhard Ströhlein / Timo Heydasch

**Forschungsmethoden**
**der Psychologie**
Von der Fragestellung zur Präsentation
2010. ca. 120 S. (Basiswissen Psychologie)
Br. ca. EUR 12,90
ISBN 978-3-531-16729-9

Das Buch führt in verständlicher, übersichtlicher Form in die Forschungsmethoden der Psychologie ein. Zahlreiche Beispiele und Exkurse in die Praxis lassen den Stoff lebendig werden und machen deutlich, wie wichtig und „praktisch" gute Methodenkenntnisse sind.

Erhältlich im Buchhandel oder beim Verlag.
Änderungen vorbehalten. Stand: Juli 2010.

**www.vs-verlag.de**

**VS VERLAG**

Abraham-Lincoln-Straße 46
65189 Wiesbaden
Tel. 0611.7878-722
Fax 0611.7878-400

# Psychologie im VS Verlag